JN204993

最低生活保障の実証分析

保障の実証分析

山田篤裕
駒村康平
四方理人
田中聡一郎
丸山桂

生活保護制度の課題と将来構想

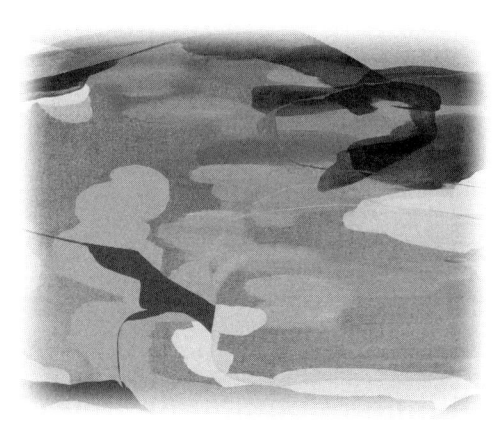

有斐閣

著者紹介

山田　篤裕（やまだ　あつひろ）
慶應義塾大学経済学部教授
〈主要著作〉　『高齢者就業の経済学』（共著）日本経済新聞社，2004 年；『最低生活保障と社会扶助基準』（共編）明石書店，2014 年；"Comparing the Minimum Income Standard in the UK and Japan,"（共著）*Social Policy and Society*, Vol. 13, No.1, pp.89-101, 2014.

駒村　康平（こまむら　こうへい）
慶應義塾大学経済学部教授
〈主要著作〉　『年金はどうなる』岩波書店，2003 年；『最低所得保障』（編著）岩波書店，2010 年；『日本の年金』岩波書店，2014 年

四方　理人（しかた　まさと）
関西学院大学総合政策学部准教授
〈主要著作〉　「非正規雇用は『行き止まり』か？」『日本労働研究雑誌』第 608 号，88 〜 102 頁，2011 年；「家族・就労の変化と所得格差」『季刊社会保障研究』第 49 巻第 3 号，326 〜 338 頁，2013 年；「社会保険は限界なのか？」『社会政策』第 9 巻第 1 号，29 〜 47 頁，2017 年

田中　聡一郎（たなか　そういちろう）
関東学院大学経済学部講師
〈主要著作〉　「市町村民税非課税世帯の推計と低所得者対策」『三田学会雑誌』第 105 巻第 4 号，577 〜 600 頁，2013 年；「生活保護受給世帯の中学生の学習・生活実態と教育支援」『社会政策』第 5 巻第 2 号，114 〜 126 頁，2013 年；『戦後社会保障の証言』（共編），有斐閣，2018 年

丸山　桂（まるやま　かつら）
成蹊大学経済学部教授
〈主要著作〉　『就業形態の多様化と社会保険の適用状況に関する国際比較』全労済協会，2008 年；「女性と年金問題の新たな視点」『社会保障研究』第 1 巻第 2 号，323 〜 338 頁，2016 年；「中高年未婚者の就業状態と老後の所得保障」『年金研究』第 3 号，42 〜 77 頁，2016 年

目　次

序　章

日本の最低生活保障の特徴

1　本書の射程——生活保護制度

　日本において人々の最低生活を保障する制度が生活保護である。憲法第 25 条「すべて国民は，健康で文化的な最低限度の生活を営む権利を有する。国は，すべての生活部面について，社会福祉，社会保障及び公衆衛生の向上及び増進に努めなければならない」を具現化し，社会保障の最後の安全網（セーフティー・ネット）とも呼ばれる。

　生活保護制度の目的は，①最低生活の保障と②自立の助長であるが，前者には資産，能力等すべてを活用してもなお生活に困窮する者[1]に対し，困窮の程度に応じた保護を実施するという前提がある。そして，厚生労働大臣が定める「最低生活費」と比べて，就労所得，年金・児童扶養手当等の社会保障給付，親族による援助等の収入合計で足りない額が，保護費として支払われる[2]。さらに，預貯金，民間保険の払戻金，不動産等の資産売却収入なども「収入認定」するため，これらの資産を使わないかぎり（自宅等を除く）[3]，生活保護を受給できない。また急迫した状況を除き，生活保護受給には本人の申請が原則必要となる。

　生活するための費用の種類に応じ，生活保護には 8 種類の扶助がある。具体

---

1)　生活保護法第 4 条。
2)　同法第 8 条。

的には，生活扶助（食費・被服費・光熱水費等の日常生活に必要な費用に対応し，個人単位の経費に対応する第1類費と世帯単位の経費等に対応する第2類費とに分けられる），教育扶助（義務教育を受けるために必要な学用品費に対応），住宅扶助（家賃に対応），医療扶助（医療サービスの費用に対応），介護扶助（介護サービスの費用に対応），出産扶助（出産費用に対応），生業扶助（高等学校等に就学するための費用を含む，就労に必要な技能の修得等にかかる費用に対応），葬祭扶助（葬祭費用に対応）である。各扶助の組み合わせは，受給者の生活の必要に応じて変わる。

　また生活保護基準は，生活するための費用が地域間で異なることに対応して，6つの地域区分（1級地1，1級地2，2級地1，2級地2，3級地1，3級地2）ごとに設定されている。1級地1の基準が最も高く，3級地2で最も低い。

　生活扶助基準の改定は「水準均衡方式」に基づき，政府経済見通しの民間最終消費支出の伸びを基礎とし，国民の消費動向や社会経済情勢を総合的に勘案して行われる。具体的には所得第1十分位（所得の低いほう10%）と第1五分位（所得の低いほう20%）の消費支出や標準世帯（夫婦子1人世帯）の平均的消費支出の6割程などが勘案される。

　本書の目的は，この生活保護制度を中心に，近年の受給者の動向，制度改革の影響，資力調査の影響の度合い，家族を中心とした自助努力の余地の減少，低所得者における居住水準や住宅費の過重負担問題，加えていくつかの政策オプションについてデータに基づき定量的に評価し，日本の最低生活保障が直面する課題を明らかにすることである。

　日本の最低生活保障において，とりわけ生活保護制度が重要であるのは，先に述べた憲法第25条の具現化，社会保障制度の最後の安全網という制度的位置づけ以外に2つ理由がある。

　第1に，最低生活保障に関連する他制度（たとえば基礎年金や非課税限度額な

---

3) ただし居住用の土地・家屋でも処分価値が利用価値に比して著しく大きいと認められるものは保有が認められない。また居住用の土地・家屋といえども，それを購入したことを直接の原因として生活困窮に陥ったのであれば，その原因となった当該不動産を売却しなくてはならない。ただしローン付き住宅でも，ローンの支払いの繰り延べをしている場合またはローン支払い額も少額である場合には　ローン付き住宅の保有も認められる（中央法規『生活保護手帳別冊問答集 2012』114-115，120 頁）。

ど）の参照先として常に生活保護基準が用いられる，という日本に特徴的な参照構造の存在である。生活保護基準の変更は生活保護受給者のみならず，それ以外の人々の生活にも広く影響を及ぼす可能性がある。

第2に，最低生活保障を具現化する生活保護制度以外の給付水準と生活保護制度による給付水準が他の先進国と比較して近いことである。具体的には基礎年金，最低賃金，生活扶助と住宅扶助の合計の水準が近いことが日本の特徴である。その結果，基礎年金や最低賃金では最低生活保障の機能を十分に発揮できず，給付水準が近い生活保護制度に負荷がかかりやすい制度設計になってしまっている。

序章ではこれら2つの点について，第2，3節で解説したうえ，第4節で本書を構成する各章の位置づけと問題意識を述べる。

2　他制度の「参照対象」としての生活保護基準

先に述べたように，生活保護基準の変更は，生活保護の受給者以外の人々の生活にも影響を与える。これは日本では多くの制度で生活保護基準を参照しているからである。

最低生活保障の機能を担うべき制度として，就労期には最低賃金，引退期には基礎年金が，生活保護以外の制度として挙げられる。前者の最低賃金額は生活保護基準を参照し，そして後者の基礎年金額は少なくとも制度創設時には生活保護基準を参照していた。

とくに2007年の最低賃金法改正では，労働者が健康で文化的な最低限度の生活を営むことができるよう，生活保護に係る施策との整合性に配慮する条項[4]が加えられ，生活保護基準を参照することが明確化された。[5]従来，複数の都道府県で，フルタイムで就労した場合の最低賃金（都道府県ごとに定められる地域

---

4)　最低賃金法第9条3項。
5)　とはいえ最低賃金法第9条2項では「地域別最低賃金は，地域における労働者の生計費及び賃金並びに通常の事業の賃金支払能力を考慮して定められなければならない」とも規定されており，賃金相場や企業側の負担能力も最低賃金水準の重要な決定要素となっている。

別最低賃金）が生活保護給付を下回るという「逆転現象」がたびたび指摘されており，この改正はその問題への対応であった。しかし，こうした逆転現象が指摘されること自体，従来，生活保護基準を最低賃金が参照していることの証左，そして次節でも述べる最低生活保障の水準同士が近接していることの証左といえよう。

　また1985年改正で導入された基礎年金は，厚生年金の定額部分が創設された1954年以来，国民年金が生活扶助（2級地）基準に合わせてきたことを引き継いでおり，そもそも生活保護基準を参照している。さらに，この基礎年金導入時点では，その額が65歳以上単身無業者の衣食住の生活費が賄える額とほぼ一致していたため，「後付けの論理」として基礎年金はその生活費を賄える給付としても位置づけられることとなった（百瀬・山田 2018）。ただし，その後，2000年4月に65歳以降の基礎年金は物価スライドのみ[6]で改定する改正により，生活費を賄える給付としての位置づけは実質的には崩れた。[7]

　しかし「老後の基礎的な費用を保障することにより，現役時代に自立した生活を営んで構築した生活基盤と合わせて，一定の水準の自立した生活を可能とする考え方で設定しており，基礎年金だけで生活保護の水準を上回らなければならないという考え方はとっていない」（厚生労働省年金局年金課 2001，56-57頁）との言及は，やはり生活保護基準を意識した参照が行われているともいえよう。

　これ以外にも個人住民税の非課税限度額（住民税が課税されない上限所得額）は生活保護基準を参照し決められる。そして，医療・介護保険等の自己負担限度額の軽減措置や社会保険料免除の対象者などは，世帯単位の個人住民税の非課税状況を参照し決められる。さらに就学援助や保育料を免除する所得基準なども生活保護基準を参照し決められる。地方自治体の独自事業，たとえば高等学校等奨学金事業や大学等授業料減免等の対象者も，生活保護基準を参照し決められる（厚生労働省社会・援護局 2013）。

---

6)　2000年4月より前は65歳以降の基礎年金についても賃金スライドや政策改定を行っていた。
7)　国民全体の生活実態が経済成長（賃金上昇）とともに豊かになるとすれば，65歳以降の基礎年金に賃金スライド等を行わず，物価スライドのみ行うとしたことは，そうした豊かさの恩恵を65歳以降の基礎年金額に反映させないことにした，とも解釈できる。

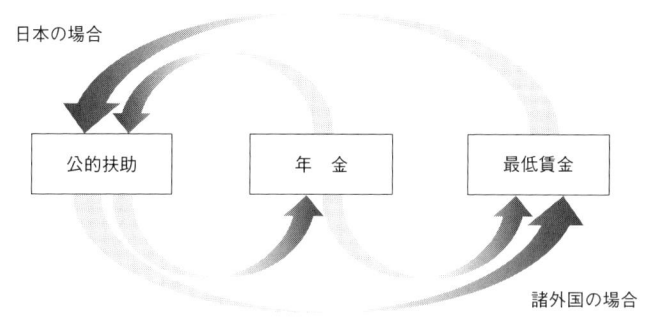

図序-1　各制度間の最低生活保障基準の参照関係

（注）　参照「元」■■▶参照「先」（＝最低生活保障の基準，参照対象）。
（出所）　筆者作成。

　このように，生活保護基準は多くの他制度の参照対象（参照「先」）となっており，生活保護基準改定により影響が及ぶ可能性があるのは，厚生労働省，文部科学省，国土交通省，防衛省，総務省，法務省，公害等調整委員会，内閣府が所管する，少なくとも38制度にもわたる（厚生労働省社会・援護局 2013）。つまり生活保護基準はこれらの制度の参照「先」として，生活保護受給者以外の多くの人々に影響を与えているといえよう。

　このような「参照対象としての生活保護基準」の位置づけは日本の特徴でもある（図序-1参照）。フランスやオランダでは最低賃金を最低生活保障の基準とみなし，これを参照対象として公的扶助などのほかの社会保障給付の水準が決められる。また法定最低賃金制度が存在しない（協約賃金がその役割を果たす）ノルウェーやフィンランドでは，年金を最低所得保障の基準とみなし，これを参照対象としてほかの社会保障給付の水準が決められる。こうした国々と比較すれば，生活保護（公的扶助）制度を参照対象の中心に位置づけている日本は参照「先」と参照「元」が逆転しているといえよう（山田 2010b）。

3　最低生活保障機能を担う制度間の給付水準の近接

　われわれの社会は暗黙に，フルタイム就労すれば健康で文化的な最低限度の生活を営むことができることを前提としている。この前提を支えるべき，就労

可能な人々に対する最低所得保障としての役割を期待されているのが，①最低賃金である。一方，引退期には，②基礎年金（あるいは諸外国では最低保証年金）に最低生活保障の役割が期待されている。そして，就労できない現役世代を含め，上記2つの制度では最低所得が満たされない，あらゆる人々に対する最低生活保障として資力調査（所得や資産が受給要件を満たしているかどうか把握するための調査）を伴う③社会扶助（公的扶助とも称される）が存在している。

この3種類の最低生活保障のモデル水準について直近（2015年時点）のデータに基づき，日本と先進諸国（OECD加盟国）を比較しよう。図序 − 2 は住宅手当との組み合わせを加えた4種類の最低生活保障水準，すなわち，①フルタイム労働者の最低賃金，②基礎年金または最低保証年金，③社会扶助，④社会扶助と住宅手当（家賃補助）の合計額（税引き後）について，国際比較するため，フルタイム労働者の平均賃金（＝100％）に対する比率を示している。各国の順番はフルタイム労働者の平均賃金に対する最低賃金水準の低い順に左から並べている。

国際比較に基づく日本の最低生活保障の特徴として3つ挙げられる。

第1に，フルタイム労働者の平均賃金を100％とした場合の最低賃金の水準は35％である。比較対象となったOECD加盟26ヵ国中，日本は5番目に低い。

第2に，基礎年金または最低保証年金が存在する（0でない）23ヵ国中，社会扶助水準より基礎または最低保証年金水準が低くなっているのはわずか3ヵ国のみである。日本はこれら少数の国の1つである。

第3に，社会扶助と住宅手当の合計額（税引き後）と最低賃金との差が比較対象国中，日本は最小で，3％ポイントしかない。ただし，社会扶助（日本では1級地1基準の生活扶助）のみでは，フルタイム労働者の平均賃金を100％とした場合，19％でしかなく，比較対象となったOECD加盟26ヵ国平均と比べても，3％ポイントしか高くない[8]。

---

8) ただし3級地2基準の社会扶助の対労働者平均賃金比は16％で，OECD平均とほぼ等しい。また長期時系列でみると1980年代後半以降，最低賃金法が改正された2007年まで最低賃金と生活扶助基準の差はほとんど変わらないが，改正後の最低賃金引き上げと近年の生活扶助基準の引き下げにより2007年以降で差は縮まる傾向にある（吉村 2016）。

図序-2 最低生活保障水準の国際比較
（フルタイム労働者の平均賃金＝100%，2015年）

○ 基礎年金または最低保証年金　　■ 最低賃金（フルタイム労働）
✕ 社会扶助と住宅手当の合計額（税引き後）　◇ 社会扶助

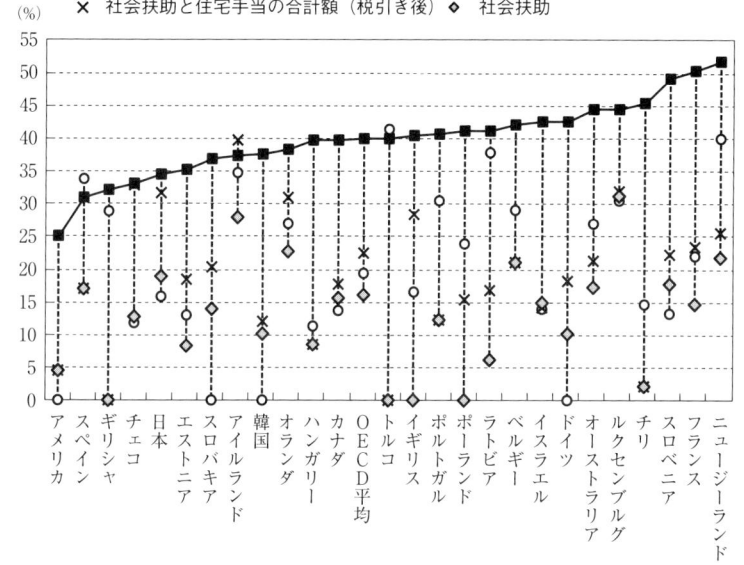

（注）　1）　法定最低賃金制度が存在しない国（北欧4ヵ国，オーストリア，アイスランド，イタリア，スイスの計8ヵ国）は含まれていない。これらの国の多くでは協約によって賃金の最低限度額が定められている。
　　　　2）　各国の比較条件をそろえるため，社会扶助は40歳単身世帯，住宅手当（フルタイム労働者の平均賃金の20%を上限家賃とする家賃補助）には社会扶助制度による給付分（住宅扶助等）も含み，基礎年金または最低保証年金，社会扶助も単身世帯の給付水準を示している。
　　　　3）　イギリスでは稼働年齢層に対する普遍的最低所得保障制度がないため社会扶助が0となっている。アメリカの社会扶助給付はフード・スタンプを考慮している。日本の社会扶助（生活扶助）は1級地1基準で住宅手当については住宅扶助特別基準額が用いられている。
（出所）　OECD Social and Welfare Statistics および OECD（2015）に基づき筆者作成。

　したがって社会扶助と住宅手当の合計額と最低賃金の水準の近接は，ほぼ住宅手当（日本は住宅扶助）分によるものといえる。日本は，一般低所得世帯向けの給付期間に定めのない住宅手当（家賃補助）が存在しない，OECD加盟国のなかで数少ない国の1つである（山田 2010b）。日本の住宅手当部分として入っているのは，住宅扶助特別基準額（調査時点では月額5万3700円）であり，この額が相対的に大きいことが，社会扶助と住宅手当の合計額と最低賃金の近接

の大部分を説明する[9]。

こうした3つの特徴は，日本では生活保護制度以外の最低生活保障の機能が相対的に弱く，生活保護制度に負荷がかかりやすい制度設計となっていることを示唆している。さらに，日本は経済的弱者のカテゴリー（たとえば長期失業者，ひとり親世帯，高齢世帯等）ごとに個別の公的扶助を設ける制度設計（カテゴリー別扶助）ではなく，生活保護制度という単一の制度で，すべての経済的弱者をカバーする制度設計（一般扶助）となっていることも，日本の生活保護制度には負荷がかかりやすいもう1つの理由として挙げられる。

4 本書の構成

しかし生活保護制度を中心とする最低生活保障に関し，データに基づく定量的分析は未だ乏しいようである[10]。本書は，そうした，研究の乏しいと考えられる部分を補完するための1つの試みである。

本書は大きく2つの内容に分かれる。第Ⅰ部では主に最低生活保障の現状と政策変更の影響を扱う。第1章の「生活保護受給世帯のストック・フロー分析」では生活保護の開始・廃止の公表データから，生活保護制度に留まる傾向の高い世帯類型を明らかにした。第2章の「生活保護受給世帯率の地域差と資産保有」では資力調査が実際の保護率の水準決定にどのように影響しているのかを検討すべく，生活保護基準未満の所得しかない低所得層の資産保有状況を検討した。

続く3つの章では，近年行われた生活保護基準の引き下げの影響を評価した。第3章の「生活保護基準の変更と就労」では母子加算復活を例に母子世帯の就業率変化について，第4章の「生活保護基準の変更と消費」では老齢加算廃止

---

9) なお最低賃金と生活保護の比較に使用される住宅扶助の額は特別基準ではなく「住宅扶助実績値」である。毎年増加する「住宅扶助実績値」を比較に用いたことが「逆転現象」の発生を招いている（桜井 2014）との指摘もある。

10) 筆者の知るかぎり，生活保護制度に関する実証分析を中心にまとめられた書籍は阿部ほか（2008）以降，数少ない。

を例に消費支出パターンの変化を明らかにした。第 5 章の「OECD 相対的貧困基準と生活保護基準」では，生活保護基準未満の低所得層は国際比較等でよく使用される相対的貧困基準でも捉えられるのか検証したうえ，老齢加算廃止により，生活保護基準では捉えられない相対的貧困層が現れたかどうか，確認した。

　第 I 部最後の 2 つの章は，「新しい貧困」について焦点を当てている。第 6 章の「家族の変化と相対的貧困率の変化」では，世帯構造の変化によって相対的貧困に陥る人々がどのように変化してきたかを検討し，家族間での扶養（自助）が難しい世帯類型の増加や，その世帯類型の相対的貧困率が上昇していることを示し，家族の変化からも生活保護制度に負荷がかかりやすくなっている現状を明らかにした。第 6 章は，第 1 章でみた生活保護制度に留まる人々がどこから現れているのか，その背景を明らかにする章ともなっている。第 7 章の「低所得世帯の居住水準」では，低所得者の居住水準に焦点を当て，所得が低いというだけではなく，住環境の貧困に直面しているという点でも低所得層が抱える不利を明らかにした。

　第 II 部は今後の最低生活保障のあり方に示唆を得るための 3 章から成る。第 8 章の「主観的最低生活費の測定」では，主観的な設問項目から得た最低生活費を指標として，適切な最低生活保障水準としての生活保護基準の課題を示した。第 9 章の「子育て世帯向け給付つき税額控除の貧困削減効果」では，課税最低限に達しないため減税の恩恵が受けられない低所得層に対し，アメリカやイギリスの事例を参考に給付つき税額控除（条件付きの負の所得税）を日本に導入した場合の効果を推計し，子ども手当の効果と比較検討した。第 10 章の「住宅手当の構想」では，低所得層で家賃負担額が 50％ を超えていることを示したうえで，家賃の過重負担の軽減にどれほどの財源規模が必要か示した。

　最終章では以上 10 章の知見を要約したうえ，改めて最低生活保障を確立していくために何が欠け，何が必要とされているのか論じ本書の結びとしている。

（山田篤裕・駒村康平）

第 I 部

最低生活保障の現状と政策効果

第1章

生活保護受給世帯の
ストック・フロー分析

世帯類型の変化と脱出困難な生活困窮世帯の流入

1　はじめに

　本章の課題は，1980年代以降の生活保護率の変動の検討として，生活保護率のストックの側面とフローの側面から分析を行うことである。ここでストックとは，各時点における生活保護受給世帯のプールであり，フローとは一定期間における生活保護受給の開始と廃止である。

　保護率の上昇は，生活保護受給を開始した世帯の増加とともに，生活保護制度から自立した世帯の減少によってももたらされる。したがって，保護率の変動を捉えるために，総世帯数のうち生活保護受給を開始する世帯の割合を示した開始率や生活保護制度から自立した世帯の割合（死亡や失踪等も含む）を示した廃止率からの検討が必要となる。

　そこで本章では，ストックの分析として，世帯割合の変化と世帯類型ごとの保護率の変化による保護率の寄与度分解を行い，フローの分析として生活保護の開始率と廃止率の規定要因についての検討を行う。ストックの指標である保護率についての先行研究としては，周・鈴木（2007），Suzuki and Zhou（2007）がある。保護率の変動要因について，1991年以降の保護率の上昇について年齢階級別の保護率の変化要因と人口割合の変化要因に分解し，60歳代の前期高齢者の保護率の上昇と70歳以上の後期高齢者の人口の増加による保護率の押し上げを指摘している。

フローの指標である生活保護の開始率と廃止率についての先行研究には，曽原（1977）と玉田（2007）がある。曽原（1977）は生活保護の開始率および廃止率が保護率を規定することを理論的に明らかにした。ただし，分析対象が保護率の地域差であり，また，分析対象年も 1975 年までとなっている。また，本研究と同様に，都道府県パネル・データから母子世帯の生活保護の廃止と開始についての検証を行った玉田（2007）は，離婚率の上昇と有効求人倍率の低下が開始率を上昇させることを明らかにしている。しかしながら，玉田（2007）では，廃止率に対して失業率が正，有効求人倍率が負の影響と，労働市場の需給が逼迫すると生活保護からの退出が生じやすくなるという予想とは逆の結果となっていることや，廃止率および開始率の分析で都道府県の固有の特性の影響を取り除いた固定効果モデルの分析ではすべての変数が有意でなくなるという結果になっている。本研究では，母子世帯だけではなくすべての世帯についての廃止率，開始率の要因分析を行うと同時に，その廃止率と開始率の関係についての検討を行うことで，フロー指標から保護率の変動についての考察を行う。

　本章の構成は，次のとおりである。第 1 に 1980 年代以降の保護率・開始率・廃止率を，総世帯と世帯類型ごとに検討する。第 2 に，1980 〜 1995 年の保護率の推移，1995 〜 2004/2005 年（生活保護の統計において定義変更がなされたため，2004 年の被保護世帯数と 2005 年国勢調査の世帯数を用いて分析した）の保護率の推移を，世帯割合の変化と世帯類型ごとの保護率の変化により寄与度分解を行う。すなわち 1980 年代から 1990 年代前半にかけての保護率の低下と 1990 年代後半以降の保護率の上昇という変化を，世帯類型の観点から検証を行う。第 3 に，生活保護の開始率と廃止率の規定要因について都道府県パネル・データを用いて分析を行う。とくに，開始率と廃止率の関係について焦点を当てる。

2 保護率・開始率・廃止率の長期的推移

2.1 ストック——世帯類型ごとの保護率の推移

図 1 - 1, 図 1 - 2 は, 1975 年から 2008 年の総世帯, 世帯類型ごとの保護率を示したものである[1]。

　総世帯の保護率の推移をみてみれば, 1980 年代後半から低下し, 1990 年代後半から上昇し続けており U の字型の形状を示している。世帯類型別の保護率の推移については母子世帯の保護率は, 高齢者世帯やその他世帯の保護率よりも高いが, 1980 年代後半に急速に低下している。また, 高齢者世帯の保護率は 1970 年代後半から低下しているが, 2000 年代初めからやや上昇に転じている。なお, 母子世帯の保護率は, 若干ランダムな動きをしている。これは, 被保護母子世帯数は業務統計として全数が把握されており安定的に推移している一方, 分母となる母子世帯数は国民生活基礎調査の数値であり標本調査とな

図 1 - 1　保護率の推移（1975 〜 2008 年）

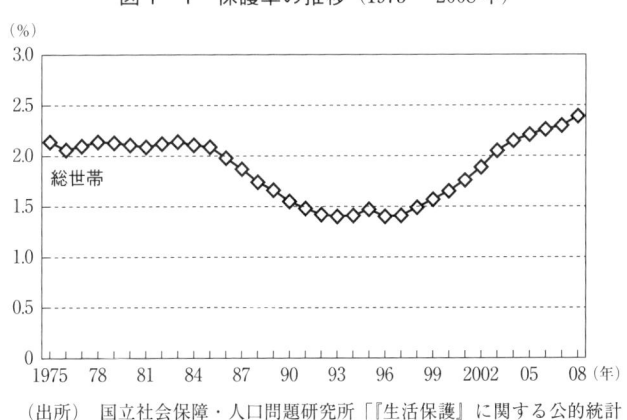

（出所）　国立社会保障・人口問題研究所「『生活保護』に関する公的統計データ」より筆者作成。

---

1)　ここでの保護率は, 国立社会保障・人口問題研究所の「『生活保護』に関する公的統計データ」のものであり, 分子の被保護世帯は「社会福祉行政業務報告」, 分母の世帯類型別の世帯数は「国民生活基礎調査」が用いられている。

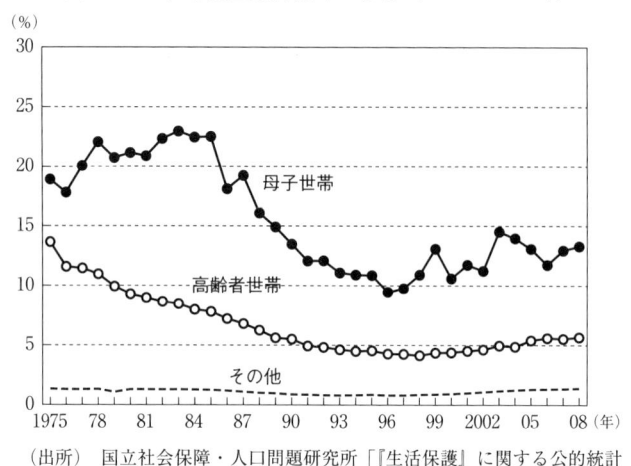

図 1 - 2　世帯類型別保護率の推移（1975 ～ 2008 年）

（出所）　国立社会保障・人口問題研究所「『生活保護』に関する公的統計データ」より筆者作成。

ってしまうことによると考えられる。

2.2　フロー――世帯類型ごとの開始率・廃止率の推移

　図 1 - 3 は，1975 年から 2008 年までの，生活保護の開始率と廃止率を示したものである。開始率とは，「生活保護受給開始世帯数 / 総世帯数」，廃止率とは，「生活保護受給廃止世帯数 / 被保護世帯数」と定義される[2]。

　図 1 - 3 から，総世帯の開始率は，1990 年代初頭を底として，U の字型の形状を示している一方で，総世帯の廃止率はほぼ一貫して低下しているのがわかる。生活保護の廃止の理由には，「傷病の治癒」，「死亡」，「失踪」，「働きによる収入の増加・取得」等があるが，廃止率の長期的な低下は受給世帯の高齢化が進むなかで，傷病治癒や労働市場への参入が困難になっていることが考えられる。また注目すべき点として，1986 年の廃止率にスパイクが立っていることがあげられる。これは，1985 年の年金改正により，旧法の障害福祉年金受給者に対して，より給付水準の高い障害基礎年金が支給されるようになったこ

---

2)　生活保護受給開始・廃止世帯数，被保護世帯のデータは「社会福祉行政業務報告（各年版）」から入手し，総世帯数のデータに関しては，「国民生活基礎調査」を用いている。

図1-3 開始率・廃止率の推移（1975〜2005年）

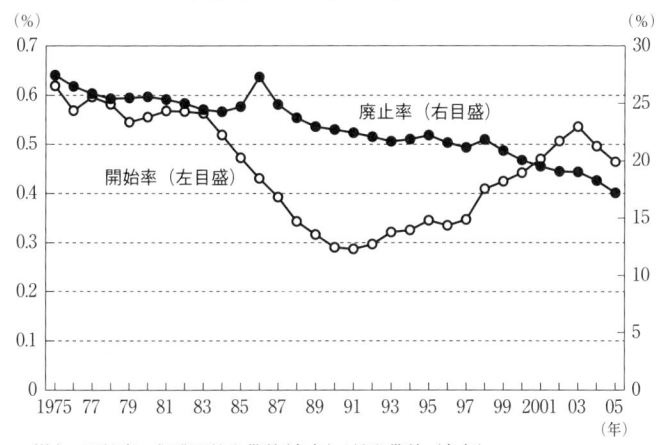

（注） 開始率＝保護開始世帯数（各年）／総世帯数（各年），
　　　 廃止率＝廃止世帯数（各年）／被保護世帯数（年平均）。
（出所）「社会福祉行政業務報告（各年版）」，「生活保護動態調査報告（各年
　　　 版）」，「国民生活基礎調査（各年版）」より筆者作成。

図1-4 世帯類型別開始率（1980〜2005年）

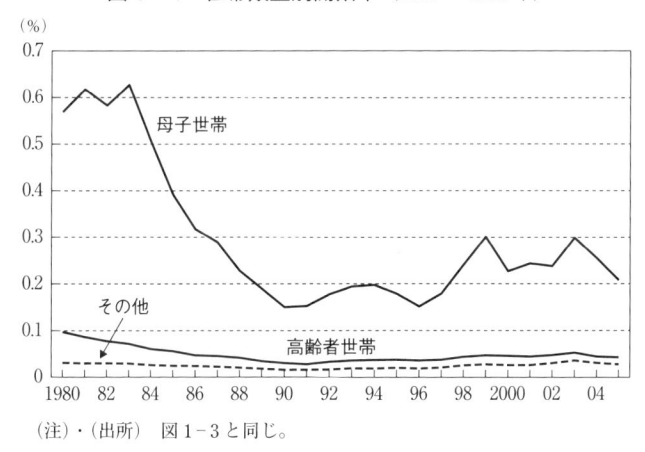

（注）・（出所） 図1-3と同じ。

とが要因として考えられる。

　次に図1-4，図1-5から，それぞれの世帯類型別の廃止率・開始率を検討する。世帯類型ごとの開始率の長期趨勢をみれば，母子世帯において，1980年代半ばから開始率が急激に低下していることが注目される。生活保護行政の

図1-5 世帯類型ごとの廃止率（1980～2005年）

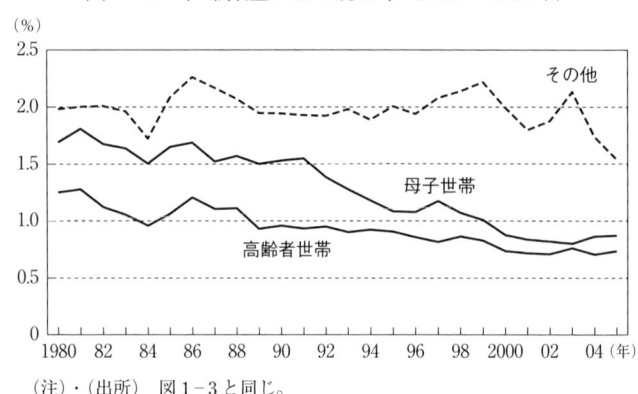

（注）・（出所）　図1-3と同じ。

「適正化」[3] や景気の上昇がその要因として考えられる。なお，高齢者世帯の開始率も1980年代初めと比べて低下している。次に世帯類型ごとの廃止率をみると，その他世帯に関しては若干ランダムな動きをみせているが，高齢者世帯・母子世帯ともに低下傾向にあることが示された。

3　保護率のストック分析
——世帯類型別保護率と世帯割合の寄与度分解

　では，1980年から1995年にかけての保護率の低下と，1995年から2004/2005年にかけての保護率の上昇は，高齢者世帯や母子世帯の保護率の変化や高齢化による世帯割合の変化とどのような関係があるだろうか。ここでは，総世帯の保護率の変化を世帯類型ごとの保護率の変化と総世帯に占める各世帯類型の世帯割合の変化に寄与度分解することで検証を行う。以下では，関（1992）の手法を参考にした保護率の寄与度分解の説明を行う。

　なお技術的説明であるため，寄与度分解の方法に関心がない読者は，直接次

---

3)　1981年，「生活保護の適正実施の推進について」（いわゆる123号通知）が出され，新規申請時等において資産や収入についての関係先照会について，同意書を提出することを求めた。

頁の表1−1の解説部分に読み進めていただいても問題ない。

　まず，A を保護世帯数，A_i を世帯類型別保護世帯数，保護率を a，世帯類型別保護率を a_i，L を総世帯数，L_i を世帯類型別総世帯数，l_i を世帯類型割合と，それぞれ定義する。

　よって，保護率は，

$$a = \frac{A}{L} = \sum_i \frac{A_i}{L_i} \frac{L_i}{L} = \sum_i a_i l_i$$

と，世帯類型別保護率と世帯割合の積の総和とあらわすことができる。2 時点間の保護率の差を以下に定義する。

$$a_2 - a_1 = \sum_i \left(a_{i2} l_{i2} - a_{i1} l_{i1} \right)$$

　ここで，

$$\Delta a = a_2 - a_1, \quad \Delta l = l_2 - l_1$$

とおくと，

$$\Delta a = \sum_i \left(\Delta a_i l_{i1} + \Delta l_i a_{i1} + \Delta a_i \Delta l_i \right)$$

となる。

　そして，交差項を消去するために，右辺の交差項を 2 等分して第 1 項と第 2 項に加えると

$$\Delta a_i l_{i1} + \frac{\Delta a_i \Delta l_i}{2} = \frac{\Delta a_i}{2}(2 l_{i1} + \Delta l_i) = \frac{\Delta a_i}{2}(2 l_{i1} + l_{i2} - l_{i1}) = \Delta a_i \bar{l_i}$$

$$\text{ただし，} \quad \bar{l_i} = \frac{l_{i1} + l_{i2}}{2}$$

同様にして，

$$\Delta l_i a_{i1} + \frac{\Delta l_i \Delta a_i}{2} = \Delta l_i \bar{a_i} \qquad \text{ただし，} \quad \bar{a_i} = \frac{a_{i1} + a_{i2}}{2}$$

よって，

$$\Delta a = \sum_i \left(\Delta a_i \bar{l_i} + \Delta l_i \bar{a_i} \right)$$

となる。

表1-1　保護率の変化に関する世帯類型ごとの寄与度

（単位：％ポイント）

	1980 ～ 1995 年			1995 ～ 2004/05 年		
	保護率の寄与度	世帯割合の寄与度	寄与度計	保護率の寄与度	世帯割合の寄与度	寄与度計
高齢単身世帯	− 0.343	0.348	0.006	0.034	0.262	0.297
その他高齢者世帯	− 0.170	0.115	− 0.055	0.017	0.050	0.066
母子世帯	− 0.139	− 0.008	− 0.147	0.019	0.039	0.058
その他世帯	− 0.447	− 0.062	− 0.509	0.284	− 0.056	0.228
計	− 1.099	0.394	− 0.705	0.354	0.295	0.649

（注）　その他世帯には，傷病者世帯および障害者世帯が含まれる。
（出所）「社会福祉行政業務報告（各年版）」，「被保護者全国一斉調査（各年版）」，
「国勢調査（各年版）」より筆者作成。

　これにより，保護率の変化分（Δa）を，世帯類型ごとの保護率の変化分（Δa_i）と各世帯類型の比率の変化分（Δl_i）に，それぞれ各世帯類型の時点間平均（$\overline{l_i}$）とそれぞれの世帯保護率の時点間の平均（$\overline{a_i}$）でウェイト付けしたものに分解することができる。

　表1-1は，総世帯の保護率の変化を，世帯類型ごとの保護率の変化（$\Delta a_i \overline{l_i}$）[4] と総世帯に占める世帯割合の変化（$\Delta l_i \overline{a_i}$）に寄与度分解したものである。寄与度分解の対象期間は，保護率の上昇局面である 1995 年から 2004/2005 年であり，寄与度計の最下部の値がその期間の保護率の変化分である。すなわち，保護率の変化は，世帯類型ごとの保護率の変化と総世帯に占める世帯割合の変化の寄与度の総和によって求められる。なお，2004/2005 年とは，分子の被保護世帯数は 2004 年のデータ，分母の世帯類型別の世帯数は 2005 年のデータを用いたものである。こうしたデータを作成した理由としては，2005 年から生活保護に関する統計において高齢者世帯の定義変更がなされたためである。2005 年以降，高齢者世帯の範囲が狭まることで，高齢者世帯割合に低下の影響が出ると考えられる。そこで前年のデータとなるが元の定義で分析するため 2004

---

4)　ここでの保護率は，分子の被保護世帯に「社会福祉行政業務報告」，「被保護者全国一斉調査」（高齢単身世帯のみ），分母の世帯類型別の世帯数は「国勢調査」を用いている。

5)　2005 年度から高齢者世帯は「男 65 歳以上，女 60 歳以上の者のみで構成されている世帯もしくは，これらに 18 歳未満の者が加わった世帯」から「新たな定義：男女とも 65 歳以上の者のみで構成されている世帯もしくは，これらに 18 歳未満の者が加わった世帯」への変更がなされた。

年のデータを用いた。

　また世帯類型は高齢単身世帯，その他高齢者世帯，母子世帯，その他世帯（傷病者世帯，障害者世帯を含む）を用いる[6]。ここでは高齢者世帯を，高齢単身世帯（男性，女性ともに 65 歳以上の高齢者のみの世帯とする）とその他高齢者世帯に区分し分析を行う[7]。一般に高齢単身世帯の所得水準は高くなく，高齢化による保護率の変動を検討するうえでもとくに着目したい世帯類型であるため，以上のような区分を用いた。本章のその他世帯は，高齢単身世帯，その他高齢者世帯，母子世帯以外の世帯を指し，生活保護に関する統計における「その他世帯」とは異なり，傷病者世帯，障害者世帯も含まれる。

　まず，保護率の低下局面（1980 ～ 1995 年）における保護率の変化とその要因について検討する。表 1-1 の左のパネルが示すように，総世帯の保護率の変化は，0.705％ポイント低下している。

　世帯類型ごとに検討してみれば，高齢単身世帯の保護率の低下が総世帯の保護率を 0.343％ポイント低下させるが，高齢単身世帯の世帯割合が上昇したことにより総世帯の保護率を 0.348％ポイント上昇させるため，高齢単身世帯の全体の寄与度は相殺されている。またその他高齢者世帯の保護率の低下は総世帯の保護率を 0.170％ポイント低下させるが，同じくその他高齢者世帯の世帯割合の上昇により総世帯の保護率を 0.115％引き上げるため相殺されることとなる。

6）　母子世帯の定義については，分子で用いる「社会福祉行政業務報告」と分母で用いる「国勢調査」において違いがある。そのため母子世帯については，分子の「社会福祉行政業務報告」の定義（2004 年度まで）「現に配偶者がいない（死別，離別，生死不明および未婚等による），18 歳から 60 歳未満の女子と 18 歳未満のその子のみで構成されている世帯」に合わせて，分母を「未婚，死別又は離別の母親と，未婚の 18 歳未満の子供のみから成る世帯」として「国勢調査」から作成し用いた。母親の年齢は「国勢調査」からは反映することができない。また，「国勢調査」の昭和 55 年および 60 年調査での母子世帯には未婚の母親が含まれていないが，平成 7 年以降は含まれる。そのため，1980（昭和 55）年から 1995（平成 7）年にかけての寄与度分解については，両年で母子世帯の定義が異なる。しかしながら，「平成 10 年度母子世帯等調査」（厚生労働省）によると母子世帯に占める未婚の割合は，昭和 53 年で 4.7％，平成 10 年で 4.8％となっており，割合も低くまたその変化も小さい。したがって，全世帯に占める未婚の母子世帯の割合はごくわずかであり，「国勢調査」の母子世帯の定義変更の影響は，本章の分析結果に大きな影響を与えないと考えられる。

7）　その他高齢者世帯は，高齢者世帯から高齢単身世帯を差し引いたものである。高齢夫婦世帯（男性 65 歳以上，女性 60 歳以上）や 60 ～ 64 歳の高齢女性単身世帯等が含まれる。

母子世帯の保護率の低下は総世帯の保護率を 0.139％ポイント低下させているが，母子世帯の世帯割合の変化は 0.008％ポイントの低下とほとんど変化を与えていない。母子世帯は，総世帯に占める割合が 1％強にしかすぎないにもかかわらず，母子世帯の保護率の低下による総世帯の保護率への寄与度はかなり大きいといえる。

　またその他世帯の保護率の低下により，総世帯の保護率は 0.447％ポイント低下しており，その他世帯の世帯割合の変化により，総世帯の保護率は 0.062％ポイント引き下げられている。相対的に世帯割合の高いその他世帯における保護率の低下は総世帯の保護率の低下に対しての寄与度が大きいことが示されている。

　次に，保護率上昇局面（1995 ～ 2004/2005 年）における保護率の変化とその要因について検討する。表 1－1 の右のパネルが示すように，1995 年から2004/2005 年にかけては，総世帯の保護率の変化は，0.649％ポイントの上昇となっている。

　ここで主な要因を検討すれば，まず高齢単身世帯の世帯割合増加は 0.262％ポイントと総世帯の保護率の上昇の約 4 割を説明するものとなっている。それとの比較では，高齢単身世帯・その他高齢者世帯の保護率の変化やその他高齢者世帯の世帯割合の変化による寄与度は大きくないことが読み取れる。すなわち，一般に保護率の上昇については高齢化要因が強調されるが，高齢単身世帯の世帯割合の増加がその主因であるといえる。また，図 1－2 でみたように，高齢者世帯の保護率が上昇している理由も高齢単身世帯が増加していることによる。

　そして，その他世帯の保護率の上昇が，総世帯の保護率を 0.284％ポイント上昇させており，保護率の上昇に対して最も大きな要因であることも示されている。

　これまで保護率の上昇に関して，高齢化の影響を強調する議論が多かったが，高齢化要因の多くは，高齢単身世帯の世帯割合の増加によって説明でき，またその他世帯の保護率の上昇の影響も大きいことがわかった。その他世帯には，傷病者世帯，障害者世帯，稼働年齢層の世帯などが混在しているため解釈が難しいが，その他世帯の保護率の上昇が保護率の上昇の最も大きな要因となって

おり，今後もその動向が，保護率の変化に対して影響を持つと考えられる。

4　開始率・廃止率の要因分析

　次に，生活保護率の変動を開始と廃止というフローの側面から要因分析を行う。前節でみたように，保護率の変化は，世帯類型割合の変化だけではなく，それぞれの世帯類型ごとの保護率の変化により引き起こされている。したがって，保護率の変化を引き起こす要因については，人口の高齢化や母子世帯数の増減だけではなく景気の変動などの要因について考察する必要がある。また，保護率はストックをあらわすが，フローである保護の開始率と廃止率を考察する理由は，保護率の水準が廃止と開始によって決定されるだけではなく，開始率と廃止率にそれぞれ異なった変動がみてとれるためである。

　図1-3でみたように，生活保護への流入をあらわす開始率は，1980年代後半から1990年代初めにかけて大幅に低下するが，その後1990年代後半から上昇し始め生活保護への流入が起こりやすくなってきた。一方，生活保護からの退出をあらわす廃止率は，1980年代から2000年代に至るまで低下し続けており，生活保護からの退出が起こりにくくなっている。すなわち，開始率は大幅な上下の動きがあったが，廃止率は景気等の変化に応じることなく，低下し続けている。

　以下では，このような廃止と開始がどのような要因によって生じていたのかについての検証を行う。前節で考察した高齢化率などの人口学的変数，そして，景気によって変動する労働市場の変数だけではなく，廃止率については被保護者の属性を用いた分析を行う。とくに，廃止率に対する開始率の影響についての考察が重要であると考えられる。どのような人々が保護に入ってくるのかは，「被保護者プール」の構成を変えることで廃止率に影響するであろう。すなわち，開始率の低下が，比較的自立しやすい稼働能力の高い人々が生活保護に入りにくくなることを意味する場合，その開始率の低下により廃止率の低下が引き起こされる可能性がある。この場合，保護の開始率が低下したとしても，廃止率が低下することで保護率自体はそれほど低下しないかもしれない。逆に，

表 1 - 2　各説明変数の定義と使用データ

変　数	定　義	使用データ
開始率	開始世帯数 / 総世帯数 ×100	「福祉行政報告例」「国勢調査」「人口推計」
廃止率	廃止世帯数 / 被保護世帯数	「福祉行政報告例」
有効求人倍率（一般労働者）	有効求人数 / 有効求職者数	「労働市場年報」
離婚率	離婚件数 / 年央人口 ×1000	「人口動態統計」
高齢化率	65 歳以上人口 / 総人口	「国勢調査」「人口推計」
被保護者 65 歳以上人口割合	65 歳以上の被保護者 / 被保護者数	「被保護者全国一斉調査」
被保護母子世帯割合	被保護母子世帯数 / 被保護世帯数	「被保護者全国一斉調査」

（出所）　筆者作成。

開始率が上昇しても，稼働能力が高く自立可能性が高い人々が増加し，廃止率が上昇すれば，保護率はそれほど上昇しないかもしれない。そのため，廃止率に対する開始率への影響をみることで，保護率についての考察が可能になると考えられる。そこで，廃止率については，開始率との関係をみるために以下の都道府県単位のパネル・データ分析を行う。なお数式に関心のない読者は，数式を読み飛ばしても分析結果理解に差し支えない（左辺の変数の増減には，右辺に入る変数が影響している，という意味をあらわしている）。

$$entry_{it} = X'_{it}\beta + u_{1i} + \varepsilon_{1it} \tag{1}$$

$$exit_{it} = \alpha\, entry_{it} + Z'_{it}\gamma + u_{2i} + \varepsilon_{2it} \tag{2}$$

（1）式は，開始率（$entry_{it}$）についてのモデルで，X_{it} を，高齢化率，離婚率，有効求人倍率，年ダミー変数とした。（2）式は，廃止率（$exit_{it}$）についてのモデルで，Z_{it} を，有効求人倍率，被保護者における 65 歳以上人口割合，被保護世帯に占める母子世帯割合とした。そして，u_{1i} と u_{2i} は，各都道府県の固有の特性をあらわす個別効果であり，ε_{1it} と ε_{2it} は，それぞれ誤差項である。

　分析手法は，操作変数法による固定効果モデルを用いた。（2）式において，開始率（$entry_{it}$）が被操作変数となり，操作変数として，離婚率，有効求人倍率，総人口の高齢化率，年ダミーとした。離婚率や高齢化率は開始率には影響するが，すでに生活保護を受給している者についての廃止率には影響しないため，操作変数として用いるとこができるだろう。

表1-3　開始率の規定要因の分析：固定効果モデル

	係　数	［標準誤差］		係　数	［標準誤差］	
有効求人倍率	−0.031	［0.010］	**	−0.006	［0.011］	
離婚率	0.308	［0.017］	***	0.229	［0.027］	***
高齢化率	−3.421	［0.141］	***	−1.597	［0.341］	***
定数項	0.394	［0.017］	***	0.407	［0.056］	***
年ダミー	含まない			含む		
観察数	1,316			1,316		
グループ数	47			47		
R^2	0.418			0.707		

（注）　***，**，*は各々 0.1％，1％，5％水準で統計的に有意であることをあらわす。
（出所）　筆者の推計により作成（データは表1-2参照）。

　使用データは，表1-2のとおりである。1980年から2007年のデータを用いている。開始率の分母は総世帯数となるが，「国勢調査」の調査年以外の年については，「人口推計」による総世帯数を用いた。ただし，「被保護者全国一斉調査」において，1982年の世帯類型が公表されていないため，被保護母子世帯割合を説明変数とする廃止率の分析モデルでは1982年のデータが用いられていない。

　予想される結果として，労働市場の需給関係をあらわす有効求人倍率は，開始率には負の影響を与えるが，廃止率には正の影響を与えると予想される。離婚率は母子世帯の増加の要因となり開始率に正の影響を与えると予想される。高齢化率は，高齢者は比較的低所得であり，開始率を上昇させると予想される。また，高齢者は就労等により生活保護から自立することが困難であるため，被保護者の65歳以上人口割合は，廃止率に負の影響を与えると考えられる。被保護母子世帯は，就労ができる場合があっても，就労自立までは困難であるため，被保護母子世帯割合も廃止率に負の影響を与えると考えられる。そして，各都道府県の固有の特性だけではなく時点の効果を考慮しても各説明変数の影響が観察されるかをみるため，年ダミーを投入したモデルについても分析結果を示す。

　表1-3は，開始率についての分析結果であり，年ダミーを含むモデルと含まないモデルを固定効果モデルで推計した。まず，年ダミーを含まない場合は，有効求人倍率が負に有意となり，有効求人倍率が上昇すると開始率が低下する

表 1-4　廃止率の規定要因の分析：操作変数法による固定効果モデル

	係　数	［標準誤差］		係　数	［標準誤差］	
開始率	− 0.022	［0.021］		0.255	［0.073］	＊＊＊
有効求人倍率	− 0.028	［0.006］	＊＊＊	− 0.044	［0.009］	＊＊＊
被保護 65 歳以上人口割合	− 0.557	［0.047］	＊＊＊	0.118	［0.091］	
被保護母子世帯割合	− 0.261	［0.123］	＊	0.161	［0.170］	
定数	0.417	［0.028］	＊＊＊	0.033	［0.062］	
年ダミー	含まない			含む		
観察数	1,269			1,269		
グループ数	47			47		
R^2	0.297			0.375		

（注）　被操作変数は，開始率であり，操作変数は離婚率，高齢化率，有効求人倍率年ダミー変数とした。＊＊＊，＊＊，＊は各々 0.1%，1%，5% 水準で統計的に有意であることをあらわす。
（出所）　筆者の推計により作成（データは表 1-2 参照）。

という予想された結果となっているが，年ダミーを含むとその影響は有意ではなくなる。また，離婚率は開始率に対して正に有意である一方，高齢化率は負に有意となっている。この結果は，離婚率が高くなり母子世帯が増加すると被保護世帯が増加するという予想と整合的であるが，比較的低所得者が多い高齢者の割合が上昇すると開始率が低下するという予想と逆の結果となっている。前節の寄与度分解でみたように，保護率が低下した時期においては，高齢者世帯割合の上昇と，高齢者の保護率の低下が保護率全体に影響を与えていた一方で，保護率の上昇局面では高齢者の保護率の上昇がみてとれることなど，高齢化が生活保護に与える影響は複雑であり，この分析モデルでは十分に捉えられていないのかもしれない。[8]

　表 1-4 は，廃止率についての分析結果であり，内生変数と考えられる開始率を説明変数に含んだ操作変数法を用いた固定効果モデルを推計した。まず，開始率については，年ダミーを含むモデルにおいて正に有意な影響を与えている。すなわち，開始率が上昇すると廃止率も上昇し，逆に開始率が低下すると廃止率も低下すると考えられる。

　有効求人倍率は，負に有意な影響を与えている。すなわち，有効求人倍率が

8）　ただし，高齢化率の上昇により開始率が低下するという結果は，より大きく高齢化が進んでいる地方より，高齢化の進行が少ない都市部において保護率および近年の保護率の上昇が高いという結果と整合的である。

上昇すると廃止率が下がるという予想とは異なる結果となった。この結果は，玉田（2007）と同様の結果であるが，今後の検討課題となろう。その他の結果については，年ダミーを含まないモデルにおいて，被保護者の65歳人口割合が上昇すると廃止率が低下する。しかしながら，年ダミーを含むモデルにおいては，有意な結果でなくなる。同様に，被保護母子世帯割合が上昇する場合も，廃止率の低下が観察されるが，この結果も年ダミーを含むモデルにおいては有意な影響が観察されなくなる。

　以上，生活保護の開始率と廃止率の規定要因についての考察を行ってきた。主な分析結果として，開始率が廃止率に影響を与えており，開始率が低下すると廃止率も低下することがみてとれる。すなわち，開始率の低下により新たに生活保護に流入する人は減少するが，その結果，廃止率が下がり生活保護から自立する者は少なくなってしまう。このことは，開始率の低下は生活保護から比較的出やすい稼働能力が高い人々が保護に入りにくくなり，被保護者プールには生活保護から出にくい人々が多く残ってしまうというように考えられるだろう。

5　おわりに

　本章では1980年以降の保護率の変動を検討するため，世帯割合の変化と世帯類型ごとの保護率の変化による保護率の寄与度分解と生活保護の開始率と廃止率の規定要因についての分析を行った。明らかになった点は，以下のとおりである。

　第1に，保護率の下降局面である1980年から1990年代前半にかけての変化は，その他世帯（傷病者世帯や障害者世帯も含む）の保護率の低下が大きな要因であることが明らかになった。また，世帯割合が1%程度であるにもかかわらず，母子世帯における保護率の大幅な低下は，全体の保護率の低下にも一定程度の影響を与えていた。

　第2に，1990年代後半以降の保護率の上昇局面では，高齢単身世帯割合の上昇とその他世帯の保護率の上昇による寄与が大きいことが確認された。

第3に，廃止率と開始率の要因分析から，開始率の低下は廃止率の低下を引き起こすことがわかった。すなわち開始率の低下により新たに生活保護に流入する人が減少するが，その結果，廃止率が低下し，生活保護からの自立が減少する。1980年代から1990年代前半にかけての保護率の低下については，開始率の低下により引き起こされたものの，開始率の低下は廃止率の低下も伴っており，被保護世帯における脱出困難な生活困窮者が集中したと考えられる。一方，1990年代後半以降の保護率の上昇局面では，開始率が上昇したにもかかわらず廃止率が減退し続けているということは，被保護者のプールに，脱出困難な生活困窮者が流入していると考えられるだろう。ただし，この分析は2007年までのものであるため，景気悪化のなか開始率が上昇している近年の状況については改めて検証しなくてはならないだろう。

（四方理人・田中聡一郎）

第2章

生活保護受給世帯率の地域差と資産保有
貯蓄・持ち家・乗用車保有の影響

1 はじめに

　生活保護制度をめぐる議論は2000年代に入り，活発化している。1990年代後半からの被保護者の急増，抱える問題の多様化への対応を検討するため厚生労働省は「生活保護制度の在り方に関する専門委員会」を社会保障審議会福祉部会に設置し，2004年12月に『生活保護制度の在り方に関する専門委員会報告書』（以下，報告書）を公表した。報告書は，被保護世帯の増加，固定化，抱える問題の多様化を指摘し，「利用しやすく，自立しやすい」制度への転換をめざし，生活保護基準の検証，自立支援のあり方，制度運用の見直しについてふれている。

　さらに報告書は自立支援・稼働能力の活用以外に「資産」の活用のあり方についても言及している。現在，生活保護制度の実態的運用としては，最低生活費の半月分まで資産保有が認められている。しかし，このような過度な資産保有制限が生活保護を使いにくくし，そしてひとたび生活保護に入ればそこから脱却しにくいものにしている可能性がある。厳しい資産保有制限が，かえって自立を遅らせる危険性を鑑み，報告書は新破産法の水準も考慮し3ヵ月分の保有を認めるべきとしている（厚生労働省社会・援護局保護課 2004）。

　その後，扶助基準そのものの検討は2007年10月に始まった厚生労働省「生活扶助基準に関する検討会」に引き継がれたが，1ヵ月間の検討のなかで，生

活保護制度の実態的運用における資産の取り扱いについて議論は行われなかった（厚生労働省社会・援護局保護課 2007）。

　このように資産保有のあり方に関する議論は停滞していたが，2010 年 4 月，政府が設置した「ナショナルミニマム研究会」で，生活保護基準未満の所得水準にある世帯のうち，資産を持たない割合が推計された[1]。その結果，低所得世帯の多くがなんらかの資産を持っていることが示された（厚生労働省社会・援護局保護課 2010）。

　以上のように生活保護制度の実態的運用において，資産をどのように勘案するかは，被保護世帯の自立助長の側面において，また潜在的な被保護世帯の増大という財政的側面において重要な意味を持つ一方，それほど議論が尽くされてきたとはいえない。とくにデータに基づく分析は筆者が知るかぎり，直近では厚生労働省の推計を除けば，ほとんど行われてこなかった。そこで本章では被保護世帯に対する資産保有条件を緩めた場合，どれほど保護率が変動する可能性があるのか定量的に把握し，さらに現在観察される保護率の地域差がどのような要因から生じているのか，金銭的資産以外の資産（住宅・乗用車等）保有制限といった側面からも分析した。

　本章の構成は以下のとおりである。次節で，生活保護制度で定める最低生活費よりも認定所得が低い「要保護世帯」を定義する。第 3 節で，純貯蓄額を考慮した場合に（認定所得しか考慮しない仮想的な）要保護世帯率がどれほど増減するか示す。第 4 節では地域ブロック別の要保護世帯率の差が自動車保有や貯蓄額の考慮によってどれほど増減するか示し，第 3 節と合わせ，資力調査の影響について検討する。第 5 節でまとめと若干の政策含意を述べる。

　結論を先取りすれば，本章では 2 つのことを明らかにした。第 1 に，壮年（30 〜 49 歳）世帯主世帯，多人数世帯，3 世代ひとり親世帯，夫婦と子ども世帯で，資産保有条件の緩和による仮想的な要保護世帯率の増減幅は相対的に小

---

1)　厚生労働省社会・援護局保護課（2010）の推計では資産保有要件として①貯蓄現在高が最低生活費 1 ヵ月未満かつ②住宅ローンがないことを用いている。資産には，保有する住宅・土地等の不動産や，自動車，貴金属等の資産の評価額（換金可能額）は含まれない。また貯蓄現在高とは郵便局・銀行・その他の金融機関への預貯金，生命保険・積立型損害保険の掛金払込総額，株式・債券・投資信託・金銭信託等の有価証券と社内預金等の貯蓄合計額である。

さい。第2に，地域ブロック別の所得基準のみに基づく仮想的な要保護世帯率の地域差は，九州・沖縄地区以外では貯蓄半月分（＝貯蓄額が半月分の生活保護基準と葬祭扶助の合計額）を考慮すると小さくなる。一方，北海道・東北地区と中国・四国地区では乗用車保有を考慮すると小さくなり，貯蓄額や自動車保[2]有をどこまで認めるかにより，所得基準のみに基づいた場合の要保護世帯率の地域差の大部分を説明できることがわかった。

2　要保護世帯率の定義・算出方法

　本節では要保護世帯率の定義・算出方法について説明する。データは，総務省「全国消費実態調査（2004 年）」（以下，「全消」）の調査票情報を用いる。

　本章における要保護世帯率は，厚生労働省「国民生活基礎調査」を用い資産を考慮して要保護世帯率の変動を分析した山田（2000）や，本章と同じく「全消」を用いて都道府県別捕捉率を分析した駒村（2003）と同じ概念で算出されている。すなわち，生活保護制度で定める最低生活費と収入認定される所得の大小を比較し，「最低生活費＞認定所得」となる世帯を「要保護世帯」と定義した。なお，実際の生活保護制度は，扶養や資産等の状況を考慮し，（急迫保護を除き）申請主義の原則に基づき運用されており，本章での「要保護率」という語は単純に「可処分所得が生活保護基準未満に陥っている」という以上の意味を持たないことを確認しておきたい。

　最低生活費と認定所得の具体的な計算方法は以下のとおりである。まず，最低生活費については，世帯員の年齢，世帯人員の情報に基づき，生活扶助の第1類費と第2類費以外に，勤労控除，老齢加算，母子（養育）加算，児童養育加算を考慮した。また，その他の扶助については，持ち家がない場合は住宅扶助を加え，学齢期の子どもがいる場合は教育扶助を加えている。逆に，データ制約上の理由により各世帯の生活保護基準の推計で考慮されていない要素とし

---

[2]　なお本章の実証分析では「乗用車」の変数を用いており，分析結果にとくに言及する場合は「乗用車」の語を用いる。

て，加算については妊産婦加算，障害者加算，在宅患者加算，放射線障害者加算，その他の扶助については医療扶助，介護扶助，生業扶助，出産扶助，葬祭扶助などがある。こうした意味で実際の制度の一部を反映させたにすぎない推計方法となっていることに留意する必要がある。

さらに本章で用いた全消データでは級地を識別するための地理情報に制約が[3]あり，そのため最低生活費は級地ごとではなく，全国一律に2つの基準（最低生活費が最も高い1級地1基準と最も低い3級地2基準）を当てはめ推計した。[4]もし級地ごとに最低生活費を当てはめられた場合の要保護世帯数は，1級地1基準に基づく要保護世帯数と，3級地2基準に基づく要保護世帯数との間にあることになる。

また，認定所得（可処分所得）については，3段階で推計した。このような方法で可処分所得を求める理由は，「全消」では年収票に粗所得の情報しかないため，全世帯について可処分所得額を求めるためには所得税・住民税と社会保険料を推計し，差し引かなくてはならないからである。具体的には，以下で説明するように第1段階目で個人別（世帯人員別）粗所得を推計し，第2段階目で社会保険の加入有無および社会保険料，第3段階目で所得税・住民税を推計し，最終的な可処分所得を求めた。

なお，これまで「全消」を用いた可処分所得の推計については，高山ほか（1989），星野（1995），経済企画庁経済研究所編（1998）などが挙げられる。本章における推計では，これらの先行研究以降の税・社会保障等の制度変更を反映させ，また合算所得あるいは単純な頭割所得としてしか把握されてこなかった，世帯主やその配偶者以外のその他の世帯員の所得に関し，新たに，より精緻な割り当てルールを考案し，それに基づき可処分所得を推計する方法を採用した。以下，可処分所得の推計についての技術的説明が続くので，関心のない読者は第3節に移られたい。

---

3) われわれが利用したデータでは，秘匿処理の一環として都道府県の情報は消去されており，6地域ブロック（北海道・東北，関東，北陸・東海，近畿，中国・四国，九州・沖縄）しか地理情報が存在しない。
4) そのため，山田（2000）や駒村（2003）と厳密に比較することはできない。

2.1 個人別（世帯人員別）粗所得の推計——第1段階目

「全消」の「年収票」においては，世帯主の年間収入，世帯主の配偶者の年間収入，65歳以上のその他世帯員の年間収入の合計，65歳未満のその他の世帯員の年収の合計の各々について，①勤め先からの年間収入，②農林漁業収入，③農林漁業以外の事業収入，④内職などの年間収入，⑤家賃・地代の年間収入，⑥公的年金・恩給，⑦企業年金・個人年金受取金，⑧利子・配当金，⑨親族などからの仕送り金，⑩その他の年間収入，⑪現物消費の年間見積額が把握されている。今回の粗所得の推計では，⑪現物消費の年間見積額を加えていない。

「全消」の年間収入には，扶養手当等の各種手当および賞与などは含まれている。ただ退職金や土地・家屋・株式など財産売却益，相続等は除かれている。そのため，退職所得・譲渡所得に関しては考慮することができない。また②農林漁業収入，③農林漁業以外の事業収入に関しては経費等を引いた純益となっている。

世帯主やその配偶者以外の，その他の世帯員の所得は収入の種類ごとの合算所得のみ記載されている。よって，その他の世帯員について，個人単位での所得を識別できないため，そのままでは所得税・住民税と社会保険料の推計を行うことができない。もちろん65歳以上もしくは65歳未満の「その他の世帯員」が1人しかいない場合は，当該データの所得はその世帯員の個人所得となる。だが，65歳以上もしくは65歳未満のその他の世帯員が同一世帯内に2人以上いる場合，なんらかのルールによって個人別に按分する必要がある。

そこで一定ルールを定めることにより，その他の世帯員の個人所得について，合算されている所得から按分を行った。①勤め先からの年間収入，②農林漁業収入，③農林漁業以外の事業収入，④内職などの年間収入については，世帯員それぞれの就業状態で収入が異なっていると考えられる。そこで，個人別の年収を把握することができる世帯主とその配偶者のデータから就業形態別のそれぞれの収入の平均値を求め，収入の種類と年齢別にそれぞれの就業状態の比を求める。次に，その比を乗数として，別途定めたルールにより，その他の世帯員の人数別に，年収を按分する。

たとえば，世帯主もしくはその配偶者ではない世帯員として2人の65歳未満の世帯人員がおり，それぞれの就業状態が「一般雇用者」と「パート」であ

ったとする。まず，「全消」における 65 歳未満の世帯主とその配偶者のサンプルについて以下の計算式から就業形態間の年間収入の比（x）を求める。すなわち，x は「パートの平均勤め先年間収入 / 一般雇用者の平均勤め先年間収入」となる。そして，その 65 歳未満の 2 人の世帯員の合算での勤め先年間収入はわかっていることから，「一般雇用者」の世帯員については，勤め先の年間収入に $1/(1+x)$ を乗じ，「パート」の世帯員には $x/(1+x)$ を乗ずる。実際に，「全消」における世帯主とその配偶者における「パート」の平均勤め先年間収入 ＝ 98.9 万円，「一般雇用者」の平均勤め先年間収入 ＝ 497.4 万円となっていることから，$x = 0.199$ として先述の乗数を求め，その乗数と 65 歳未満のその他の世帯員の合算されている勤め先年間収入から，個人の勤め先年間収入を推計・按分している。

　また，⑥公的年金・恩給と⑦企業年金・個人年金受取金に関しては，一般的に就業履歴が大きく異なる男女間で，その金額の差は大きいと考えられる。そこで，前述の収入の配分ルールと同様に，「全消」における世帯主およびその配偶者の年金等の収入から，男女別，65 歳以上・65 歳未満別の公的年金・恩給と企業年金・個人年金受取金それぞれの平均値を算出し，65 歳以上・65 歳未満別に年金等それぞれの収入別に男女比から乗数を算出し，一定の按分ルールを定めた。この方法により，世帯主とその配偶者における年金受給額等の男女格差がその他の世帯員の男女別の年金等受給額に反映されることになる。

　最後に，⑤家賃・地代の年間収入，⑧利子・配当金，⑩その他の年間収入に関しては，65 歳以上・65 歳未満別のその他の世帯員数で割り，その他の世帯員に按分した。

2.2　社会保険加入状況の有無・社会保険料の推計──第 2 段階目

　社会保険料の推計では，まず世帯員が各制度の社会保険に加入しているかどうかを推定・判別することから始める。各制度は 2004 年時点のものである。

　勤め先からの年間収入が「パートタイム労働者の平均賃金（厚生労働省「賃金構造基本統計調査」の 1 時間当たり所定内給与額）×30 時間×52 週」より多い被用者の場合は，厚生年金・健康保険の加入者とする。また，第 2 号被保険者に扶養されている配偶者については，第 3 号被保険者としている。それ以外の

者は国民年金と国民健康保険に加入していることとした。ただし，世帯内に健康保険の加入者がおり，その扶養される者の年間収入が認定基準未満の場合は，国民年金加入で健康保険の被扶養者とした。

① **年金保険料**

第1号被保険者は，国民年金の保険料月額1万3300円である。また国民年金保険料の免除制度も適用している。第2号被保険者は，厚生年金の保険料率6.79％を用い，また標準報酬月額と標準賞与額の上限額も考慮している。

② **健康保険料**

国民健康保険の保険料は「旧ただし書き」方式とし，「国民健康保険実態調査」より2004年度の所得割，資産割，均等割，平等割の全国平均値を用いて，それぞれの世帯ごとに算出した。また，応益割に対する世帯主と世帯内の被保険者の所得の合計に応じた減額制度も考慮し，賦課限度額も推定では反映させている。なお，国民健康保険料の納付義務者は世帯主（健保加入者においても）であり，そのため世帯単位である国民健康保険料分の社会保険料控除は，世帯主に適用されるとした。

健康保険の保険料は政府管掌健康保険料とし，介護保険第2号被保険者の保険料率4.655％，介護保険第2号被保険者以外の保険料率4.1％を用いた。また，標準報酬月額と標準賞与額の上限額も考慮している。

③ **介護保険料**

介護保険料第1号被保険者に対しては，2004年の基準額（月額3293円）を用いて，加入段階ごとの保険料を算出した。介護保険第2号被保険者について，国民健康保険の被保険者については，国民健康保険料の全国平均値に内包されていると想定した。また健康保険の被保険者においては，上述のとおり算出した。

④ **雇用保険料**

雇用保険料についてはその就業状態により加入状況を判別し，一般の事業における被保険者の保険料率0.7％を用いた。

2.3　税負担の推計——第3段階目

次に，税負担の推計をする。まず所得税制に合わせて，以下のように所得区

分を整理した。

給与所得 = 「①勤め先からの年間収入」－給与所得控除

事業所得 = 「②農林漁業収入」＋「③農林漁業以外の事業収入」
－ 青色申告特別控除

雑所得 （年金）＝「⑥公的年金・恩給」＋「⑦企業年金・個人年金受取金」
－ 公的年金等控除

雑所得 （年金以外)＝「④内職などの年間収入」＋「⑩その他の年間収入」

不動産所得 = 「⑤家賃・地代の年間収入」

　これらの所得の合計額から，以下の所得控除を差し引いて，総合課税の対象となる課税所得を算出する。なお，⑧利子・配当金に関しては，すべて源泉分離課税となっていると仮定して含めていない。

　今回適用した所得控除は，基礎控除（所得税：38万円，住民税：33万円），扶養控除（所得税：38万円，住民税：33万円，ただし16歳以上23歳未満および70歳以上の場合は上乗せ有り），配偶者控除（所得税：38万円，住民税：33万円，ただし70歳以上の場合は上乗せ有り），配偶者特別控除（所得税：0～38万円，住民税：0～33万円），老年者控除（所得税：50万円，住民税：48万円），社会保険料控除（所得税・住民税：支払額の全額，その算出方法は前項2.2で説明）である。なお，配偶者控除は続柄の情報と合計所得金額から適用の可否を判断した。また扶養控除は，世帯内で最も合計所得金額が大きい世帯員に適用することにした。

　この推計作業により求められた課税所得に税率表を適用し，所得税額・住民税額を算出した。住民税均等割は4000円である。また住民税非課税基準（所得割・均等割）も適用している。2004年時点の所得税率は10・20・30・37%，住民税率は5・10・13%を適用する。利子所得は20%（所得税15%＋住民税5%）の源泉分離課税とした。なお所得税20%（上限額25万円），住民税15%（上限額4万円）の定率減税も適用している。

　以上の按分方法・推計方法により算出された所得税・住民税・社会保険料を用いて，個人単位での可処分所得を算出した。

3 純貯蓄額の考慮による要保護世帯の変動

　本節では資力調査を緩めた場合，所得のみで要保護世帯を把握した場合に比べ，どれほどその割合が高くなるのか，純貯蓄額を用いて検討する。純貯蓄額とは貯蓄現在高から負債を差し引いたものである。貯蓄現在高は，郵便局・銀行・その他の金融機関への預貯金，生命保険・積立型損害保険の掛金，株式・債券・投資信託・金銭信託等の有価証券と社内預金等のその他の貯蓄合計額である。また負債は，住宅・土地の購入のための借入金，住宅・土地の購入以外の目的の借入金残高，月賦・年賦の未払残高の合計額である。図2−1は，純貯蓄額をまったく考慮せず，所得のみに基づく要保護世帯率を100％として，認める純貯蓄額を0から無制限（＝所得のみ考慮）に動かした場合の要保護世帯率の変動を示している。

　1級地1基準あるいは3級地2基準で，純貯蓄額をまったく認めない場合，

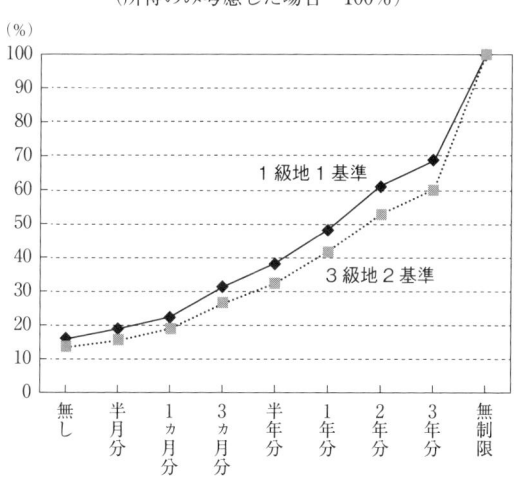

図2−1　純貯蓄額の考慮による要保護世帯率の変動
（所得のみ考慮した場合＝100％）

（出所）　「全国消費実態調査（2004年）」調査票情報に基づく筆者の計算により作成。

表 2-1　純貯蓄額の考慮による要保護世帯数の変動（倍率）

（世帯主年齢階級別，半月分の貯蓄を保有する要保護世帯数＝1.0 倍）

① 要保護世帯率 A（1 級地 1 基準）

	無し	半月分	1 ヵ月分	3 ヵ月分	半年分	1 年分	2 年分	3 年分	無制限
20 〜 29 歳	0.9	1.0	1.3	2.2	2.7	3.3	3.7	4.0	4.1
30 〜 39 歳	0.9	1.0	1.1	1.4	1.6	2.1	2.5	2.6	2.9
40 〜 49 歳	0.8	1.0	1.1	1.3	1.5	1.9	2.5	2.7	3.2
50 〜 59 歳	0.9	1.0	1.3	1.6	1.9	2.4	3.0	3.3	5.2
60 〜 65 歳	0.7	1.0	1.0	1.5	1.9	3.0	4.4	5.6	9.8
65 歳以上	0.7	1.0	1.4	2.5	3.3	4.3	5.9	7.5	13.7
75 歳以上	0.5	1.0	1.3	2.1	2.8	3.6	5.4	6.5	15.5
計	0.9	1.0	1.2	1.6	2.0	2.5	3.2	3.6	5.2

② 要保護世帯率 B（3 級地 2 基準）

	無し	半月分	1 ヵ月分	3 ヵ月分	半年分	1 年分	2 年分	3 年分	無制限
20 〜 29 歳	0.9	1.0	1.1	1.9	2.3	2.6	3.1	3.2	3.3
30 〜 39 歳	0.9	1.0	1.1	1.5	1.8	2.3	2.8	3.1	3.6
40 〜 49 歳	0.8	1.0	1.2	1.5	1.8	2.2	2.7	2.9	3.9
50 〜 59 歳	0.9	1.0	1.3	1.8	2.0	2.6	3.2	3.6	6.3
60 〜 65 歳	0.9	1.0	1.0	1.4	2.1	3.1	5.3	7.0	13.5
65 歳以上	0.9	1.0	1.6	2.5	3.5	4.5	6.3	7.8	18.1
75 歳以上	0.5	1.0	1.4	1.8	2.4	3.6	5.0	5.9	17.4
計	0.9	1.0	1.2	1.7	2.1	2.7	3.4	3.8	6.4

（出所）　「全国消費実態調査（2004 年）」調査票情報に基づく筆者の計算により作成。

　所得のみに基づく要保護世帯率は 6 分の 1 から 8 分の 1 程度になる。また 1 級地 1 基準の場合，1 年分の純貯蓄額を，3 級地 2 基準の場合，2 年分の純貯蓄額しか認めないとすると，所得のみに基づく要保護世帯率の約半分になる。3 ヵ月分の純貯蓄額しか認めないことにすると，要保護世帯率はどちらの基準でも 3 分の 1 程度となる。

　表 2-1 はさらに純貯蓄額をまったく認めない（無し）から無制限まで段階的に認めた場合，要保護世帯率がどのように変動するかを世帯主年齢階級別に示している。なお以下では，1 級地 1 基準および 3 級地 2 基準に基づく要保護世帯（率）を各々要保護世帯（率）A，要保護世帯（率）B と呼ぶ。

　この表 2-1 では各世帯主年齢階級で生活保護基準の半月分の貯蓄を保有する要保護世帯数を 1.0 に基準化している。この基準化により，たとえば 50 〜 59 歳世帯主で純貯蓄額の保有を 1 年分まで認めるとすると要保護世帯率 A は 2.4 倍に増大することがわかる。また表の右端の列は，純貯蓄額をすべて（無

表2-2　純貯蓄額の考慮による要保護世帯数の変動（倍数）
（世帯員数別，半月分の貯蓄を保有する要保護世帯数＝1.0倍）

①要保護世帯率A（1級地1基準）

	無し	半月分	1ヵ月分	3ヵ月分	半年分	1年分	2年分	3年分	無制限
1人世帯	0.7	1.0	1.4	2.4	2.9	3.6	4.6	5.2	8.3
2人世帯	0.8	1.0	1.2	1.7	2.2	3.0	4.1	4.8	8.4
3人世帯	0.9	1.0	1.1	1.6	1.9	2.3	2.8	3.3	4.4
4人世帯	0.9	1.0	1.1	1.3	1.6	2.1	2.6	3.0	3.7
5人世帯	0.9	1.0	1.1	1.3	1.5	1.8	2.2	2.4	2.8
6人以上世帯	0.9	1.0	1.0	1.2	1.4	1.8	2.2	2.4	2.8
計	0.9	1.0	1.2	1.6	2.0	2.5	3.2	3.6	5.2

②要保護世帯率B（3級地2基準）

	無し	半月分	1ヵ月分	3ヵ月分	半年分	1年分	2年分	3年分	無制限
1人世帯	0.8	1.0	1.5	2.4	2.9	3.7	4.6	5.3	10.2
2人世帯	0.9	1.0	1.2	1.7	2.3	3.1	4.3	5.0	9.5
3人世帯	0.9	1.0	1.2	1.6	1.9	2.4	2.8	3.2	4.7
4人世帯	0.9	1.0	1.1	1.4	1.6	2.1	2.5	2.9	3.9
5人世帯	0.9	1.0	1.0	1.3	1.5	2.0	2.5	2.7	3.4
6人以上世帯	0.9	1.0	1.0	1.1	1.3	1.7	2.3	2.6	3.0
計	0.9	1.0	1.2	1.7	2.1	2.7	3.4	3.8	6.4

（出所）「全国消費実態調査（2004年）」調査票情報に基づく筆者の計算により作成。

制限で）認めた場合，すなわち所得基準のみで計測した要保護世帯率を示している。

　世帯主年齢階級で純貯蓄額は相違しており，さらに生活保護基準も年齢・世帯員数によって異なるので，すべてのカテゴリーで同じように要保護世帯率が増減することはない。世帯主年齢30～49歳では3ヵ月分の純貯蓄額を認めた場合の要保護世帯Aの増加は1.3～1.4倍である。世帯主年齢30～49歳で純貯蓄額を認めた場合の要保護世帯Aの増加は総じて小さく，無制限に認めた場合でも2.9～3.2倍にしかならない。一方，世帯主年齢75歳以上では15.5倍に増える。さらに純貯蓄を一切認めない場合（無し）では，75歳以上は0.5倍と約半分になり，多くの75歳以上世帯主の要保護世帯がなんらかの貯蓄を有していることがわかる。同様の傾向は要保護世帯率Bでも観察され，その増加パターンは似ている。

　同様に世帯員数別に要保護世帯率の増減をみたのが表2-2である。純貯蓄額の増大に伴う要保護世帯の増加が小さいのは多人数世帯となっており，たと

表 2-3　純貯蓄額の考慮による要保護世帯数の変動（倍率）
（世帯類型別，半月分の貯蓄を保有する要保護世帯数＝1.0倍）

①要保護世帯率 A（1 級地 1 基準）

	無し	半月分	1ヵ月分	3ヵ月分	半年分	1年分	2年分	3年分	無制限
単　身	0.7	1.0	1.4	2.4	2.9	3.6	4.6	5.2	8.4
夫婦のみ	0.8	1.0	1.1	1.6	2.2	3.0	4.2	5.1	10.3
夫婦と子ども	0.9	1.0	1.1	1.3	1.6	1.9	2.4	2.6	3.2
ひとり親	0.8	1.0	1.2	1.7	2.1	2.7	3.4	3.8	5.0
2世代同居	0.9	1.0	1.1	1.4	1.5	1.8	2.4	2.9	5.3
3世代同居	1.0	1.0	1.0	1.3	1.6	2.1	2.8	3.1	4.2
3世代ひとり親	0.6	1.0	1.1	1.6	1.6	2.0	2.6	2.9	3.8
その他	1.0	1.0	1.1	1.7	2.2	2.9	4.0	4.7	6.2
計	0.9	1.0	1.2	1.6	2.0	2.5	3.2	3.6	5.2

②要保護世帯率 B（3 級地 2 基準）

	無し	半月分	1ヵ月分	3ヵ月分	半年分	1年分	2年分	3年分	無制限
単　身	0.8	1.0	1.5	2.4	2.9	3.7	4.6	5.3	10.3
夫婦のみ	0.8	1.0	1.2	1.6	2.5	3.3	4.6	5.3	12.7
夫婦と子ども	0.9	1.0	1.1	1.3	1.5	1.9	2.3	2.6	3.4
ひとり親	0.8	1.0	1.3	1.9	2.3	2.9	3.6	4.0	5.6
2世代同居	0.8	1.0	1.0	1.2	1.6	2.0	2.4	3.2	6.0
3世代同居	1.0	1.0	1.0	1.2	1.5	2.1	2.8	3.2	4.7
3世代ひとり親	0.6	1.0	1.2	1.2	1.4	2.0	2.2	2.6	3.5
その他	0.9	1.0	1.1	1.8	2.4	3.4	5.1	5.5	8.1
計	0.9	1.0	1.2	1.7	2.1	2.7	3.4	3.8	6.4

（出所）「全国消費実態調査（2004 年）」調査票情報に基づく筆者の計算により作成。

えば 6 人以上世帯で無制限に貯蓄保有を認めた場合，要保護世帯 A では純貯蓄保有を生活保護基準の半月分しか認めない場合の 2.8 倍（要保護世帯 B でも 3.0 倍）にしかならないが，1 人世帯で認める場合には 8.3 倍（要保護世帯 B では 10.2 倍）となる。ただし，3 人以上世帯になると急減し，4 倍（要保護世帯 B では 5 倍）程度になる。3 ヵ月分の純貯蓄保有を認めても，要保護世帯 A でも 3 人以上世帯では 1.2 〜 1.6 倍程度の増加である。

　表 2-3 は同様に，さらに世帯類型ごとに純貯蓄額の考慮による要保護世帯率の変動を示したものである。夫婦と子ども世帯および 3 世代ひとり親世帯で純貯蓄額の考慮による変動は小さく，純貯蓄保有を無制限に認めるとして各々 3.2 倍（要保護世帯 B では 3.4 倍）と 3.8 倍（要保護世帯 B では 3.5 倍）にしか増加しない。反対に，貯蓄額考慮による変動幅が最も大きい世帯類型は，夫婦のみ世帯の 10.3 倍（要保護世帯 B では 12.7 倍）と単身世帯の 8.4 倍（要保護世帯 B

では 10.3 倍）である。

　以上をまとめると，純貯蓄額を考慮すると要保護世帯率は増減するが，世帯主年齢階級で純貯蓄額は相違しており，さらに生活保護基準も年齢・世帯員数によって異なるため，すべてのカテゴリーで要保護世帯率が同じように増減することはない。実際，壮年期（30〜40 歳未満）世帯主世帯，多人数世帯，3 世代ひとり親世帯，夫婦と子ども世帯でその増減幅は相対的に小さいことが明らかになった。

4　地域ブロック別要保護率と資産保有の関係

　生活保護制度では，貯蓄以外にも，持ち家，自動車などの資産保有が一定ルールの下制限されている。そこで，地域ブロック別に，要保護世帯率 A ならびに要保護世帯 A かつ各資産（貯蓄，持ち家，自動車）を所有していない世帯率の推計を行った（図 2-2）。地域ブロックは，具体的には北海道・東北，関東，北陸・東海，近畿，中国・四国，九州・沖縄の 6 地域である。[5]

　所得基準のみに基づく仮想的な要保護世帯率 A（＝純貯蓄，持ち家，乗用車などの資産を一切考慮しない，可処分所得が生活保護基準未満の世帯割合）は，関東地区と北陸・東海地区において低く，九州・沖縄地区で高くなっており，両地区間には 9％ポイントもの地域差がある。もちろん，前者の地区には 1 級地 1 基準（＝都市部での生活保護基準）に該当する地域が大きく，こうした要保護世帯率の地域差は，地理情報のデータ制約により，級地に応じた基準割当ができないことに由来する部分も大きいと考えられる。

　要保護世帯 A かつ貯蓄半月未満（＝貯蓄額が半月分の生活保護基準と葬祭扶助の合計額以下）の割合は，持ち家や乗用車の保有に制限をかけた基準に基づく割合よりも低い水準にある。つまり持ち家や乗用車の保有より，貯蓄半月未満という資産要件がかなり厳しいことを意味する。

5）　繰り返しになるが，われわれが利用したデータでは，秘匿処理の一環として都道府県の情報は消去されており，この 6 地域ブロック単位の地理情報しか有さない。

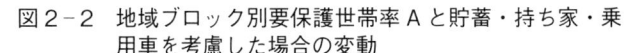

図2-2 地域ブロック別要保護世帯率Aと貯蓄・持ち家・乗用車を考慮した場合の変動

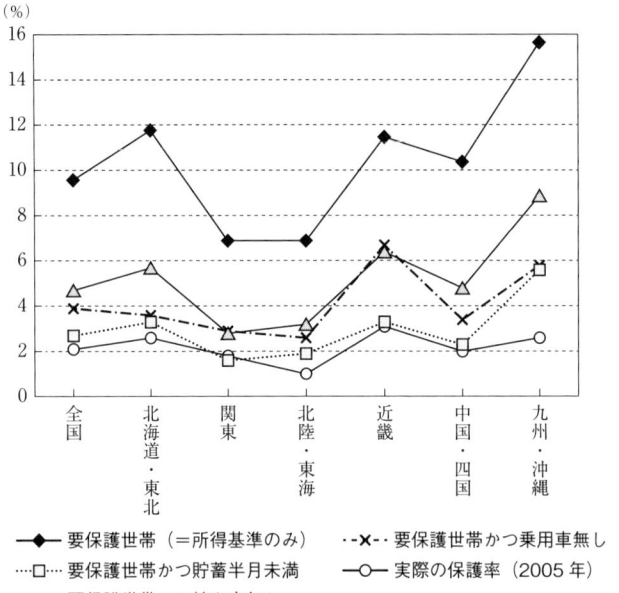

凡例：
- ◆ 要保護世帯（＝所得基準のみ）
- ×・ 要保護世帯かつ乗用車無し
- □ 要保護世帯かつ貯蓄半月未満
- ○ 実際の保護率（2005年）
- △ 要保護世帯かつ持ち家無し

（出所）「全国消費実態調査（2004年）」調査票情報に基づく筆者の計算により作成。実際の保護率は厚生労働省「福祉行政報告例」に基づく。

　要保護世帯Aかつ持ち家無しという制限をかけ，その割合を比較すると，たしかに各地域ともその割合は要保護世帯率Aよりも低くなってはいるが，ちょうど要保護世帯率を下方に5％ポイント前後平行移動させたような位置にあり，要保護世帯率Aでみられる地域差はほとんど縮まらない。

　要保護世帯Aかつ乗用車無しという制限をかけ，その割合を比較すると要保護世帯率Aでみられた地域差はかなり縮まる。とくに北海道・東北，中国・四国，九州・沖縄など都市部が小さい地域で，要保護世帯率Aと比較して，その割合がかなり低い。これは1級地1基準（＝都市部での生活保護基準）を用いていることにより，要保護世帯率が正確な級地の基準を当てはめた場合と比較して高めに出てしまうこと以外に，自動車の保有率がこれらの地域では相対的に高いことが理由として考えられる。

　次に地域ブロック別の実際の保護率（2005年）との関係に注目すると，九

州・沖縄を除き，要保護世帯かつ貯蓄半月分以下の世帯割合が実際の保護率と近くなっている[6]。また，北海道・東北地区と中国・四国地区では，要保護世帯かつ車なしの世帯割合も実際の保護率に近くなっている。所得基準のみに基づく要保護世帯率に貯蓄半月分以下・乗用車無しという条件をつけることで，実際の保護率に近い数字を再現できることになる。

　自動車の保有について，2007年から2008年に北海道，四国の郡部において筆者が行った福祉事務所に対するヒアリング調査結果（未刊行）によれば，これらの地域では，自動車の生活上の必要度は高く，被保護世帯に対する自動車保有の制限は被保護世帯増大の重要な歯止めになっていることがうかがえた。また地域住民からも，自動車保有制限はミーンズ・テストの典型と理解され，地域住民から納得感・理解を得られるシンボル的な役割を果たしていることがうかがえた。しかし，自動車が日々の生活必需財的な性格を持つ地域もあり，一律の保有制限は，かえって被保護世帯の自立の妨げになる可能性もある[7]。

　実際，自動車の保有制限による生活保護へのアクセス制限と自動車が生活必需財的な地域とは密接な関係にあると考えられる。傍証ではあるが，図2-3では乗用車保有制限により減少する要保護世帯率Aの大きさと交通機関までのアクセスの不便さの代理指標（交通機関まで2km以上の住宅比率）の関係を示している。乗用車保有制限により要保護世帯率Aの減少幅が大きい地域ほど，最寄りの交通機関まで2km以上の住宅比率は高い。このことは，交通機関までのアクセスが不便な地域ほど，所得基準に基づく要保護世帯でも乗用車を保有している比率が高いことをあらわしている。すなわち自動車保有の制約により，実際の生活保護の給付対象がかなり限定されている可能性が示唆される。

---

6)　生活保護受給世帯は，定義上，生活保護基準額の給付をすでに得ているため，所得基準のみに基づく要保護世帯として推計上カウントされないことに注意する必要がある。すなわち現実の保護率と推計された要保護世帯の比率が一致していても，それは生活保護制度の捕捉率が100％であることを意味しない。なお捕捉率の計算式は，捕捉率＝実際の保護率／（要保護世帯率＋実際の保護率）ということになる。

7)　障害者などの通院・通勤，山間部などにおける通勤といったケースにおいては，乗用車の保有は認められることがある。また，早朝出勤など仕事上必要と認められるケースにおいても，自立助長の側面から認められることがある。なお，生活保護制度の運用においては，平成20（2008）年より軽バイク等の保有制限は緩和された。

図2-3 乗用車保有制限と最寄りの交通機関まで2km以上の住宅比率の関係

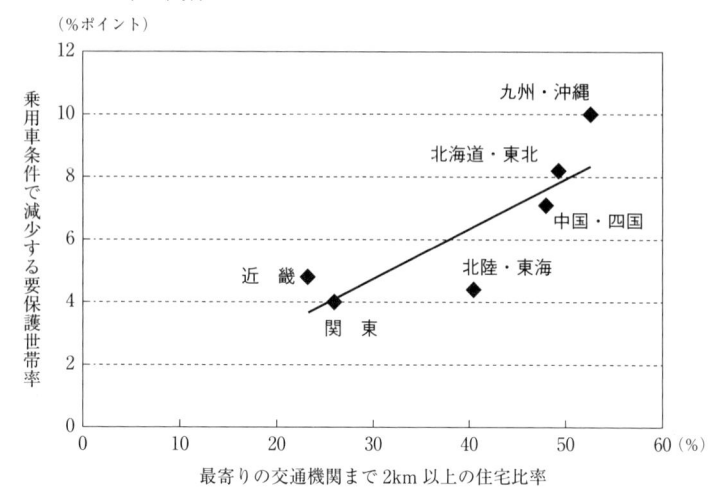

（出所）「全国消費実態調査（2004年）」調査票情報に基づく筆者の計算により作成。最寄りの交通機関まで2km以上の住宅比率は総務省「住宅・土地統計調査」2003年，の都道府県別集計データに基づく。

　ただし，第5章でも指摘するように，他調査と比較すると「全消」では低所得層の割合が低くなっていることから，資産保有を考慮した場合，現実の保護率の値に近くなるとはいえ，資力調査の存在によって所得基準のみによって推定された要保護世帯率と現実の保護率との差がすべて説明されるとするには一定の留保もある[8]。

5　おわりに

　本章では総務省「全国消費実態調査（2004年）」の個票を用い，被保護世帯に対する資産保有条件を緩めた場合，どれほど実際の保護率が変動する可能性があるのか定量的に把握し，さらに現在発生している実際の保護率の地域差が

---

8)　なお Suzuki and Zhou（2007）では実際の保護率の都道府県格差について分析を加えている。

どのような要因から生じているのか，貯蓄ばかりでなく自動車・住宅保有など
さまざまな種類の資産保有制限といった側面から分析した。また分析手法上の
工夫として，「全消」の年収票を用いる場合に避けられない，所得税・住民税
や社会保険料を含む可処分所得の推計に関する新たな，より精緻化された手法
を提案した。

　本章で明らかになったことは次の2点に集約される。第1に，純貯蓄額を考
慮するとたしかに要保護世帯率（＝貯蓄，持ち家，乗用車などの資産を一切考慮
しない，可処分所得が生活保護基準未満の世帯割合）は増減するが，世帯主年齢
階級で純貯蓄額は相違していること，さらに生活保護基準も年齢・世帯員数に
よって異なっているので，すべてのカテゴリーで同じように要保護世帯率は増
減しないことがわかった。より具体的には，壮年（30〜49歳）世帯主世帯，
多人数世帯，3世代ひとり親世帯，夫婦と子ども世帯でその増減幅は相対的に
小さいことが明らかになった。第2に，地域ブロック別の要保護世帯率の地域
差は，九州・沖縄以外では貯蓄半月分（＝貯蓄額が半月分の生活保護基準と葬祭
扶助の合計額）を考慮すると小さくなる。一方，北海道・東北地区と中国・
四国地区では自動車保有を考慮すると小さくなる。つまり，貯蓄額や自動車保
有をどこまで認めるかにより，所得基準のみに基づく仮想的な要保護世帯率の
地域差の大部分を説明できることがわかった。

　これらの結果が導く政策含意として2点ほど挙げられよう。第1は，壮年世
帯主世帯については純貯蓄額に関する条件をかなり緩和しても，相対的に被保
護者の増大幅は小さい。生活保護制度の目的である自立助長のためにも，資産
要件緩和を検討する余地がある。とくに保有可能資産の種類についてもその種
類ごとの特性を考慮した検討が必要である。これと関連して政策含意の第2は，
自動車保有の制限は貯蓄半月分ほど厳しくないとはいえ，交通が不便な地域に
おいてはかなり強力な資産要件となっている可能性があり，自立助長を損なわ
ないよう自動車保有の扱いについては一層の慎重な配慮が必要である。

（山田篤裕・四方理人・田中聡一郎・駒村康平）

第3章

生活保護基準の変更と就労

ひとり親世帯就労促進費廃止と
母子加算復活の影響

1 はじめに

　2004年以降，生活保護制度では，母子加算の段階的廃止・復活，児童養育加算の支給対象拡大，ひとり親世帯就労促進費の導入・廃止，および多人数世帯に対する第1類費算定への逓減率導入等，さまざまな変更があった。

　本章では，こうしたさまざまな制度変更のうち，とくに被保護母子世帯の就労に影響を与えたと考えられる制度変更，具体的にはひとり親世帯就労促進費廃止と母子加算復活に焦点を当て，それらが被保護母子世帯の就労行動にどのような影響を与えたかについて分析する。

　本章で使用したデータは厚生労働省「平成21年度社会保障生計調査」の調査票情報である。この調査は同一世帯について月次パネル・データ化することが可能で，ひとり親世帯就労促進費廃止と母子加算復活前後の同一世帯の状況変化を追うことができ，これらの制度変更が被保護母子世帯の就労行動に与えた影響を把握するうえで，貴重な資料となっている。

　本章の構成は以下のとおりである。次節で2004年以降に実施された児童のいる世帯等を対象とした近年の生活保護制度の変更を概説する。第3節では，公的扶助受給世帯や母子世帯への社会保障・税制度の改正が，就労行動に与えた影響に関する先行研究を，ごく簡単に紹介する。第4節では使用データである厚生労働省「社会保障生計調査」の概要，本章の分析方法，分析結果につい

て述べる。第5節で，分析結果をまとめる。

　なお予め本章の分析結果について留保を述べる。本章では制度変更が被保護母子世帯の就労行動に与えた影響についてのみ分析しており，それが被保護母子世帯の効用水準あるいは社会厚生水準に与えた影響まで踏み込んでいない。別の言い方をすれば，労働供給が減少したとしても，それ自体は社会厚生の観点からは問題とはならない可能性がある。生計費確保のために深夜労働を余儀なくされていた母親が，給付水準の改善等により労働供給を減らし，子どもと過ごす時間を増やしたことにより，母親や子どもの効用が上がり，結果的に母子の効用そして社会厚生は上昇する可能性がある（國枝 2008，60 頁）からだ。そうした母子の効用および社会厚生の変化については，本章で用いたデータの制約により，可能な分析範囲を超えるため，本章では取り扱わない。したがって，就業率の上昇（あるいは下落）が社会的に望ましいかどうかについては，本章の分析結果からは判断がつかないことを予め強調しておく。

2　制度変更の概要

　2004 年から 2009 年までの 6 年間に，生活保護制度ではさまざまな変更が行われてきた。主に児童のいる世帯に関する変更に絞り，その概要を示したのが，表 3-1 である。

　2004 年 8 月から児童養育加算の支給対象を義務教育就学前の児童から小学校第 3 学年修了前の児童に拡大した。児童養育加算は 1 級地 1 の場合，対象児童第 1・2 子に各々月 5000 円，第 3 子以降は各々月 1 万円支給する。

　2005 年 4 月から 16 〜 18 歳の児童に対する母子加算の段階的廃止が始まった[1]。その第 1 段階として，これまで 1 級地 1 の場合，児童 1 人に月 2 万 3260 円支給されていた母子加算を月 1 万 5510 円に減額し，3 分の 2 の給付水準と

---

1)　これに先立つ 2004 年 4 月から老齢加算の段階的廃止（第 4 章参照）が始まり，2003 年 4 月に 1 級地 1 の場合，1 万 7930 円から 9670 円となり，2005 年 4 月には 3760 円となり，2006 年 4 月には廃止された。同じ 3 年間であるが，老齢加算の場合，第 1 段階で給付水準を半額にしており，3 年間で 3 分の 1 ずつ減額していった母子加算の減額スピードより速い。

表3-1　子どものいる世帯等への生活保護制度における近年の変更一覧

年度		子どものいる世帯		多人数世帯	その他
元号	暦年	母子世帯・ひとり親世帯	その他		
平成15	2003		（児童養育加算＝1級地1の場合，対象児童第1・2子は各々月5000円，第3子以降，各々月1万円）		
平成16	2004	（母子加算＝1級地（在宅）・児童1人の場合，月2万3260円）	8月から児童養育加算の支給対象を「義務教育就学前の児童」から「小学校第3学年修了前の児童」に拡大。		
平成17	2005	「16〜18歳」に対する母子加算の段階的廃止開始。1級地（在宅）・児童1人の場合，月1万5510円。	20歳未満の第1類費区分を8区分から4区分に簡素化。　一部の0歳児に適用されている人工栄養費（20％以上人工栄養に依存する場合月額12万606円）の廃止。　生業扶助の技能習得費として高等学校等就学費（基本月額5300円）を支給開始。	多人数世帯（4人以上）について，第1類費算定に逓減率（4人世帯で0.98，5人以上世帯で0.96を第1類の合計額に乗じる）を設定（移行過程），第2類費引き下げ（1級地1の場合，月2820円）。	自立支援プログラムに基づく場合，年額17万6000円の範囲内で複数回の技能習得費を支給。
平成18	2006	「16〜18歳」に対する母子加算の段階的廃止過程。1級地（在宅）・児童1人の場合，月7750円。		多人数世帯（4人以上）について，第1類費算定に逓減率（4人世帯で0.96，5人以上世帯で0.93を第1類の合計額に乗じる）を設定（移行過程）。	

年	改正内容	
平成19 2007	[16～18歳]に対する母子加算の全廃。[15歳以下]および[20歳未満障害児]に対する母子加算の段階的廃止開始。1級地(居宅)・児童1人の場合、月1万5510円。ひとり親世帯就労促進費(就労しているなどで月10000円、職業訓練などに参加して月5000円)の創設。母子加算とひとり親世帯就労促進費は併給調整され、高い方の額を支給。	多人数世帯(4人以上)に係る第1類費算定に逓減率(4人世帯で0.95、5人以上世帯で0.90を第1類の合計額に乗じる)を設定。長期生活支援資金制度の創設。当該資金の利用が可能な居住用不動産を有する高齢者世帯については、当該貸付金の利用を生活保護に優先させ、貸付の利用期間中は生活保護適用を行わない。人工透析治療について医療扶助により給付としていたが、更生医療の給付優先を徹底。
平成20 2008	[15歳以下]および[20歳未満障害児]に対する母子加算の段階的廃止過程。1級地(在宅)・児童1人の場合、月7750円。	
平成21 2009	母子加算全廃。12月から母子加算の復活(1級地[在宅]、児童1人の場合。月2万3260円)。母子加算の復活に伴い、ひとり親世帯就労促進費を廃止。	

(出所)厚生統計協会『国民の福祉の動向(厚生の指標:臨時増刊)』各年版および生活保護手帳編集委員会『生活保護手帳』各年版(中央法規出版)より筆者作成。

した。第2段階として2006年4月には，さらに3分の1の給付水準となり，1級地1の場合の児童1人当たりの母子加算は月7750円に減額された。そして最終段階として2007年4月に16 ～ 18歳への母子加算は完全に廃止される。

一方，児童養育加算では支給対象を「小学校第3学年修了前の児童」から「小学校第6学年修了前の児童」へと拡大した。

2007年4月からは15歳以下の児童および20歳未満の障害児に対する母子加算の段階的廃止が始まる。16 ～ 18歳の児童に対する母子加算の段階的廃止と同様，第1段階では3分の2の給付水準（1級地1の場合，児童1人当たり月1万5510円），2008年4月からの第2段階では3分の1の給付水準（児童1人当たり月7750円）となり，2009年4月には最終段階として15歳以下の児童および20歳未満の障害児に対する母子加算は完全に廃止された。

一方，児童養育加算では，2007年8月から3歳未満について出生順位にかかわらず，一律月額1万円に増額されている。

母子加算の減額開始と同時に3つの就労・教育支援策も実施された。第1に，ひとり親世帯に限定するものではないが，2005年に，自立支援プログラムに基づく場合，年額17万6000円の範囲内で複数回の技能習得費を支給することとした。第2に，生業扶助の技能習得費として高等学校等就学費（基本月額5300円）が支給されることになった。第3に，より直接的なひとり親世帯への就労支援策として，2007年4月にひとり親世帯就労促進費が導入された。このひとり親世帯就労促進費は，ひとり親世帯に対象を絞った一種の賃金・訓練補助金であり，就労収入の月額が3万円以上の場合に月額1万円を，就労収入の月額が3万円未満の場合あるいは職業訓練等[2]に参加している場合に月額5000円を支給するものである。

また，母子世帯のみに影響するものではないが，第1類費に関して2005年4月から2つの制度変更が行われた。1つは多人数世帯に対する第1類費算定への逓減率の導入である。もう1つは，20歳未満の第1類費区分の簡素化である。

まず多人数世帯に対する第1類費の逓減率は，4人以上世帯を対象とするもので2005年4月からの3年間で段階的に導入された。第1段階の2005年4月からは4人世帯で0.98，5人以上世帯で0.96，第2段階の2006年4月からは4

表 3-2　年齢区分変更による第 1 類費の変化（月額）

（単位：円，%）

| 第 1 類費（1 級地 1） | | | | 2004 ～ 2005 年の変化 | | |
2004 年		2005 年			差	変化率（%）
0 歳	14,970	0 ～ 2 歳	20,900	0 歳	5,930	28.4
1 ～ 2 歳	21,790			1 ～ 2 歳	− 890	− 4.3
3 ～ 5 歳	26,950	3 ～ 5 歳	26,350	3 ～ 5 歳	− 600	− 2.3
6 ～ 8 歳	32,030	6 ～ 11 歳	34,070	6 ～ 8 歳	2,040	6.0
9 ～ 11 歳	36,450			9 ～ 11 歳	− 2,380	− 7.0
12 ～ 14 歳	44,010	12 ～ 19 歳	42,080	12 ～ 14 歳	− 1,930	− 4.6
15 ～ 17 歳	47,310			15 ～ 17 歳	− 5,230	− 12.4
18 ～ 19 歳	42,010			18 ～ 19 歳	70	0.2
20 ～ 40 歳	39,970	20 ～ 40 歳	40,270	20 ～ 40 歳	300	0.7
41 ～ 59 歳	38,180	41 ～ 59 歳	38,180	41 ～ 59 歳	0	0.0
60 ～ 69 歳	36,100	60 ～ 69 歳	36,100	60 ～ 69 歳	0	0.0
70 歳以上	32,340	70 歳以上	32,340	70 歳以上	0	0.0

| 第 1 類費（3 級地 2） | | | | 2004 ～ 2005 年の変化 | | |
2004 年		2005 年			差	変化率（%）
0 歳	11,600	0 ～ 2 歳	16,200	0 歳	4,600	28.4
1 ～ 2 歳	16,890			1 ～ 2 歳	− 690	− 4.3
3 ～ 5 歳	20,890	3 ～ 5 歳	20,420	3 ～ 5 歳	− 470	− 2.3
6 ～ 8 歳	24,820	6 ～ 11 歳	26,400	6 ～ 8 歳	1,580	6.0
9 ～ 11 歳	28,250			9 ～ 11 歳	− 1,850	− 7.0
12 ～ 14 歳	34,110	12 ～ 19 歳	32,610	12 ～ 14 歳	− 1,500	− 4.6
15 ～ 17 歳	36,670			15 ～ 17 歳	− 4,060	− 12.5
18 ～ 19 歳	32,560			18 ～ 19 歳	50	0.2
20 ～ 40 歳	30,980	20 ～ 40 歳	31,210	20 ～ 40 歳	230	0.7
41 ～ 59 歳	29,590	41 ～ 59 歳	29,590	41 ～ 59 歳	0	0.0
60 ～ 69 歳	27,980	60 ～ 69 歳	27,980	60 ～ 69 歳	0	0.0
70 歳以上	25,510	70 歳以上	25,510	70 歳以上	0	0.0

（出所）　生活保護手帳編集委員会『生活保護手帳』各年版（中央法規出版）より筆者作成。

人世帯で 0.96，5 人以上世帯で 0.93，最終段階の 2007 年 4 月からは 4 人世帯で 0.95，5 人以上世帯で 0.90 を，それぞれ第 1 類費の合計額に乗じることになった。また第 2 類費についても 2005 年 4 月から 4 人以上世帯について 5%程度の給付抑制が行われることになった。

次に20歳未満の年齢区分の簡素化であるが，具体的には表3‐2にあるように2005年から8区分から4区分となった。この変更により，いくつかの年齢区分では第1類費の給付水準が引き下げられた。具体的には1級地1の1〜2歳で月890円，3〜5歳で600円，9〜11歳で2380円，12〜14歳で1930円，15〜17歳で5230円の減額となった。最も大きい減額は15〜17歳であり，12%の給付水準減である。一方，0歳児は月5930円[3]，6〜8歳は2040円の増額となっている。

以上のように，さまざまな制度変更が2004年以降行われてきており，とくに母子加算の段階的廃止・復活とひとり親世帯就労促進費の導入・廃止は，被保護母子世帯の母親の就労になんらかの影響を与えた可能性がある。

3　先行研究

社会保障・税制度改正と母子世帯の就労行動について，海外ではすでに多くの知見が蓄積されている。とくに就労を条件とした子どものいる世帯向けの給付が，低所得層にいる母親の就業率を上昇させることについては多くの研究で一致をみている。

たとえば，Eissa and Liebman（1996）では，アメリカにおける母子世帯と子どものいない無配偶女性とを比較することで，1986年の勤労所得税額控除（Earned Income Tax Credit：EITC）の適用拡大の影響を評価している。その結

---

2)　局長通知第7の2の（9）のアの（イ）にいう「職業訓練等」とは，
　①公共職業訓練に取り組んでいる場合
　②専修学校等において，生業の維持に役立つ生業に就くために必要な技能の習得に取り組んでいる場合
　③コンピュータの基本機能の操作等就職に有利な一般的技能の習得，コミュニケーション能力等就労に必要な基礎的能力の習得，職場適応訓練，就労意欲の喚起を目的としたセミナー等を受講している場合
　④各自治体において策定されている就労自立支援に関するプログラムに参加（生活保護受給者等就労支援事業への参加を含む）している場合
　とされている（生活保護手帳編集委員会編 2009, 211頁）。
3)　ただし一部の0歳児に適用されていた人工栄養費が同時に廃止されている。

果，この適用拡大により母子世帯で2.8％の労働力率の上昇があり，とりわけ高卒未満の学歴の母親でその上昇効果は6.1％と大きくなっていることを実証した。また Meyer and Rosenbaum（2001）でも同様に1984年から1996年までの社会保障・税制度の影響を評価し，母子世帯の労働力率の上昇の6割がEITC と他の税制度改正によるものであり，要扶養児童家庭扶助（Aid to Families with Dependent Children：AFDC）や Medicaid や Food Stamp などの社会保障制度改革による就労促進効果より大きかったことを実証している。また，Brewer et al.（2006）はイギリスにおける児童家族クレジット（Family Credit）の廃止，勤労世帯児童家族税クレジット（Working Families' Tax Credit：WFTC）導入により，母子世帯の労働力率が5.1％上昇したことを実証している[4]。また Sánchez-Mangas and Sánchez-Marcos（2008）ではイタリアの3歳未満の児童がいる母親向け就労給付の導入により，3歳以上6歳未満の児童のいる母親と比較し，平均で3％の労働力率上昇の効果があったが，その効果は学歴別にみると高卒の母親に限定されることを実証している。

　一方，近年，日本でも被保護母子世帯の就労行動について調査票情報を用いた実証分析が蓄積されつつある。それらの分析は，母子世帯の母親の就労に人的・健康資本が重要であることを示している点で一致している。たとえば，藤原・湯澤（2010）では，A自治体の2005年度生活保護廃止世帯データに基づき，被保護母子世帯の母親の約半数は就労機会が大きく制約される可能性の高い中卒であり，保護廃止月に稼働していた母の賃金水準の観察から，廃止後に母子が安定した生活基盤を持続できる水準を確保できている世帯は少数であり，さらに廃止月に賃金水準が相対的に高い母子世帯は生活保護受給期間が長い傾向にあることを実証している。同じデータを用いた藤原・湯澤・石田（2010）では，他の世帯類型と比較すると母子世帯は受給期間が13年を超えると急速に保護廃止となる傾向のあることを明らかにしている[5]。また X 市の被保護母子世帯のデータを用いた駒村・道中・丸山（2011）では，世代間で生活保護受

4）　前2者の研究とは異なり，Brewer et al.（2006）では制度評価のための適当な比較対象グループが存在しなかったため，労働供給とプログラム参加を，構造推定により分析している。また Brewer et al.（2006）では，それまでの WFTC および EITC 導入による就業率への影響について先行研究をコンパクトにまとめており，参考になる。

給の連鎖があること，母子世帯の母親の高卒未満の学歴や疾患歴が就業確率を下げていること等を実証している。

このように被保護母子世帯の就労行動に関し日本でも調査票情報に基づく新たな知見が蓄積されているが，2000 年代に入ってからの一連の生活保護の制度変更と，被保護母子世帯の就労行動の変化とを関連付けて分析した研究は筆者の知るかぎりほとんどない。また分析で用いられた調査票情報は一自治体の範囲に限定されており，その知見が全国に適用できるかどうかについては一定の留保もある。EITC や WFTC 等の就労給付（in-work benefit）の就労行動への影響について全国規模の調査票情報を用いて分析した研究が海外では多数存在しているのとは対照的な状況にある。

その主な理由は，比較的大きな制度変更が行われたのが日本ではごく最近だということに起因すると考えられる。大きな制度変更がなければ，一種の自然実験（Natural Experiments）としての制度変更により，人々の行動変化を分析することは困難である。本章の分析は，この研究上の空白を埋める試みとして位置づけられる。

4 実 証 分 析

4.1 使用データ

本章では厚生労働省「社会保障生計調査」2009 年度の調査票情報を用いる。[6]
調査対象は被保護世帯であり，全国を地域別に 10 ブロックに分けたうえ，各ブロックごとに 1～3 の都道府県を調査対象県として選定し，そこから調査対象世帯を抽出している。調査対象世帯は 1110 世帯である。[7]

調査内容は被保護世帯の最低生活費（加算を含む），就労状況，所得構成，世

5）藤原・湯澤・石田（2010）では，13 年を超えるとなぜ母子世帯で相対的に急激な生活保護廃止が生じるのかについて直接的な説明はないが，10 年以上で廃止した母子世帯のなかには，死亡による廃止が一定割合を占めることや，看護師として安定就労に至ったケースなどがあることが紹介されている。

6）統計法（平成 19 年法律第 53 号）第 33 条の規定に基づく承認を得ての利用である。

帯属性，消費・支出（家計簿）など多岐にわたっており，被保護世帯の生活構造が月ごとに詳細に把握できるようになっている。調査は年度単位で実施されるが，各調査項目は同一世帯について月次で調査されている。つまり年度単位での繰り返しクロス・セクション・データではあるが，1年間の月次パネル・データとしても利用できる。

本章の目的は，ひとり親世帯就労促進費廃止と母子加算復活が母親の就労行動に与えた影響を評価することであるが，この廃止・復活はちょうど同一世帯を月次で観測している「平成21年度社会保障生計調査」の年度途中（12月）に行われた。そのため，この制度変更を一種の自然実験とみなし，母子世帯の就労行動変化を検出するのに適切なデータとなっている。

4.2　分析枠組み

ひとり親世帯就労促進費廃止と母子加算復活とが，被保護母子世帯の就労に与えた影響を評価するため，本章では差分の差（Difference in Difference）の手法を用いる。具体的には，母子加算やひとり親世帯就労促進費の給付対象はひとり親世帯のみであり，子どものいる夫婦世帯は受給できないことを利用し，母子世帯と子どものいる夫婦世帯の母親の就業率が，母子加算の段階的廃止・復活あるいはひとり親世帯就労促進費の導入・廃止の前後でどのように変化（＝差分）したのか，その差を比較する（＝差分の差をとる）ことで，制度変更の影響を検出する手法を採用する。こうした手法による制度変更の影響評価は，Eissa and Liebman（1996）や Meyer and Rosenbaum（2001）などでも採用され

---

7)　詳細は「社会保障生計調査」の各年度の調査要綱を参照されたい。なお調査要綱は総務省の e-Stat（http://www.e-stat.go.jp/SG1/estat/NewList.do?tid=000001024539，2012年3月15日参照）で閲覧可能である。調査対象からは以下のいずれかに該当する世帯は除外されている。
　①　生活扶助を受けていない世帯
　②　世帯人員が6人以上の世帯
　③　世帯分離している世帯
　④　耕地0.1ヘクタール以上を耕作して農業を営む者のいる世帯
　⑤　林業・漁業，その他の事業を営む者のいる世帯
　⑥　保護施設・寮等において賄いを共通しているなど集団的共同生活を営んでいる世帯
　⑦　賄い付きの同居人のいる世帯
　⑧　その他不適当と認められる世帯

ている。

　たとえば母子加算復活による母子世帯の母親の就業率への影響は，母子世帯と児童のいる夫婦世帯のサンプルを用い，以下の推計式により求めることができる。なお数式に関心がない読者は，読み飛ばして差し支えない。

$$P_i = \alpha + \beta \cdot Z_i + \gamma \cdot After + \delta (Lone_i \cdot After) + T + \varepsilon_i$$

　ここで P は母親が就業している場合に 1 となるダミー変数，$Lone$ は母子世帯である場合に 1 となるダミー変数，$After$ は母子加算復活以降に 1 となるダミー変数，Z は母親の属性（母子世帯かどうか，児童数，母親の年齢）をあらわす変数ベクトル，T はトレンド項である。添え字の i は各母親をあらわす。ε は誤差項を示す。

　α，β，γ，δ が求めるべき係数であるが，とくに δ が負で統計的に有意な場合，母子加算復活は母子世帯の母親の就業率を引き下げたと評価することができる。とはいえ実際の分析では，ひとり親世帯就労促進費廃止と母子加算復活の制度変更は同時に行われたため，2 つの制度変更の複合的な効果を評価することになる。

　以上のような分析手法を採用することから，対象サンプルは 15 歳以下の児童がいる夫婦世帯と，同じく 15 歳以下の児童がいる母子世帯に限定する。16 〜 18 歳は高校に進学するか就業するかの選択が可能であるため，16 〜 18 歳の児童のみしかいない世帯は分析対象から除外した。また分析対象サンプルは 12 ヵ月の家計調査すべてに回答している世帯に限定した。その結果，合計で 177 世帯（観測値数 2124 ＝ 177 世帯 × 12 ヵ月，母子世帯比率 89％）が本章での分析対象となった。記述統計量については本章末の付表に示した。

4.3　児童のいる世帯における加算額と母親の就業率の推移

　受給可能な加算額が，15 歳以下の児童のいる母子世帯と，同じく 15 歳以下の児童のいる夫婦世帯で，制度改正によりどのように変化したのか示したのが図 3−1 である。先述のとおり，ひとり親世帯就労促進費廃止はあったが，それよりも給付水準の高い母子加算復活を反映し，母子世帯では 2009 年 12 月から加算額が約 3 万円に上昇している。これは 2009 年 11 月以前の加算額の 3 倍

図3-1 加算額（月額）の推移

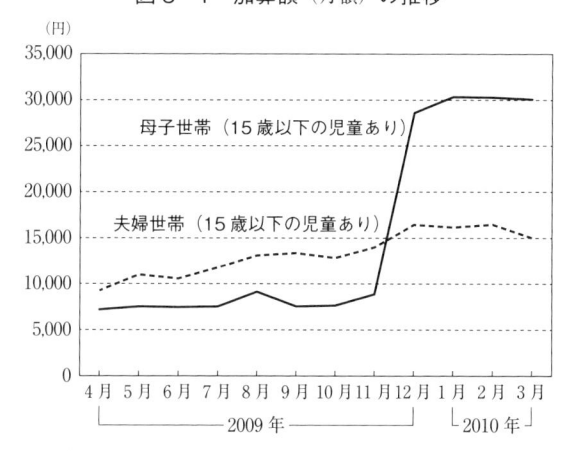

図3-2　最低生活費の推移（月額）

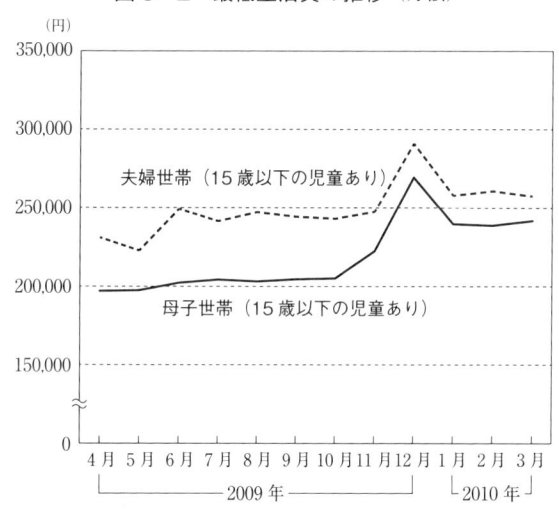

図3-3 母親の就業率の推移

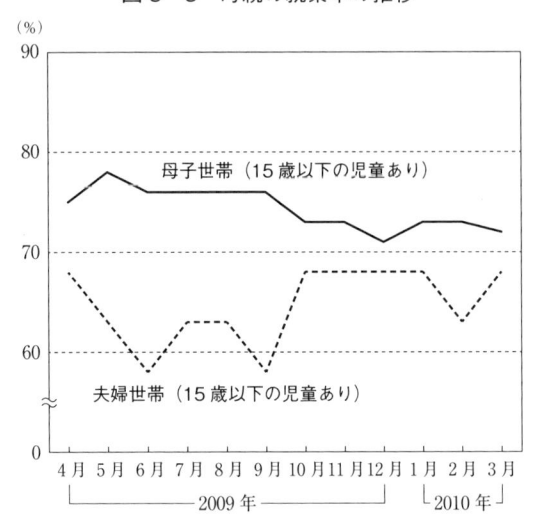

以上であり，また児童のいる夫婦世帯の加算額よりも低かったが，2009年12月以降には2倍以上高くなっている。

　こうした加算額の上昇を反映し，母子世帯の全体の最低生活費（＝生活扶助＋住宅扶助＋教育扶助＋一時扶助）も，2009年4〜11月は児童のいる夫婦世帯と比較して4万円前後低かったが，12月からその差は半分以下になり，児童のいる夫婦世帯の最低生活費と近接するようになった（図3-2）。

　この間，母親の就業率はどのように変化したのであろうか。図3-3では，母子世帯と児童のいる夫婦世帯の母親の就業率を比較している。母子世帯の母親の就業率は2009年度の1年間で漸減傾向にある。一方，児童のいる夫婦世帯の母親の就業率は，変動も大きく，明確な傾向は見出せないが，2009年度末に向かって母子世帯の母親の就業率に近接していっている。

　こうした変化は労働市場の需給状況にも左右されよう。男女別の月次失業率の推移を示したのが図3-4である。2008年9月に発生した金融危機（いわゆ

図3-4 男女別失業率の推移（原数値）

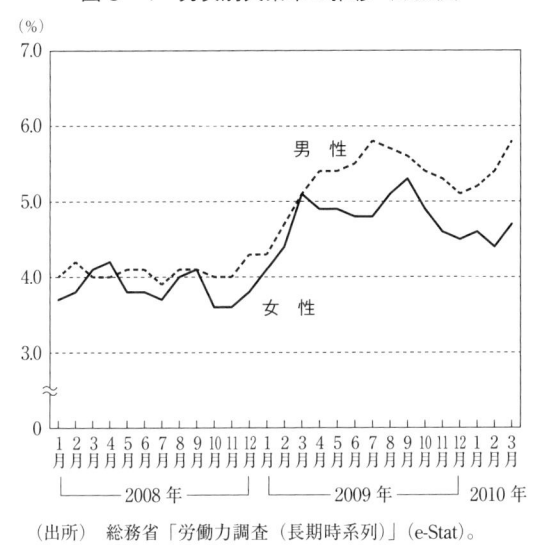

（出所）総務省「労働力調査（長期時系列）」（e-Stat）。

るリーマン・ショック）に端を発し，労働市場の需給状況は悪化し，失業率は1％ポイント近く上昇し，5％台になっている。

このように2009年度は労働市場の需給状況が悪化し，失業リスクが高まるトレンドにあったことに留意し，先行研究に倣い，推計にあたってはトレンド項も入れている。

4.4 母子世帯における加算額変更による就労への影響

母親の就業率が，ひとり親世帯就労促進費廃止と母子加算復活による複合効果でどのような影響を受けたか統計的手法に基づき分析した結果が表3-3に示されている。推計式（1）では，変量効果プロビット・モデルによる推計結果を，推計式（2）では変量効果線形確率モデルによる結果を示している。

なお推計式（1）では尤度比検定により，一般的なプロビット・モデルではなく，変量効果プロビット・モデルが採用された。また推計式（2）では，F検定，Hausman検定，Breusch and Pagan検定により，一般的な線形確率モデルや固定効果線形確率モデルではなく，変量効果線形確率モデルが採用された。

表 3-3　母親の就業率に関する差の差推計

被説明変数　就業の有無（就業=0, 非就業=1）	(1) 変量効果プロビット				(2) 変量効果線形確率		
	限界効果	係数	[標準誤差]		係数	[標準格差]	
説明変数							
母子世帯	(0.008)	1.197	[0.743]		0.117	[0.10]	
2009 年 12 月以降（加算復活・促進費廃止）	(0.000)	0.630	[0.444]		0.051	[0.03]	
2009 年 12 月以降×母子世帯	(−0.002)	−0.820	[0.426]	*	−0.068	[0.03]	**
5 歳以下の児童数	(0.000)	−0.477	[0.458]		−0.050	[0.06]	
15 歳以下の児童数	(0.001)	0.566	[0.345]		0.041	[0.04]	
16 ～ 18 歳の児童数	(0.001)	1.085	[0.390]	***	0.128	[0.05]	***
年齢	(0.000)	−0.474	[0.296]		−0.040	[0.04]	
年齢 2 乗	(0.000)	0.006	[0.004]		0.001	[0.00]	
トレンド項	(0.000)	−0.038	[0.029]		−0.003	[0.00]	
定数項		10.705	[5.684]	*	1.341	[0.72]	*
対数尤度		−494.9		***			
R^2 within					0.010		
R^2 between					0.020		
R^2 overall					0.018		
観測値数		2,124			2,124		
N（観測客体数）		177			177		

（注）　分析対象サンプルは 12 ヵ月の家計調査すべてに回答している世帯である。***，**，*は各々 1，5，10％有意。推計式 (1) では尤度比検定により，一般的なプロビット・モデルではなく，変量効果プロビット・モデルが採用された。また推計式 (2) では，F 検定，Hausman 検定，Breusch and Pagan 検定により，通常の線形確率モデル，固定効果線形確率モデルではなく，変量効果線形確率モデルが採用された。

（出所）　厚生労働省「社会保障生計調査」（2009 年度）調査票情報に基づく筆者の推計により作成。

　分析対象サンプルは 12 ヵ月の家計調査すべてに回答している世帯である。

　推計式のなかで最も重要な変数が「2009 年 12 月以降×母子世帯」である。この変数係数が，ひとり親世帯就労促進費廃止と母子加算復活による，母子世帯の母親の就業率への影響を示していると考えられる。この変数は両方の推計式で有意である。しかし，その定量的効果（係数の大きさ）は 2 つの推計式で異なっている。変量効果プロビット・モデルでは 10％水準でしか統計的に有意でない。また限界効果としては−0.2％の就業率低下であり，定量的にも就業率に与えた影響は小さい。一方，変量効果線形確率モデルでは 5％水準で有意で相対的に係数の値も−6.8％と大きいが，決定係数が 0.02 以下であり，モデルの説明力は高くない。

　結局，ひとり親世帯就労促進費廃止と母子加算復活による複合効果の影響は，

就業率に負の影響を与えた可能性があるが，推定されたその定量的効果はモデルによって異なっている。

5 おわりに

2004年以降，児童のいる被保護世帯，とくに母子世帯に対し，母子加算の廃止・復活，ひとり親世帯就労促進費の導入・廃止など，さまざまな制度変更が行われてきた。しかし，そうした制度変更に対する定量的評価は日本ではこれまでほとんど行われてこなかった。

本章では，そうした研究の空白を埋めるべく，2009年12月に実施されたひとり親世帯就労促進費の廃止と母子加算の復活が，被保護母子世帯の就業率にどのような影響を与えたのか，厚生労働省「平成21年度社会保障生計調査」調査票情報を用いて分析した。具体的には，2009年12月の制度変更前後の母子世帯と児童のいる夫婦世帯の就業率を比較することによる差分の差により評価した。

その結果，ひとり親世帯就労促進費廃止と母子加算復活による複合効果は，就業率に負の影響を与えた可能性があるが，その効果はモデルによって異なり，変量効果プロビット・モデルでは，−0.2%程度で小さいが，変量効果線形確率モデルでは係数は−6.8%と相対的に大きく計測された。

若干の政策含意について述べれば，もし加算の増減によってもさほど就業率が反応しないという変量効果プロビット・モデルの推計結果が現実をより正確にあらわしているとすれば，金銭的なインセンティブよりも，効果的な人的資本投資（教育・訓練）を行うほうが，母子世帯の就業率上昇には有望な政策となる可能性が高い。

とはいえ冒頭でも述べたように，母子世帯の就業率の低下自体，社会厚生水準の観点からは問題とはならない可能性がある。たとえば母親が就業する代わりに，自らの意思で子どものケア時間を増やしているならば，母子双方の厚生水準は高まる可能性もある。序章でも指摘したように，日本では就業は（金銭的）貧困からの脱出を必ずしも意味しない。就業率の下落（あるいは上昇）が

社会的に望ましいかどうか自体について，明示的な価値判断を行わなければならない余地がある。

（山田篤裕・駒村康平）

付表　記述統計量

	平均	[標準偏差]
被説明変数		
就業の有無（就業＝1）	0.734	[0.442]
説明変数		
母子世帯	0.893	[0.310]
2009 年 12 月以降（加算復活・促進費廃止）	0.333	[0.472]
2009 年 12 月以降×母子世帯	0.298	[0.457]
5 歳以下の児童数	0.299	[0.578]
15 歳以下の児童数	1.632	[0.747]
16 ～ 18 歳の児童数	0.174	[0.395]
母親年齢	38.718	[6.233]
母親年齢 2 乗	1,537.9	[491.2]
観測値数	2,124	
N（観測客体数）	177	

第4章

生活保護基準の変更と消費

老齢加算廃止による消費への影響

1　はじめに

　高齢者の貧困率は長期的に低下してきているが，生活保護を受給する高齢者の割合は増加している。図4-1は，生活保護世帯に占める高齢者世帯の割合（%），高齢者世帯の保護率（‰：千分率），総世帯の保護率（‰：千分率）である。1980年代後半から1990年代にかけ，高齢者世帯の保護率（高齢者世帯に占める生活保護世帯の割合）は低下したにもかかわらず，生活保護世帯に占める高齢者の割合は上昇した。これは，人口の高齢化と，総世帯の保護率が低下したことによる。そして，1990年代後半以降は，高齢者世帯の保護率は下降から上昇に転じている。

　一方，一連の生活保護制度改正のなかで，被保護人員の3割を占める70歳以上高齢者に対する老齢加算を2004年度と2005年度に段階的に引き下げ，2006年度に廃止した。

　本章の目的は，老齢加算廃止が70歳以上の生活保護受給者の消費に与えた影響を明らかにすることである。

　主要な発見事実を先取りしていえば3点挙げられる。第1に，70歳以上の生活扶助額の2割に相当する老齢加算廃止は，65〜69歳と比較して相対的に高い支出水準であった食料に対する支出減以外に，被服及び履物，教養・娯楽費，その他の消費支出を減少させる影響があった。第2に，支出費が減少した

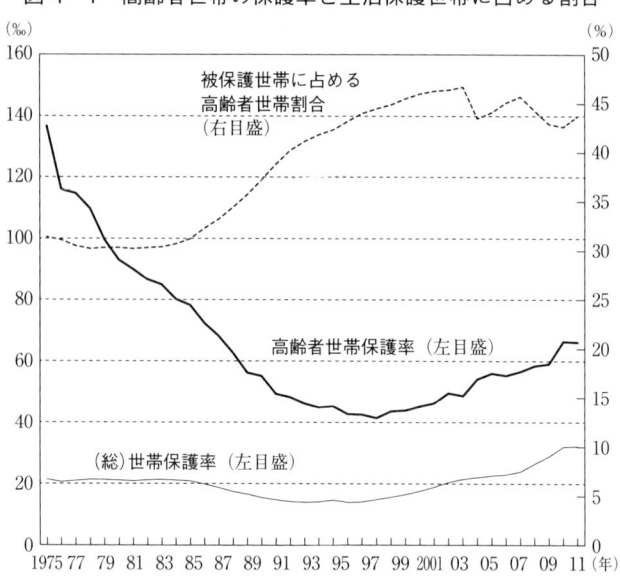

図4-1　高齢者世帯の保護率と生活保護世帯に占める割合

（注）　「高齢者世帯」の定義について，2004年までは，「男65歳以上，女60歳以上の者のみで構成されている世帯もしくは，これらに18歳未満の者が加わった世帯」であったが，2005年から「男女ともに65歳以上の者のみで構成されている世帯もしくは，これらに18歳未満の者が加わった世帯」と変更されている。

（出所）　国立社会保障・人口問題研究所「『生活保護』に関する公的統計データ一覧」http://www.ipss.go.jp/s-info/j/seiho/seiho.asp（2016年6月25日最終確認）より筆者作成。

具体的品目で相対的に大きかったのは，こづかい（使途不明金），野菜・海藻，調理食品，新聞，その他の交際費であった。第3に，光熱・水道，交通・通信，その他の消費支出のうち，理美容品等や冠婚葬祭費などへの，統計的に有意な支出減少は確認できなかった。

　本章の構成は以下のとおりである。次節では老齢加算の位置づけと廃止までの経緯を簡単にたどる。第3節では社会保障給付が消費に与える影響に関する先行研究は数少ないことを指摘するとともに，一般世帯と被保護高齢者世帯の消費の相違を政府公表統計で概観したうえ，厚生労働省「社会保障生計調査」に基づき，老齢加算廃止が，70歳以上の生活保護受給者の消費に与えた影響を明らかにする。第4節では本章の発見事実と残された課題について述べる。

2 老齢加算の導入と廃止

　世帯類型の変化や老齢年金受給額の低下により，長期的に高齢者の所得保障制度としての生活保護制度の重要性は今後さらに増大していくことが予想される。しかし高齢者世帯に占める被保護世帯率が上昇するなか，老齢加算廃止という大きな制度変更が近年行われた。

　老齢加算は老齢福祉年金制度の発足に伴い 1960 年に創設された。この老齢加算には，やがて「特別需要」を満たす役割が期待されるようになる。具体的には，1980 年の中央社会福祉審議会生活保護専門分科会中間的取りまとめでは，①老齢者は咀嚼力が弱いため，他の年齢層に比し消化吸収がよく良質な食品が必要，②肉体的条件から暖房費，被服費，保健衛生費等に特別な配慮が必要，③近隣，知人，親戚等への訪問や墓参などの社会的費用が他の年齢層に比し余分に必要（厚生労働省社会保障審議会福祉部会 2003a，16 頁），という 3 つの必要を特別需要として想定していた。また 1983 年の中央社会福祉審議会意見具申では，老齢加算が「加齢に伴う精神的又は身体的機能の低下……に対応する食費，光熱費，保健衛生費，社会的費用……などの加算対象経費」を満たしているとの認識が示された（厚生労働省社会保障審議会福祉部会 2003a，16 頁）。

　しかし，社会保障審議会福祉部会に設けられた「生活保護制度の在り方に関する専門委員会」による中間とりまとめ（2003 年 12 月 16 日）を受け，老齢加算は廃止に至る。中間とりまとめでは廃止の方向性を打ち出す根拠として「単身無職の一般低所得高齢者世帯[1]の消費支出額について 70 歳以上の者と 60 歳〜69 歳の者との間で比較すると，前者の消費支出額の方が少ない」ことを指摘し，「したがって，消費支出額全体でみた場合には，70 歳以上の高齢者について，現行の老齢加算に相当するだけの特別な需要があるとは認められないため，加算そのものについては廃止の方向で見直すべき」と結論付けている（厚生労

　1）「単身無職の一般低所得高齢者世帯」とは「単身無職世帯の中でみた所得の低いほう 20％（第 1 所得五分位）」を意味する。

表4-1 高齢者世帯の生活扶助額および老齢加算額（1級地1，月額）

（単位：円）

	69歳単身			70歳単身				d/a	g/d
	生活扶助	第1類費	第2類費	生活扶助	第1類費	第2類費	老齢加算	d/a	g/d
	a＝b＋c	b	c	d ＝e＋f＋g	e	f	g		
2003年度	80,928	36,120	44,808	95,138	32,400	44,808	17,930	1.18	0.19
2004年度	80,818	36,100	44,718	86,728	32,340	44,718	9,670	1.07	0.11
2005年度	80,818	36,100	44,718	80,818	32,340	44,718	3,760	1.00	0.05
2006年度	80,818	36,100	44,718	77,058	32,340	44,718	0	0.95	0.00
	69歳＋69歳夫婦			70歳＋70歳夫婦				d/a	g/d
	生活扶助	第1類費	第2類費	生活扶助	第1類費	第2類費	老齢加算	d/a	g/d
	a＝b＋c	b	c	d ＝e＋f＋g	e	f	g		
2003年度	122,081	72,240	49,841	150,501	64,800	49,841	35,860	1.23	0.24
2004年度	121,937	72,200	49,737	133,757	64,680	49,737	19,340	1.10	0.14
2005年度	121,937	72,200	49,737	121,937	64,680	49,737	7,520	1.00	0.06
2006年度	121,937	72,200	49,737	114,417	64,680	49,737	0	0.94	0.00

（注）　第2類は冬季加算（Ⅵ区額×5/12）を含む。
（出所）　生活保護手帳編集委員会編『生活保護手帳』（中央法規出版）各年度版より筆者作成。

働省社会保障審議会福祉部会 2003b）。

　この取りまとめを受け，老齢加算は，2004年度，2005年度と段階的に引き下げられ，2006年4月に全廃された。なお同時期の2005年度には老年者控除の廃止や公的年金等控除の縮小が行われ，一般の高齢者を対象とした税制優遇措置も見直されていた。

　廃止された老齢加算額の相対的な大きさを示したのが表4-1である。表4-1では，高齢単身世帯と夫婦世帯の生活扶助額について，老齢加算の適用を受ける70歳と，その直前の69歳（夫婦世帯の場合は2人とも同年齢）とを比較している。なお実際の生活保護受給額は，認定された収入があれば，それと相殺・減額されるため，この生活扶助額を一律に受給しているわけではない。

　老齢加算額は70歳の単身・夫婦世帯のいずれにとっても，生活扶助額の相当部分を占めていた。老齢加算の段階的廃止前の2003年度で，単身世帯の生活扶助額（1級地1）を比較すると，69歳で月額8万928円（上段a列），70歳ではその1.18倍（上段d/a）の額となる9万5138円（上段d列）である。70歳の単身世帯にとって老齢加算額は生活扶助額の19％（上段g/d）に相当する。

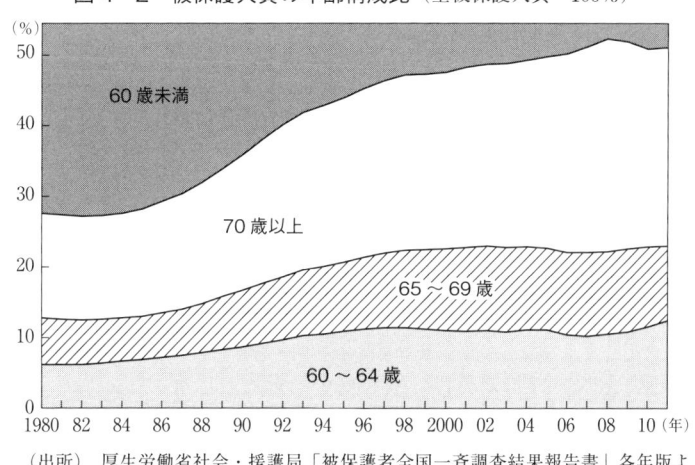

図4-2　被保護人員の年齢構成比（全被保護人員＝100％）

（出所）　厚生労働省社会・援護局「被保護者全国一斉調査結果報告書」各年版より筆者作成。

夫婦世帯では69歳では月額12万2081円（下段a列），70歳では同じくその1.23倍（下段d/a）の額となる15万501円（下段d列）である。70歳の夫婦世帯にとって老齢加算額は生活扶助額の24％（下段g/d）に相当する。

　老齢加算の段階的引き下げの最終年度であった2005年度には，すでに生活扶助額は単身・夫婦世帯とも69歳と70歳の間で等しくなっており，単身・夫婦世帯とも70歳の老齢加算を加えた生活扶助額は69歳の生活扶助額の1.00倍（上下段d/a）になっていた。これは，年齢階級別の食費・被服費等の個人単位の経費と位置づけられる第1類費の額が70歳以上では2005年度時点の老齢加算額と同額分低くなっていたからである。そのため，老齢加算が完全に廃止された2006年度時点では，70歳の生活扶助額は69歳の生活扶助額より単身世帯で5％，夫婦世帯で6％低くなった（上下段g/d）。

　さらに生活保護受給者の多くは高齢者であり，老齢加算廃止の影響が及ぶ範囲も大きかった。図4-2は被保護人員の構成比を60歳未満，60〜64歳，65〜69歳，70歳以上の4年齢階級別に1980〜2011年まで示している。

　60歳以上の被保護人員の比率は同期間中，増大傾向にあり，1980年代初めは3割程度であったが，2000年代半ばには5割を超えた。さらに60歳以上のうち，70歳以上の比率は大きく，老齢加算の段階的廃止が開始された2004年

は26%と，全被保護人員の4分の1を占めていた。

3 老齢加算廃止による消費額への影響

3.1 先行研究および分析枠組み

こうした相対的に大きな給付削減は，70歳以上がいる被保護高齢者世帯の消費にどのような影響を与えたのだろうか。関連する先行研究として，定額給付金や地域振興券のような一時的給付や児童手当の総受取額の変化が消費支出に与えた影響あるいは特定品目の消費支出に対する影響を検証した研究（宇南山 2011；坂本 2010；内閣府政策統括官 2012；両角 2009；Hsieh et al. 2010）や，公的年金が隔月給付されることを利用し，高齢者の月次の消費変動を検証した研究（Stephens Jr. and Unayama 2011）などが存在する。

しかし老齢加算廃止が，どのように被保護高齢者世帯の消費に影響を与えたか実証した定量的研究は筆者が知るかぎりほとんど存在していない。新潟市の70歳以上の被保護単身世帯（約30名）の面接調査を行った小澤（2012）が，各品目中，食費，光熱費，被服費を節約した世帯が多いことを報告しているのみである。

そこで本章では被保護高齢者世帯において，老齢加算が給付される70歳以上の世帯員数によって，老齢加算廃止前の2003年度から，段階的に引き下げられている2004年度，2005年度，そして老齢加算廃止後の2006年度にかけてどのように消費支出が変動したか実証的に明らかにする。本章で被保護高齢者世帯とは「65歳以上の者だけで構成されている世帯か，またはこれらの者に18歳未満の者が加わった世帯」を指す[2]。

老齢加算廃止による被保護高齢者世帯の消費支出への影響は，世帯に含まれる70歳以上の世帯員数の情報を利用し，以下の推計式により求められる。数式に関心のない読者は，読み飛ばして差し支えない。

$$C_i = \alpha + \beta1 \cdot N70_i + \beta2 \cdot year + \beta3 \cdot (N70_i \cdot year) + \gamma \cdot Z_i + \varepsilon_i$$

ここで C_i は被保護高齢者世帯 i の消費支出額，$year$ は年度ダミー（老齢加算

廃止前の 2003 年度基準）, $N70_i$ は世帯 i の 70 歳以上の世帯員数（＝老齢加算の対象者数）, Z_i は世帯 i の属性（世帯主性別, 世帯主年齢, 世帯員数, 級地, 薪炭区分）をあらわす変数ベクトルである。ε は誤差項を示す。もし交差項（$N70_i$・$year$）の係数 $\beta3$ が負で統計的に有意であるならば, 老齢加算の段階的引き下げ・廃止により, 老齢加算が満額支給されていた 2003 年度と比較し, 消費支出額を相対的に減少させたと解釈できる[3]。

　データは厚生労働省「社会保障生計調査」（2003 ～ 2006 年度）の調査票情報[4]を用いた。「社会保障生計調査（以下, 文中では「生計調査」, 図表中では「生計」と略す）」は被保護世帯を対象としており, 調査内容は被保護世帯の最低生活費, 就労状況, 所得構成, 世帯属性, 消費・支出（家計簿）など多岐にわたり, 被保護世帯の生活構造が月次で詳細に把握可能である。年度単位の調査であるが, 年度内においては同一世帯を対象に各項目が月次で繰り返し調査され, 同一世帯（クラスター）の各月の観測値は独立ではない。そのため, OLS 推計に基づく係数の有意性検定にはクラスター頑健な標準誤差を用いた[5]。推計に使用した各変数の記述統計量は, 本章末の付表に示した。

3.2　一般の高齢者世帯と被保護高齢者世帯の消費の相違

　まず 70 歳前後においてどのように各費目の消費支出額が異なるのか確認する。表 4 - 2 は総務省「全国消費実態調査（2004 年）」（以下,「全消」と略す）と, 老齢加算廃止前・廃止後に当たる 2003 年度と 2006 年度の生計調査の無

---

2) この定義は 2005 年度以降の高齢者世帯の定義であり, 2004 年度まで, 高齢者世帯の定義は「男 65 歳以上, 女 60 歳以上の者だけで構成されている世帯か, またはこれらの者に 18 歳未満の者が加わった世帯」と定義されていた。そのため本節の分析では 2005 年度以降の定義で統一した。また, 高齢者世帯には, 障害者世帯（世帯主が障害者加算を受けているか, 障害, 知的障害等の心身上の障害のため働けない者である世帯）や傷病者世帯（世帯主が入院しているか在宅患者加算を受けている世帯, または世帯主が傷病のため働けない者である世帯）を含まない。

3) 推計式には, これらの変数以外に各月の消費変動を統御するため月ダミー, 調査開始からの月数が長くなるほど, 家計簿の記録が正確になる可能性を統御するため調査開始からの月数（調査月数）を加えている。

4) 統計法第 33 条に基づく調査票情報の利用結果に基づく。調査票情報はすべて匿名化処理されている。

5) 推計には Stata 13.0 を用いた。

表 4 - 2　一般世帯と被保護世帯における 70 歳前後の費目別消費支出（月額平均）の相違

（単位：円）

	全　消（2004 年，無職・単身）			生　計（2003 年，無職・単身）			生　計（2006 年，無職・単身）		
	65 ～69 歳	70 ～74 歳	b/a	65 ～69 歳	70 ～74 歳	d/c	65 ～69 歳	70 ～74 歳	f/e
	a	b		c	d		e	f	
食料	33,776	33,861	1.00	29,826	33,085	1.11	30,392	30,261	1.00
光熱・水道	10,198	10,432	1.02	8,135	8,590	1.06	9,994	9,649	0.97
家具・家事用品	5,539	4,893	0.88	3,575	4,822	1.35	4,305	3,341	0.78
被服及び履物	7,562	7,430	0.98	2,843	2,703	0.95	3,043	2,207	0.73
保健医療	3,381	3,384	1.00	1,990	2,739	1.38	1,383	1,426	1.03
交通・通信	10,495	9,761	0.93	5,894	6,317	1.07	5,423	5,865	1.08
教養娯楽	23,349	21,277	0.91	4,248	7,112	1.67	4,080	4,639	1.14
その他の消費支出	38,841	41,628	1.07	9,472	8,317	0.88	8,769	9,810	1.12
N（全消）/観測値数（生計）	503	549		239	404		544	588	

（注）　「交通・通信」は「自動車等関係費」を除く。「保健医療」は「保健医療サービス」を除く。生計調査の「d/c」および「f/e」の列の網掛けは，5％水準でcとdあるいはeとfの差が統計的に有意であることをあらわす。「全消」については公表統計に基づくため，差を検定していない。消費支出月額は「全消」が 10・11 月の 2 ヵ月平均であるのに対し，生計調査は 1 年間の平均である。

（出所）　総務省「全国消費実態調査（2004 年）」高齢者世帯編（報告書掲載表）第 27 表および厚生労働省「社会保障生計調査（2003 年度，2006 年度）」調査票情報に基づき筆者作成。

職・単身世帯の各費目の消費支出額を 65 ～ 69 歳と 70 ～ 74 歳の 2 つの年齢階級について示している。

　「全消」で 65 ～ 69 歳と 70 ～ 74 歳で，ほぼ支出額が同じ（差が 5 ％未満）であるのは，食料，光熱・水道，被服及び履物，保健医療（保健医療サービスを除く。以下同）である。70 ～ 74 歳のほうで支出額が 1 割低いのは，家具・家事用品，交通・通信（自動車等関係費を除く。以下同），教養娯楽となっている。一方，70 ～ 74 歳のほうで支出額が 1 割高いのは，その他の消費支出である。その他の消費支出には，理美容品等，たばこ，冠婚葬祭費，交際費が含まれる。

　同様に老齢加算廃止前の 2003 年の生計調査で，5 ％水準で統計的に有意な差があるのは，食料，家具・家事用品，保健医療，教養娯楽である。統計的に有意な差がある費目はいずれも 70 ～ 74 歳の消費支出額のほうが，65 ～ 69 歳と比較して高く，最大の支出費目である食料で 1 割，家具・家事用品と保健医療

で4割，教養娯楽では7割も高い。

老齢加算廃止後の2006年の生計調査では，5%水準で統計的に有意な差があるのは，家具・家事用品と被服及び履物のみである。2費目とも70～74歳の支出額のほうが，65～69歳と比較して低く，家具・家事用品で2割，被服及び履物で3割低い。この老齢加算廃止前に65～69歳と70～74歳の間で統計的に有意な支出額の差があった食料，保健医療，教養娯楽は，老齢加算廃止後は統計的に有意な差がない。

以上をまとめると，被保護高齢者世帯（単身・無職）の費目別消費支出は，老齢加算廃止後，食料，保健医療，教養娯楽費が下がり，一般の高齢者世帯（単身・無職）と同様に65～69歳と70～74歳の差がなくなった。さらに老齢加算廃止後，70～74歳の家具・家事用品と被服及び履物に対する支出額は，65～69歳よりも低い水準となった。一般の高齢者世帯（単身・無職）では65～69歳と70～74歳の被服及び履物に対する支出額はほぼ同じなので，これらの費目については傾向を異にする。

3.3　被保護高齢者世帯における老齢加算廃止による消費への影響

生活保護制度には8種類の扶助がある。たとえば家賃は住宅扶助，保健医療サービスは医療扶助というように，生活扶助以外の扶助により給付される（序章参照）。そのため，生活扶助の一部である老齢加算廃止の影響をみるには，家賃や保健医療サービスなどを除き，生活扶助に相当する支出に焦点を当てる必要がある。生活扶助相当支出の具体的な品目を示したのが表4-3である。

3.1項で示した推計式に基づき，世帯主の性別，世帯主年齢，世帯員数，調査開始後の月数（調査月数），月，級地，薪炭区分等を統御した（同じ条件に揃えた）うえ，老齢加算廃止による生活扶助相当支出の合計額および各支出項目への影響をみたのが表4-4である。交差項（網掛け部分）である「70歳以上世帯員数×各年度ダミー」の係数（千円単位）が有意に負であれば，老齢加算廃止前（2003年度）の70歳以上世帯員がいる世帯と比較し，生活扶助相当支出あるいは各支出項目を減少させたことになる。

生活扶助相当支出額の結果を示した（1）列は，2004年度で約5800円，2005年度で約1万円，2006年度で約6400円，2003年度時点の70歳以上世帯

表 4 - 3　費目と品目（生活扶助相当支出）

費　目	品　目
食料	穀類，魚介類，肉類，乳卵類，<u>野菜・海藻</u>，果物，油脂・調味料，菓子類，調理食品，<u>飲料</u>，酒類，外食（除：学校給食）
光熱・水道	電気代，ガス代，灯油，石炭・その他の光熱費，水道料
家具・家事用品	エアコン，電子レンジ，その他の家庭用耐久財，室内装飾品，寝具類，家事雑貨，家事用消耗品，その他の家事サービス
被服及び履物	和服，<u>洋服</u>（除：学生服），シャツ・セーター類，下着類，<u>生地・糸類</u>，他の被服，履物類，被服関連サービス
保健医療	医薬品，健康保持用摂取品，健康医療用具・器具（除：保健医療サービス）
交通・通信	交通費（除：通学定期代，通勤定期代），自転車関係費，郵便・運送料，固定電話通信料，移動電話通信料，通信機器
教養娯楽	PC・AV 機器，他の教養娯楽用耐久財，<u>文房具</u>（除：学習用文房具），スポーツ用品，他の教養娯楽用品，<u>新聞</u>，<u>書籍・他の印刷物</u>，月謝類，他の教養娯楽サービス
その他の消費支出	理美容用品等，その他の身の回り用品，たばこ，<u>その他の雑費</u>，冠婚葬祭費，<u>こづかい</u>，職域負担費（除：労働組合費），地域負担費，<u>その他の交際費</u>（除：贈与金）

（出所）　筆者作成。

員がいる世帯と比較して統計的に有意に低いことを示している（ただし 2004 年度については 10％水準で有意）。つまり老齢加算の段階的引き下げおよび廃止は，70 歳以上世帯員がいない被保護高齢者世帯と比較し，相対的に高かった 70 歳以上世帯員のいる被保護高齢者世帯の生活扶助相当支出額を減少させる効果があったことを確認できた。

　どの費目で消費額を減らしたのか確認した結果が（2）〜（9）列である。2004〜2006 年度とも，70 歳以上世帯員がいない被保護高齢者世帯と比較し，支出額が相対的に高かった食料では統計的に有意に約 4000 円減少した（2）。また，2005 年度では被服及び履物が約 1000 円（ただし 10％水準で有意）減少し（5），その他の消費支出も約 4000 円減少した（9）。2006 年度では教養娯楽が約 1400円減少した（8）。

　一方，老齢加算廃止による，光熱・水道，家具・家事用品，保健医療，交通・通信への支出額減少は確認できない（3，4，6，7）。

　以上のように，老齢加算廃止の影響は，主に食料，被服及び履物，教養娯楽，その他の消費支出の 4 つの項目への支出減少として表れた。これら 4 項目を構

表4-4　費目別支出額の規定要因（被保護高齢者世帯，月額）

（単位：千円）

被説明変数	(1) 生活扶助 相当支出	(2) 食料	(3) 光熱・水道	(4) 家具・家事 用品	(5) 被服及び 履物
説明変数					
70 歳以上世帯員数	8.47***	5.36***	0.24	0.22	0.52
70 歳以上世帯員数×2004 年度ダミー	−5.77*	−3.86**	−0.40	−0.58	−0.44
70 歳以上世帯員数×2005 年度ダミー	−9.63***	−3.70**	−0.11	−0.19	−0.97*
70 歳以上世帯員数×2006 年度ダミー	−6.44**	−3.72**	−0.36	−0.46	−0.67
2004 年度ダミー	4.09	4.28*	0.31	−0.25	0.03
2005 年度ダミー	9.02***	2.64	0.70	−0.74	0.93
2006 年度ダミー	5.57*	2.20	1.48**	0.20	−0.12
世帯主女性	−3.32**	−3.61***	0.27	0.80**	0.60**
世帯主年齢	4.56	−1.24	0.36	1.22**	0.56
世帯主年齢 2 乗	−0.03	0.01	0.00	−0.01**	0.00
世帯員数	29.54***	13.40***	4.55***	2.90**	1.59***
調査月数	0.92***	0.52***	0.09*	0.05	0.03
定数項	−123.29	63.49	−9.72	−44.76**	−17.60
自由度修正済 R^2	0.332	0.359	0.245	0.034	0.058
観測値数	9,457	9,457	9,457	9,457	9,457
N（観測客体数）	965	965	965	965	965

被説明変数	(6) 保健医療	(7) 交通・通信	(8) 教養娯楽	(9) その他
説明変数				
70 歳以上世帯員数	0.30	−0.06	0.61	1.55
70 歳以上世帯員数×2004 年度ダミー	0.19	0.31	−0.74	−1.05
70 歳以上世帯員数×2005 年度ダミー	−0.30	0.20	−0.54	−3.92***
70 歳以上世帯員数×2006 年度ダミー	0.27	0.29	−1.39**	−0.30
2004 年度ダミー	−0.47	−0.08	0.03	0.80
2005 年度ダミー	−0.68	−0.29	0.76	4.07**
2006 年度ダミー	−0.83*	−0.59	0.05	1.57
世帯主女性	0.02	−0.98**	−0.89**	0.66
世帯主年齢	−0.09	0.39	2.07***	0.83
世帯主年齢 2 乗	0.00	0.00	−0.01***	−0.01
世帯員数	0.89**	0.53	−0.17	5.55***
調査月数	0.07**	−0.07	0.05	0.22**
定数項	4.58	−3.52	−72.58***	−23.05
自由度修正済 R^2	0.027	0.026	0.068	0.073
観測値数	9,457	9,457	9,457	9,457
N（観測客体数）	965	965	965	965

（注）　OLS 推計に基づく結果。被保護高齢者世帯の定義は「65 歳以上の者だけで構成されている世帯か，またはこれらの者に 18 歳未満の者が加わった世帯」である。***，**，*は各々 1，5，10%水準で統計的に有意であることをあらわす（クラスター頑健な標準誤差に基づく）。他の説明変数として，月ダミー，級地ダミー，薪炭区分ダミーを用いている。各費目と品目の対応は表 4-3 を参照のこと。

（出所）　厚生労働省「社会保障生計調査（2003 ～ 2006 年度）」調査票情報に基づく筆者の推計により作成。

表4-5　老齢加算廃止の影響があった品目とその例示

品　目	例示（概要）
野菜・海藻	生鮮野菜，乾物・海藻，大豆加工品（除：みそ，しょう油等調味料及び大豆の煮物，つくだ煮），他の野菜・海藻加工品（こんにゃく，梅干し，野菜の漬物，昆布の佃煮等）
調理食品	主食的調理食品（弁当，おにぎり，調理パン等），他の調理用品（うなぎの蒲焼，サラダ，コロッケ，カツレツ，餃子，焼売，ハンバーグ，焼き鳥，冷凍調理食品，そうざい材料セット，瓶詰・缶詰，レトルトパウチ等）
飲料	乳製品，薬用品以外の飲み物（含：素材となる茶の葉や顆粒・粉末等）でアルコール分1%未満のもの（含：缶・瓶・パック・ペットボトル入り飲料）
洋服	和服・学生服以外の被服（除：シャツ・セーター類，下着類）
生地・糸類	原則として被服用の材料（含：ボタン，スナップ，ファスナー，含：手芸用であっても洋裁や和裁に一般的に用いられるもの）
他の被服等	帽子，ネクタイ，靴下などの被服類
文房具	筆記・絵画用具，他の紙製品（画用紙，原稿用紙，ルーズリーフ，折り紙・千代紙，私製ハガキ，アルバム，手帳等），他の文房具（印鑑，スタンプ，バインダー等）
新聞	日刊新聞（含：一部買）
書籍・他の印刷物	雑誌・週刊誌，書籍（含：古本），他の印刷物（プログラム，カレンダー，楽譜　教養講座テキス，各種新聞，テレビガイド，旅行案内，問題集，プロマイド，ポスター，クックカード等）
その他の雑費	信仰・祭祀費，寄付金，各種登録料，各種手数料，各種証明書代等
こづかい	こづかいのうち使途が不明なもの
その他の交際費	贈与金（餞別，香典，祝儀等の一般社会の慣行による自発的現金支出）以外の交際費（来客用の飲食物品費，親睦会費，互助会費，慶弔会費等）

（出所）　筆者作成。

成する，どの品目で支出額を減少させたのか明らかにするため，さらに4項目を構成するすべての品目（表4-3参照）について，同様の推計式で老齢加算廃止の影響を分析した。推計結果で統計的に有意であった品目およびその例示は表4-5にある（表4-3では統計的に有意であるこれらの品目に下線）。

　統計的に有意であった品目について表4-4と同様に推計した結果を示したのが表4-6である。食料の具体的品目としては，野菜・海藻が2004年度，2006年度で月額約1400円減少している（2a。ただし2006年度は10%水準で有意）。また2005年度は調理食品が約1200円減少している（2b。ただし10%水準

表4-6　品目別支出額の規定要因（被保護高齢者世帯，月額）

（単位：千円）

被説明変数	(2a) 野菜・海藻	(2b) 調理食品	(2c) 飲　料	(5a) 洋　服	(5b) 生地・糸類	(5c) 他の被服等
説明変数						
70 歳以上世帯員数	1.46***	1.26**	0.04	0.17	0.04	0.13
70 歳以上世帯員数×2004 年度ダミー	−1.33**	−0.74	−0.32	−0.13	−0.04*	−0.04
70 歳以上世帯員数×2005 年度ダミー	−0.84	−1.20*	−0.41*	−0.43**	−0.05	−0.19**
70 歳以上世帯員数×2006 年度ダミー	−1.07*	−0.69	−0.29	−0.28	−0.05*	−0.16**
2004 年度ダミー	1.44*	0.59	0.43	0.09	0.03	0.02
2005 年度ダミー	0.74	0.87	0.30	0.69***	0.20	0.23**
2006 年度ダミー	0.85	0.55	−0.02	0.31	0.04	0.09
世帯主女性	0.88***	−1.15**	−0.50**	0.11	0.07***	0.02
世帯主年齢	−1.03	0.53	0.45*	0.22	−0.02	0.06
世帯主年齢 2 乗	0.01	0.00	0.00	0.00	0.00	0.00
世帯員数	3.21***	0.99**	0.12	0.42***	0.07**	0.15***
調査月数	0.16***	−0.04	0.04*	0.01	0.00	0.01***
定数項	40.08	−16.17	−15.33	−7.78	0.89	−2.25
自由度修正済 R^2	0.145	0.105	0.042	0.023	0.012	0.020
観測値数	9,457	9,457	9,457	9,457	9,457	9,457
N（観測客体数）	965	965	965	965	965	965

被説明変数	(8a) 文房具	(8b) 新聞	(8c) 書籍・他 の印刷物	(9a) その他の 雑費	(9b) こづかい	(9c) その他の 交際費
説明変数						
70 歳以上世帯員数	0.01	0.41*	0.31**	−0.08	1.54**	0.30
70 歳以上世帯員数×2004 年度ダミー	−0.05*	−0.03	−0.06	−0.16	−0.87	−0.53*
70 歳以上世帯員数×2005 年度ダミー	−0.01	−0.35	−0.19	−1.28	−1.51**	−0.49**
70 歳以上世帯員数×2006 年度ダミー	−0.04*	−0.59**	−0.38***	0.56*	−1.83***	−0.47*
2004 年度ダミー	0.06	−0.14	−0.02	0.36	0.71	0.24
2005 年度ダミー	0.00	0.14	0.04	3.41**	1.24***	−0.24
2006 年度ダミー	0.01	0.51*	0.15	0.98***	1.27***	0.58**
世帯主女性	−0.04	−0.68***	0.06	0.71***	0.06	0.18
世帯主年齢	0.11***	0.22	0.14	0.12	−0.18	0.56***
世帯主年齢 2 乗	0.00***	0.00	0.00	0.00	0.00	0.00***
世帯員数	−0.05*	−0.19	−0.03	0.96**	1.41***	0.40**
調査月数	0.00	0.02	0.01	0.05	0.07***	0.01
定数項	−3.79***	−6.69	−4.72	−4.96	3.10	−21.09***
自由度修正済 R^2	0.016	0.066	0.033	0.096	0.089	0.024
観測値数	9,457	9,457	9,457	9,457	9,457	9,457
N（観測客体数）	965	965	965	965	965	965

（注）　OLS 推計に基づく結果。被保護高齢者世帯の定義は「65 歳以上の者だけで構成されている世帯か，またはこれらの者に 18 歳未満の者が加わった世帯」である。***，**，*は各々 1，5，10％水準で統計的に有意であることをあらわす（クラスター頑健な標準誤差に基づく）。他の説明変数として，月ダミー，級地ダミー，薪炭区分ダミーを用いている。品目の例示については表 4-5 を参照のこと。

（出所）　厚生労働省「社会保障生計調査（2003 〜 2006 年度）」調査票情報に基づく筆者の推計により作成。

で有意）。被服及び履物の具体的品目としては洋服，生地・糸類，他の被服等があるが，いずれも 1000 円未満の減少である（5a ～ 5c）。

　教養娯楽については，新聞と書籍・他の印刷物と合わせ，2006 年度で約 1000 円減少している（8a，8b）。またその他の消費支出についてはこづかい（使途不明金）は，2005 年度で約 1500 円と 2006 年度で約 1800 円と大きく減少している（9b）。その他の交際費も 2004 ～ 2006 年の各年度とも約 500 円減少している（9c。ただし 2006 年度は 10％水準で有意）。

　一方，それ以外の食料，被服及び履物，教養娯楽，その他の消費支出を構成する各品目（表 4 - 3 参照）については，統計的に有意な結果は得られなかった。たとえば，食料では穀類，魚介類，肉類，乳卵類，被服及び履物ではシャツ・セーター類や下着類，教養娯楽では教養娯楽用耐久財，その他の消費支出では理美容品等や冠婚葬祭費は，いずれも統計的に有意な結果は得られず，これら各品目で老齢加算廃止により支出額が減少したことは確認できなかった。

　ただし，減少した「こづかい（使途不明金）」のなかに，そうした支出の一部が含まれていた可能性があることには留意が必要である。

4　おわりに

　以上の分析結果における主要な発見事実をまとめると 3 点挙げられる。第 1 に，70 歳以上の生活扶助額の 2 割に相当する老齢加算廃止は，65 ～ 69 歳と比較して相対的に高い支出水準であった食料に対する支出の減少以外に，被服及び履物，教養・娯楽費，その他の消費支出を減少させる影響もあった。第 2 に，具体的品目で相対的に大きい支出減少は，こづかい（使途不明金），野菜・海藻，調理食品，新聞，その他の交際費であった。第 3 に，光熱・水道，交通・通信，その他の消費支出のうち，理美容品等や冠婚葬祭費への統計的に有意な支出減少は確認できなかった。

　以上を踏まえ，本章の結びにかえ，残されている課題を述べる。すでに稲垣（2013）は，世帯構成の変化や老齢年金受給額の低下により，生活扶助基準を下回る高齢者の貧困は将来増大し，2060 年頃のピーク時には 2 割を超えると

予測している。さらに，稲垣（2015）は，短時間労働者1200万人への被用者年金の適用拡大を押し進めることで，マクロ経済スライドによる年金給付水準引き下げ期間を短縮し，予測されるピーク時の4分の3まで高齢者の貧困率を低下させることが可能であることも示している。これは現役世代と高齢世代間の財政的対立を招かない重要な提案の1つと考えられる。

しかし，仮にこうした効果的な施策が導入されても，被保護高齢者世帯数は増大するため，財政的圧力を理由として高齢者に対する最低生活保障（生活保護基準）を見直そうとする動きは続く可能性がある。一方，老齢加算廃止について検討した「生活保護制度の在り方に関する専門委員会」による中間とりまとめ（2003年12月16日）では，ただし書きとして「高齢者世帯の社会生活に必要な費用に配慮して，生活保護基準の体系の中で高齢者世帯の最低生活水準が維持されるよう引き続き検討する必要」について指摘している（厚生労働省社会保障審議会福祉部会 2003b）。

本章では老齢加算廃止前後における70歳以上世帯員がいる被保護高齢者世帯の消費支出への影響については分析したが，「社会生活に必要な費用に配慮」した議論まで尽くせていない。そのような議論をするには，「何を最低生活保障の定義とし，何をそれに含めるべきか」という一般市民の生活実感に依拠した別の基準との比較を併用することが必要である[6]。

被保護高齢者世帯率の上昇は，本来，公的年金制度の側で解決すべき問題である。しかし，その解決の道筋がまだ明確にみえない以上，最低生活費に関する研究蓄積が，財政的理由に基づく生活保護制度見直し論議に対する，1つの砦となろう。

（山田篤裕・四方理人）

---

[6] イギリスのラフバラ大学を中心とする研究組織で行われているミニマム・インカム・スタンダード（Minimum Income Standard：MIS法）を援用し，単身高齢者の最低生活保障に関する研究がすでに日本でも実施されている。住宅費を除く，MIS法に基づく消費支出額（三鷹市）は，「全国消費実態調査」や「家計調査」の平均値と比較し，8割前後の水準となる。費目別にみると，交通・通信，教養娯楽，その他の消費支出など個人によって支出額の幅が大きいと考えられる費目については，「全国消費実態調査」や「家計調査」よりMISのほうが低くなっている一方，食料や光熱・水道については，ほぼ同じ支出額となっている（岩田ほか 2012）。

	平均	[標準偏差]
被説明変数 (単位：千円)		
生活扶助相当支出	79.61	[31.8]
食料	37.07	[16.7]
光熱・水道	10.66	[6.90]
家具・家事用品	4.83	[8.90]
被服及び履物	3.22	[5.16]
保健医療	2.28	[4.66]
交通・通信	5.99	[6.63]
教養娯楽	5.37	[6.47]
その他の消費支出	10.73	[12.7]
野菜・海藻	6.57	[4.45]
調理食品	5.40	[5.42]
飲料	2.37	[2.52]
洋服	0.84	[2.70]
生地・糸類	0.09	[0.91]
他の被服等	0.35	[1.16]
文房具	0.16	[0.60]
新聞	2.05	[2.25]
書籍・他の印刷物	0.40	[1.17]
その他の雑費	2.10	[7.61]
こづかい	0.78	[3.45]
その他の交際費	0.69	[3.16]
説明変数		
70 歳以上世帯員数	0.99	[0.65]
70 歳以上世帯員数×2004 年度ダミー	0.23	[0.55]
70 歳以上世帯員数×2005 年度ダミー	0.23	[0.52]
70 歳以上世帯員数×2006 年度ダミー	0.34	[0.59]
2004 年度ダミー	0.20	[0.40]
2005 年度ダミー	0.25	[0.43]
2006 年度ダミー	0.35	[0.48]
世帯主女性	0.49	[0.50]
世帯主年齢	73.63	[5.47]
世帯員数	1.37	[0.49]
調査月数	11.31	[1.86]
観測値数	9,457	
N (観測客体数)	965	

（注）　被説明変数は月額。費目・品目の対応および品目の例
　　　示については表 4-3 および表 4-5 参照。

（出所）　厚生労働省「社会保障生計調査（2003 ～ 2006 年
　　　度)」調査票情報に基づく筆者の推計により作成。

第5章

OECD 相対的貧困基準と生活保護基準

2つの基準で捉えられた低所得層の
重なりと時系列変化

1　はじめに

　本章の目的は，国際比較で多用される経済協力開発機構（OECD）の相対的貧困基準で捉えた低所得層と健康で文化的な最低限度の生活水準の具体化としての生活保護基準で捉えた低所得層の重なりを計測することにある。

　OECD の相対的貧困基準とは，中位等価可処分所得の50％の水準のことで，歴史を遡ればV. R. フュックスにより提案された（Förster 1994, p.9）。フュックスが提案した貧困基準は，正確には「（たんなる）世帯所得の中央値の50％」である。フュックスは実質所得3000ドル未満のアメリカ人の割合が経済成長に伴い減少している事実を指摘し，この新基準の採用には3つの利点があると主張した。第1に，「最小限」や「必要最低限」といった生活費に基づく基準はすぐ時代遅れになると明確に認識していること，第2に，貧困問題の背景にある，所得再分配政策に焦点を当てていること，第3に，貧困対策への現実的な根拠を提供する（貧困基準設定の際の政治的操作も回避できる）こと，である（Fuchs 1967, pp.87, 93)。「中央値の50％」という数値自体に特段の根拠はない。フュックス自身，中央値の40％，60％やそれ以外の設定もありえ，その[1]選択自体，国民の価値判断として認識されるべきであり，公開された政治過程

---

1)　EU では中位等価可処分所得の 60％ を相対的貧困水準として用いている。

のなかで決定されるべきものとしていた（Fuchs 1967, p.93）。

　等価可処分所得とは，世帯可処分所得を世帯員数の 0.5 乗（OECD で使用されている「等価尺度」。後述）で割ったものであり，世帯可処分所得をその世帯に属する世帯員の享受する経済的厚生に変換した概念である。たとえば，4 人家族で 400 万円の可処分所得がある場合，その世帯で各世帯員が享受する経済的厚生（＝等価可処分所得）は 400 万円 ÷ $\sqrt{4}$ ＝ 200 万円という計算になる。こうした計算方法は暗黙に 2 つの仮定をおくことになる。第 1 は，「世帯に働く規模の経済」の存在である。これは 2 人で暮らすのに必要な所得は 1 人で暮らすのに必要な所得より，共通経費などがあるので少なくてすむ，ということを意味している。第 2 は，世帯所得が世帯員間で平等に分配されている，というものである。

　こうした暗黙の仮定をおく OECD の相対的貧困基準（以下，たんに相対的貧困基準あるいは OECD 基準と略す）は比較的容易に計算でき，国際比較には便利である。各国の複雑な公的扶助基準の計算や給付水準の調整を必要としないからである。

　逆にいえば，相対的貧困基準と各国の公的扶助の給付水準との関係は明瞭ではない。日本でも相対的貧困基準でみた低所得層と生活保護基準でみた低所得層がどれほど重なっているのか，筆者の知るかぎりこれまで詳細に検討されてこなかった。そのため，相対的貧困基準に基づく貧困率が，直接的に生活保護制度等の政策と関連づけられたことは稀である。

　本章では，総務省「全国消費実態調査」と厚生労働省「国民生活基礎調査」の調査票情報を用い，この重なりを計測し，相対的貧困基準と生活保護基準の「近さ」（あるいは「遠さ」）について明確にすることを目的とする。

　なお「全国消費実態調査」や「国民生活基礎調査」の調査票情報に基づく生活保護基準未満の世帯に関する分析は，星野（1995），山田（2000），小川（2000）および駒村（2003）等ですでに行われている。本章の貢献は，生活保護基準ばかりでなく相対的貧困基準で計測した低所得層との重なりを，世帯主年齢，世帯員数，世帯類型別に詳細に検討したことにある。[2] この検討により，比較的簡単に計算できる相対的貧困基準と比べ，複雑な計算を要する生活保護基準をどの程度代替できるのかを定量的に示した。

本章の構成は以下のとおりである。次節で，全国消費実態調査の所得分布の特徴について公表統計を用いながら概観し，本章の分析結果の留保条件をあらかじめ言及したうえ，第3節では「全国消費実態調査（2004年）」と「国民生活基礎調査（2001，2004，2007年）」の調査票情報を用い相対的貧困水準と生活保護基準で計測した，2つの低所得層の重なりを明らかにする。第4節で，本章の発見事実に関する簡単なまとめを述べる。

2 「全国消費実態調査」における相対的貧困と低所得層

　まず本章で主に用いられる，「全国消費実態調査」（以下「全消」と略す）と「国民生活基礎調査」（以下「国生」と略す）の所得分布の特徴を概観しよう。OECDの国際比較に用いられた日本の基礎データは「国生」である。調査年次が異なっていることに注意する必要があるが，「全消」および「国生」に基づく相対的貧困基準（＝中位等価可処分所得の50%）と相対的貧困率は以下のとおりである。

　「国生」（2001年）に基づく相対的貧困線は年138万円（月11万5000円）で15%である。一方，調査年次は異なるが，「全消」（2004年）に基づく相対的貧困線は年145万円（月12万1000円）で9%である。2001年から2004年までの間の経済状況改善による影響も否定できないが[3]，単純に数値を比較すれば「全消」の相対的貧困線のほうが高く，貧困率は逆に「全消」のほうで低い。なお，「全消」（2004年）で，相対的貧困線を中位等価可処分所得の60%（年174万円，

　2）　ただし府川（2006）はOECDの相対的貧困基準と生活保護について言及している数少ない研究の1つである。府川（2006）は，「OECDの相対的貧困ライン以下の世帯における生活保護率が高い」こと，一方で生活保護世帯のおよそ半数はOECDの相対的「貧困ラインより上である」ことを示した（府川 2006, 153-154頁）。

　3）　とはいえ2009年10月20日に厚生労働省（大臣官房統計情報部）が「国生」に基づき推計した相対的貧困率（相対的貧困線＝中位等価可処分所得50%）によれば，0.4%程度の低下はあったものの，2001年，2004年とも15%であり，数%単位での相対的貧困率の低下はみられなかった。

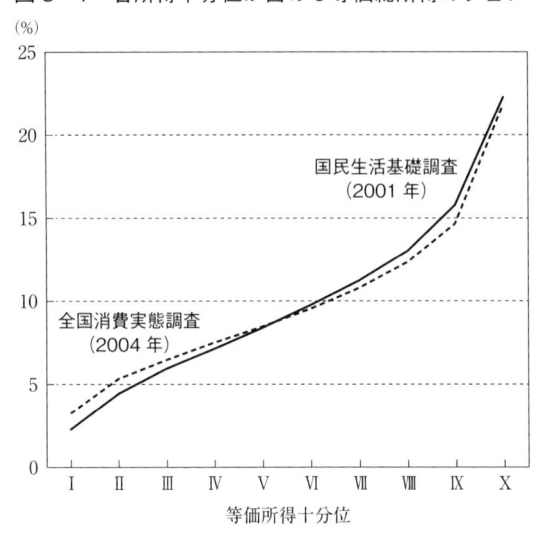

図5-1　各所得十分位が占める等価総所得のシェア

（出所）　金子ほか（2005）附属表，「全国消費実態調査（2004
年）」より筆者作成。

月14万5000円）に引き上げると，「国生」の相対的貧困率と等しい値（15%）
となる[4]。

　このように，「全消」のほうで相対的貧困線は高いにもかかわらず，相対的
貧困率が低い値を示す理由として，「全消」では相対的に所得分布の中央付近
が厚い形状（＝所得分布の両端が薄い形状）になっている可能性が考えられる。
図5-1では等価総所得の十分位ごとに，そのシェアを「全消」と「国生」と
で比較している。もし所得が完全平等に分布しているなら，定義により各所得
十分位で区切られた10グループの人口は，ちょうど全所得の10%ずつの所得
シェアを持つことになる。しかし，実際の所得分布は完全平等から遠く，所得
十分位の低いほうで所得シェアが小さく，高いほうで所得シェアが大きい。
「国生」と「全消」の等価総所得の十分位ごとのシェアの相違に注目すると，
「国生」では第Ⅰから第Ⅳ所得十分位まで所得シェアが「全消」より低く，

---

[4]　ここでは「全消」データに基づく相対的貧困率は，総務省統計局が「平成16年全国消費実
態調査」の「各種係数，所得分布結果表」の第20表および第24表のなかで報告している数
値をそのまま引用した。

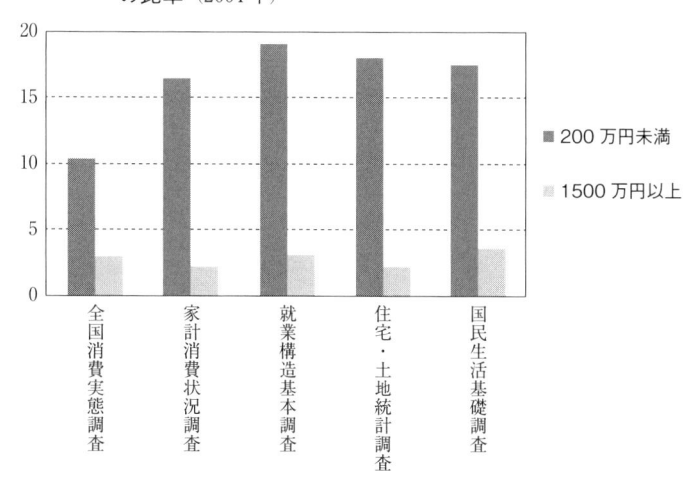

図5-2 各調査における年収200万円未満・1500万円以上世帯
の比率（2004年）

凡例:
- 200万円未満
- 1500万円以上

横軸項目:
- 全国消費実態調査
- 家計消費状況調査
- 就業構造基本調査
- 住宅・土地統計調査
- 国民生活基礎調査

（出所） 各統計2004年版（「住宅・土地統計調査」のみ2003年版）より筆者
作成。

「全消」は第VIから第X所得十分位において所得シェアが「国生」よりも低い。この観察結果は，「国生」と比較し「全消」のほうが所得分布の両端が薄い形状となっているという松浦（2002）の指摘とも整合的である。

　さらに図5-2は，「国生」と「全消」を含む各種政府統計に基づき，年間世帯収入が200万円未満と1500万円未満の世帯割合を示している。政府統計の年次は，住宅・土地統計調査の2005年を除き，すべて2004年次に揃えてある。「全消」を含めて総務省統計局が公表した統計資料（「国生」のみ厚生労働省公表）に基づき作成している。

　すでに太田（2006）が，「全消」と同じく総務省統計局が実施している「就業構造基本調査」や「住宅・土地統計調査」（第2章でも使用）では，厚生労働省が実施している「国生」（および「所得再分配調査」）とほぼ同じ相対的貧困率・ジニ係数の値となることを指摘したが，図5-2により，そうした傾向を再確認することができる。「全消」は他の統計と比較して年収200万円未満世帯の割合が低い。「全消」では年収200万円未満の世帯は全世帯の10％であるが，他の調査では，最も比率の高い就業構造基本調査で19％，最も比率の低

い家計消費状況調査でも 17％と，「全消」と比較して 7％ポイント以上もの大きな開きがある。一方，年収 1500 万円以上の世帯に関しては，もともと比率が低いために各調査間で 200 万円未満世帯ほどの大きな差は開いていない。とはいえ，年収 1500 万円以上世帯の比率は「国生」で 4％と最も高く，「住宅・土地統計調査」で 2％と最も低くなっている。「全消」の年収 1500 万円以上世帯の比率は 3％となっており，両調査の中間の値となっている。

　このような政府統計間の相違が何によりもたらされているのか，各調査対象者の細かな相違やサンプリング方法，調査拒否世帯など検討する課題は多く，[5] 本章の分析目的の範疇を超える。しかし，この単純な比較に基づけば，「全消」データは相対的に低所得層の把握が低い可能性に留意する必要があるといえよう。

　そこで次節以下では，相対的貧困率や要保護率（＝可処分所得が生活保護基準未満に陥っている人々の割合）について，それらの数値自体ではなく，世帯主年齢，世帯規模，世帯類型別の高低の傾向や，OECD 基準と生活保護基準で捉えた低所得層の重なり具合の異同に注目する。

　なお実際の生活保護制度は，扶養や資産等の状況を考慮し，（急迫保護を除き）申請主義の原則に基づき運用されており，本章での「要保護率」という語は第 2 章と同様に，単純に「可処分所得が生保護基準未満に陥っている」という以上の意味を持たないことに留意されたい。

---

5)　佐藤（2007）は，「国生」の所得票調査世帯は国勢調査と比べ若年層の割合が低く，また高齢者層の割合が高いことを示し，とくに若年層において個人情報保護意識の高まり等の影響が出ている（＝調査拒否世帯となっている）ためではないかと指摘している。ただし，「全消」についても同様の傾向がみられ（佐藤 2007 図 3），とりわけ「全消」は国勢調査と比較して 35 〜 44 歳世帯主世帯の比率が高い（「国生」では低い）ことが特徴となっている。

3 相対的貧困基準と生活保護基準の両基準で計測される低所得層の重なり

3.1 両貧困基準および計測された低所得層の重なりについての定義

　冒頭でも述べたように，OECD の相対的貧困率は計算が比較的容易であるため，これまで国際比較などで多用されてきたが，日本の生活保護基準で計測された低所得層とどれほど重なるのかについては，筆者らの知るかぎり，これまで詳しく検討されることはなかった。本節での議論の順番としては，図 5-3 のようなベン図を想定している。まず，世帯主年齢，世帯員数，世帯類型別に相対的貧困基準（＝中位等価可処分所得 50％）で計測された貧困世帯員数（白い円の領域）と，生活保護基準で計測された要保護世帯員数（グレーの円の領域）をそれぞれ推計したうえ，どれほど重なっているのか（薄い灰色の重なりの領域）について定量的に把握する。なお世帯員数には世帯主も含む。

　両貧困基準の具体的推計方法であるが，先に述べたとおり，OECD による相対的貧困基準は，可処分所得を世帯員数の 0.5 乗（OECD で使用されている「等価尺度」。後述）で割り，中位値を求め，それを 0.5 倍することにより求められる。

図 5-3　重なりの概念

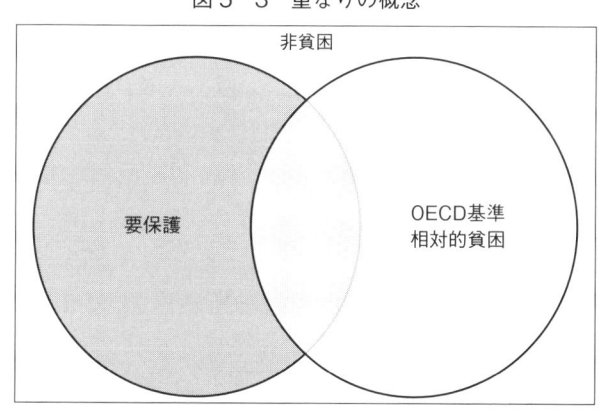

生活保護基準による要保護率の推計には，第1類費と第2類費以外に，勤労控除，老齢加算，母子（養育）加算，児童養育加算を考慮した。また，その他の扶助については，持ち家がない場合は住宅扶助を加え，学齢期の子どもがいる場合は教育扶助を加えている。逆に，各世帯の生活保護基準の推計にデータ制約上の理由により考慮されていない要素として，加算については妊産婦加算，障害者加算，在宅患者加算，放射線障害者加算，その他の扶助については医療扶助，介護扶助，生業扶助，出産扶助，葬祭扶助などがある。

　生活保護基準は6地域ごとに設定されているが，本節で用いるのは1級地1基準（最も高い基準）と3級地2基準（最も低い基準）の2つである。筆者らが利用した「全消」データは個人情報保護の観点から秘匿処理が行われており，県単位よりもさらに広い地域レベルでの地理情報しかないため，各世帯を各級地に割り当てることができない。そのため，2つの基準を併用し，各世帯が実際に居住している本来の級地とは無関係に，全世帯に1級地の1基準と3級地の2基準を当てはめた場合の要保護（世帯員）率を各々算出した。実際の要保護（世帯員）率はこの2基準で算出された2つの要保護（世帯員）率の中間にあるはずである。

　重なりの指標であるが，本章の目的はOECDの相対的貧困基準で，どれほど要保護が捉えられているかを明らかにしたいので，図5-3で示されたようにOECD基準による相対的貧困にある世帯員数（白い円の面積）を分母とし，OECD基準と要保護基準のどちらにも該当する世帯員数（薄い灰色の重なりの面積）を分子として計算する。また，反対にどれほど重なっていないか（どれほどOECD貧困基準では捉えられていないか）の指標は，要保護基準に該当する世帯員数（グレーの円の面積）を分母とし，OECD基準には該当しないが要保護基準には該当する世帯員数（グレーの三日月型の面積）を分子として計算する。

　重なりの程度を決める重要な要素として「等価尺度」が挙げられる。どれほど世帯に働く規模の経済を見積もるかにより，世帯員1人が増えた場合に同じ生活水準を維持するために必要な所得は異なってくる。生活保護基準では居宅第1類で世帯員1人当たりの基準が年齢階級別（8区分）に細かく設定され，居宅第2類で世帯人員ごとの基準額が設定され，さらに老齢加算，母子（養育）加算，児童養育加算など，世帯類型ごとに加算が行われている。一方，

OECD 基準では，年齢階級ごとの差異はなく，世帯類型ごとの特別な加算もなく，世帯に働く規模の経済の仮定は，世帯員数の 0.5 乗（$\sqrt{}$）のみで処理されている。

3.2　相対的貧困率と要保護率の動きの類似性

図 5 - 4 はこうして求められた生活保護基準（1 級地 1 基準と 3 級地 2 基準）未満の世帯員率（要保護世帯員率）と OECD の相対的貧困（世帯員）率を，世帯主年齢階級ごとに示している。前項で述べたように，生活保護基準は第 1 類費で年齢階級ごとに細かく設定される一方，OECD 基準はそうした年齢階級ごとの設定はなく，年齢の相違に対し，一律の基準となっている。

相対的貧困率も要保護（世帯員）率も世帯主年齢 40 ～ 49 歳を最小値とする U 字型となっている。1 級地 1 基準による要保護（世帯員）率（以下，「要保護率 A」と略す）は 20 ～ 59 歳世帯主で OECD の相対的貧困率を，2 ～ 3% 高く平行移動させたような形状となっている。両比率は 60 歳以上世帯主で逆転し，この世帯主年齢階級では OECD の相対的貧困率のほうが高い値を示している。

一方，定義により 1 級地 1 基準よりも低い，3 級地 2 基準によって計測された要保護（世帯員）率（以下，「要保護率 B」と略す）は他の 2 つの世帯比率と比較して相対的にかなり低いものとなっている。注目すべきは，1 級地 1 基準による要保護率 A と 3 級地 2 基準による要保護率 B は 40 歳以上世帯主ではほぼ 5% ポイントほど上下に平行移動した位置関係にあるが，40 歳未満世帯主で，その乖離が大きくなっていることである。

図 5 - 5 は図 5 - 4 と同様の折れ線グラフを世帯規模別に示したものである。前項で述べたように，生活保護基準の等価尺度は第 2 類費で世帯人員ごとに設定されている一方，OECD 基準での等価尺度は世帯員数の 0.5 乗が用いられており，両基準間で世帯規模の調整方法は異なる。図 5 - 5 はこうした世帯規模の調整の方法の相違が，どのように貧困率の相違となってあらわれるのか直接的に示すものである。

世帯員数別に，各基準による貧困あるいは要保護率の最低値は異なっている。OECD 基準による相対的貧困率と要保護率 B（3 級地 2 基準）はどちらも 4 人世帯で最低値をとるのに対し，要保護率 A（1 級地 1 基準）は 2 人世帯で最低

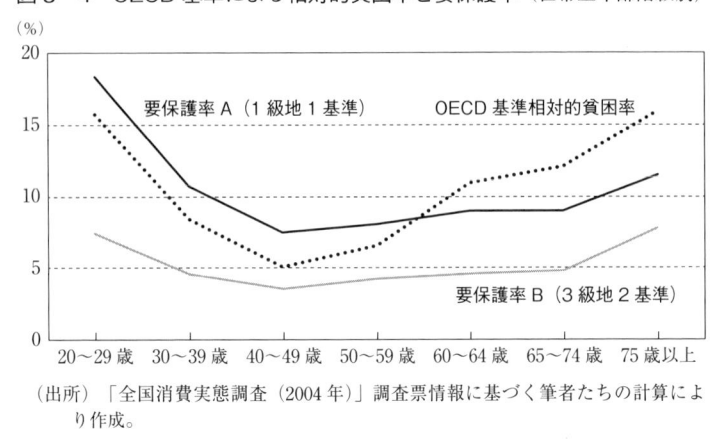

図5-4 OECD 基準による相対的貧困率と要保護率（世帯主年齢階級別）

（出所）「全国消費実態調査（2004 年）」調査票情報に基づく筆者たちの計算により作成。

図5-5 OECD 基準による相対的貧困率と要保護率（世帯員数別）

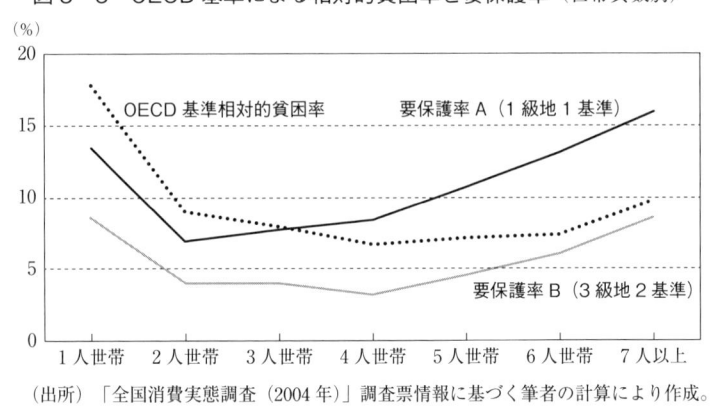

（出所）「全国消費実態調査（2004 年）」調査票情報に基づく筆者の計算により作成。

値をとっている。OECD 基準による相対的貧困率と要保護率Ａは３人世帯で交差し，１～３人世帯までは OECD 基準による相対的貧困率のほうが低く，３人以上世帯では要保護率Ａのほうが高くなっている。また要保護率Ｂは，要保護率Ａより OECD 基準の相対的貧困世帯率の動きに近い。

　その理由として，先にも述べたように OECD 基準と生活保護基準では，世帯人員が増えるごとに同じ生活水準を維持するために追加的所得がどれほど必要かをあらわす等価尺度（世帯に働く規模の経済に関する仮定）が異なっているためと考えられる。つまり，OECD 基準では少人数世帯で追加的必要所得が

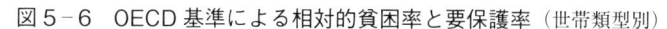
図5-6　OECD基準による相対的貧困率と要保護率（世帯類型別）

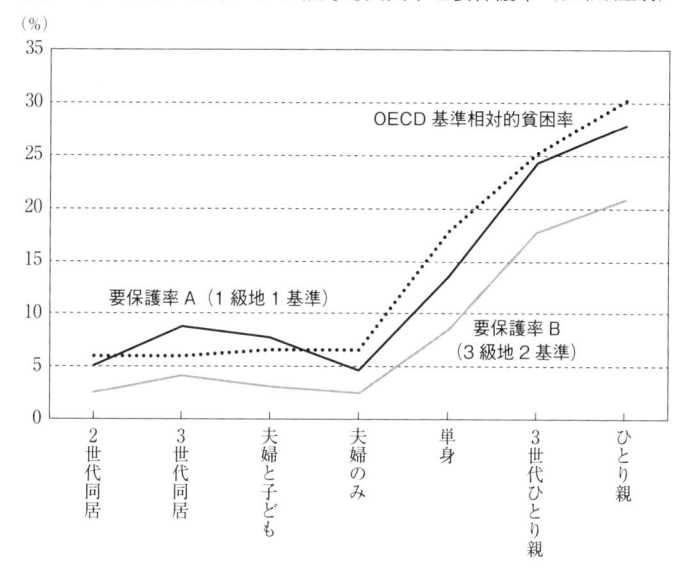

(注)　「2世代同居」とは「夫婦とその親が同居する世帯」,「3世代ひとり親」
とは「ひとり親世帯とその親が同居する世帯」のことである。
(出所)　「全国消費実態調査（2004年）」調査票情報に基づく筆者の計算によ
り作成。

　高く見積もられ，そのため少人数世帯での相対的貧困基準は高めになり，その結果，貧困率が高めに出ている可能性がある。逆に生活保護基準（1級地1）では，多人数世帯で追加的必要所得が高く見積もられており，その結果，多人数世帯での生活保護基準（1級地1）は高めになり要保護率Aが高めに出ている可能性がある。これらの可能性については，本節第4項で検討する。

　同様の作業を世帯類型別でも行った結果が図5-6である。OECD基準による相対的貧困率で低い世帯類型を左から順に並べている。ここで「2世代同居」とは「夫婦とその親が同居する世帯」,「3世代ひとり親」とは「ひとり親世帯とその親が同居する世帯」のことである。これらの世帯類型は，老親と同居する成人子ども世帯や，実家に身を寄せるひとり親（通常，政府統計等で使用されるこの世帯類型は「ひとり親」世帯としてはカウントされない）であり，貧困に陥りやすいグループを含んでいると考えられる。

　繰り返しになるが，生活保護基準では老齢加算，母子（養育）加算，児童養

育加算など世帯類型ごとに加算が行われている一方，OECD 基準では，世帯類型ごとの特別な基準を設けていない。そのため，相対的貧困率と要保護率は，世帯類型でも異なるはずである。

OECD 基準による相対的貧困率，要保護率 A および B は，3 世代同居を除き，多くの世帯類型でほぼ同じ順序にある。相対的貧困率および要保護率とも，ひとり親世帯が最も高く，その次に 3 世代ひとり親世帯，単身世帯が高くなっている。それ以外の世帯類型は，OECD 基準による相対的貧困率ではいずれも 6% 前後でほぼ同水準に並ぶ[6]。

3 世代同居世帯と夫婦と子ども世帯を除き，OECD 基準による相対的貧困率は要保護率 A よりも高い。先にも述べたように，これは等価尺度の相違による可能性がある。

3.3 OECD 基準による低所得層と生活保護基準による低所得層の重なり

前項において，① OECD 基準による相対的貧困率と要保護率は，世帯主年齢階級と世帯類型のどちらにおいても相対的な位置関係がほぼ同じであること，②多人数世帯で要保護率 A が相対的に OECD 基準により相対的貧困率よりも高く計測されることを確認した。しかし，さらに検討しなくてはならないのは，たとえ OECD 基準による相対的貧困率と要保護率がまったく同じ値であっても，OECD 基準未満とされた低所得層と生活保護基準未満とされた低所得層とは異なっている可能性である。そこで，OECD 基準相対的貧困線以下の人々（＝100%）のうち，要保護に該当する人々がどれほど重なるのか，あるいは重ならないのか，世帯主年齢階級別に計測したのが図 5−7 である。

「要保護 A ∩ 相対的貧困」とあるのは，重なりの指標であり，OECD 基準で

6）　なお，このように相対的貧困率や要保護率は世帯類型ごとに大きく相違するので，生活扶助基準検討の際に用いられる世帯類型「ごと」の第 1 所得十分位という基準の妥当性については十分注意する必要がある。たとえば，同じ世帯類型「ごと」の第 1 所得十分位でも，夫婦のみ世帯の第 1 所得十分位（夫婦のみ世帯の下位 10% 所得階層）に含まれる貧困者は OECD 基準による相対的貧困で 7 割（＝7%÷10%），要保護 A（1 級地 1 基準）で 5 割（＝5%÷10%），要保護 B（3 級地 2 基準）で 2 割（＝2%÷10%）である。しかし，ひとり親の第 1 所得十分位に含まれる貧困者はいずれの基準でも 100% であり，第 1 所得五分位（ひとり親世帯の下位 20% 所得階層）を基準にしてもそこに含まれる貧困者は 100% である。

図 5-7 OECD 基準による相対的貧困と要保護の重なり（世帯主年齢階級別）

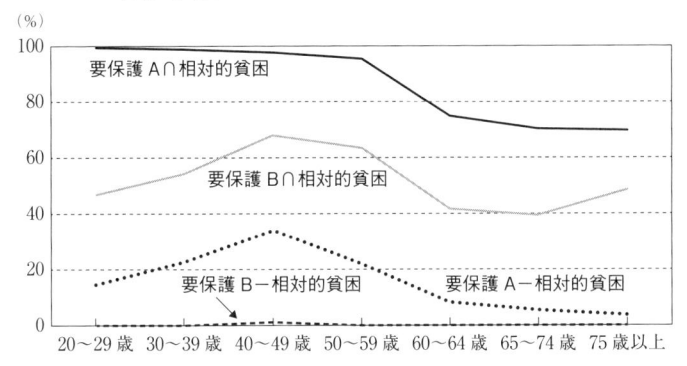

（注）「要保護∩相対的貧困」は重なりの指標で，OECD 基準で相対的貧困にある人数を分母とし，OECD 基準による相対的貧困線と要保護基準のどちらにも該当する人数を分子として推計。「要保護－相対的貧困」は OECD 基準では捉えられない要保護の指標であり，要保護基準に該当する人数を分母とし，OECD 基準には該当しないが要保護基準には該当する人数を分子として推計。

（出所）「全国消費実態調査（2004 年）」調査票情報に基づく筆者の計算により作成。

相対的貧困にある人数を分母とし，OECD 基準による相対的貧困と要保護基準 A のどちらにも該当する人数を分子として計算した（本章3.1項参照）。反対にどれほど重なっていないか（どれほど OECD 基準では捉えられないか）の指標「要保護 A－相対的貧困」は，要保護基準に該当する人数を分母とし，OECD 基準には該当しないが要保護基準には該当する人数を分子として計算する（ベン図については図 5-3 を参照）。

　平均で OECD 基準による相対的貧困と要保護 A は 9 割弱の重なりがある。ただし，世帯主年齢階級別にその重なりは異なり，図 5-7 によれば，OECD 基準による相対的貧困と要保護 A は 60 歳未満世帯主では 9 割以上が重なっており，若年世帯主ほど重なる割合は高い。ただし，60 歳以上の高齢世帯主ではその比率は 7 割程で相対的に低い。

　要保護 A とは異なり，要保護 B と OECD 基準による相対的貧困との重なりは，40 ～ 49 歳世帯主で最大になり 7 割になる。しかしその前後の世帯主年齢階級では重なりは 4 割と小さくなり，要保護 B については平均で 5 割ほどの重なりしかない。

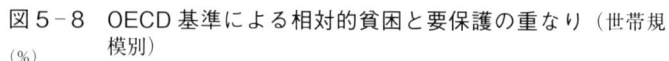

図5-8 OECD基準による相対的貧困と要保護の重なり（世帯規模別）

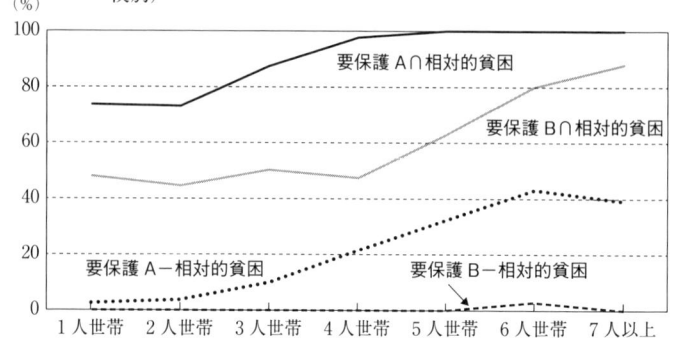

（注）「要保護∩相対的貧困」は重なりの指標で，OECD基準で相対的貧困にある人数を分母とし，OECD基準による相対的貧困線と要保護基準のどちらにも該当する人数を分子として推計。「要保護−相対的貧困」はOECD基準では捉えられない要保護の指標であり，要保護基準に該当する人数を分母とし，OECD基準には該当しないが要保護基準には該当する人数を分子として推計。
（出所）「全国消費実態調査（2004年）」調査票情報に基づく筆者の計算により作成。

　一方，OECD基準で捉えられない要保護Aは，要保護A基準に該当する人数を100％とした場合，20〜29歳世帯主で1割強，30〜39歳と50〜59歳世帯主で2割，40〜49歳世帯主で3割となるが，60歳以上の世帯主では1割を切る。世帯主年齢階級別の平均世帯員数が小さいほど，OECD基準で捉えられない要保護Aの割合は小さくなる傾向にある。

　したがって，繰り返しになるが，各基準の等価尺度の違いが，こうした相違をもたらしている可能性がある。つまり，要保護A基準は世帯規模が最も大きい40〜49歳世帯主にとって相対的に高い貧困線である可能性がある。逆にいえば，OECDの相対的貧困基準は40〜49歳世帯主に相対的に低い貧困線となっている可能性がある。なおOECDの相対的貧困基準では捉えられない要保護Bはいずれの年齢階級でもほぼ0％であった。

　同様に，OECD基準による相対的貧困と要保護の重なりを世帯規模別に示したのが図5-8である。OECD基準による低所得層と要保護Aによる低所得層の重なりは，1〜2人世帯で7割強，3人世帯で9割以上となり，4人以上世帯ではほぼ100％となる。

　一方，OECDの相対的貧困基準では捉えられない要保護Aは，1〜2人世

図5-9 OECD 基準による相対的貧困と要保護世帯の重なり（世帯類型別）

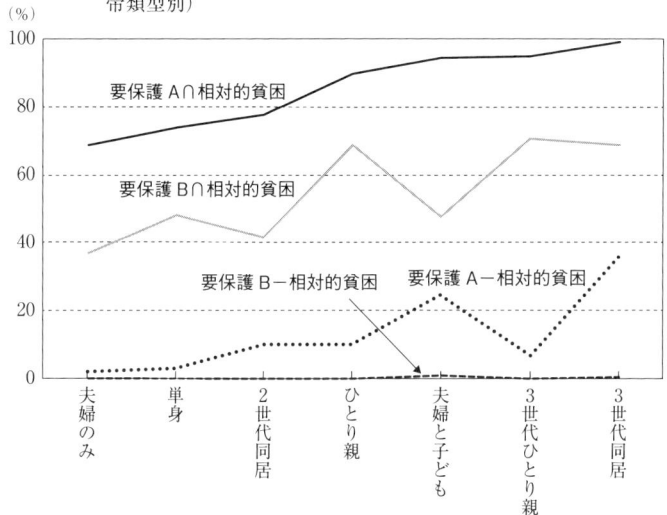

(注) 「要保護∩相対的貧困」は重なりの指標で，OECD 基準で相対的貧困にある人数を分母とし，OECD 基準による相対的貧困線と要保護基準のどちらにも該当する人数を分子として推計。「要保護−相対的貧困」は OECD 基準では捉えられない要保護の指標であり，要保護基準に該当する人数を分母とし，OECD 基準には該当しないが要保護基準には該当する人数を分子として推計。なお「2 世代同居」とは「夫婦とその親が同居する世帯」，「3 世代ひとり親」とは「ひとり親世帯とその親が同居する世帯」のことである。
(出所) 「全国消費実態調査（2004 年）」調査票情報に基づく筆者の計算により作成。

帯は 3 ～ 4%，3 人世帯で 1 割，4 人世帯で 2 割となり，5 人世帯で 3 割，6 人以上世帯で 4 割となり，世帯規模が大きくなるほど，OECD の相対的貧困基準では捉えられない要保護 A は増大していく。つまり，要保護 A 基準（生活保護基準 1 級地 1）は OECD 基準に比べ，世帯に働く規模の経済を小さく見積もり，多人数世帯にとって相対的に高めの貧困基準である可能性，逆にいえば OECD 基準は多人数世帯に相対的に低めの貧困基準である可能性，がここでも示唆された。

図 5-9 は OECD 基準による相対的貧困と要保護との重なりを世帯類型ごとに示している。世帯類型は，左から順に OECD 基準による相対的貧困との重なりが小さいほうから並べている。

OECD 基準による相対的貧困と要保護 A は，夫婦のみ世帯および単身世帯で 7 割前後，2 世代同居世帯で 8 割，それ以外の世帯では 9 割以上の重なりを

持つ。世帯規模の大きい3世代同居世帯については，ほぼ100%の重なりを持つ。

要保護Bについてはひとり親，3世代ひとり親世帯など，貧困リスクの高いグループでの重なりが7割となっている。

一方，OECDの相対的貧困基準では捉えられない要保護Aは，3世代同居世帯と夫婦と子ども世帯で相対的に多く，要保護A基準に該当する人数を100％とした場合，各々その2割強，4割弱である。しかしOECD基準による相対的貧困率と要保護率が高かった，すなわち両基準により貧困リスクが高いと判断された3世代ひとり親世帯，ひとり親世帯および単身世帯については，OECDの相対的貧困基準で捉えられない要保護Aは1割以下である。つまり，OECD基準の相対的貧困率は，こうした貧困リスクの高いグループの要保護率をかなりの部分捉えているといえよう。

3.4　等価尺度の検討

前項までの分析で，生活保護基準がOECD基準と比べ，世帯に働く規模の経済を小さく見積もり，多人数世帯にとって相対的に高めの貧困線となっている可能性が示唆されたが，この可能性についてさらに別の角度から検討しよう。

図5-10は世帯員数別にOECDの相対的貧困基準と生活保護基準の1人当たり月額[7]を比較したものである。参考値として「国生」に基づくOECDの相対的貧困基準も示している。たとえば3人世帯のOECDの相対的貧困基準の1人当たり月額は7万円，1級地1基準では5万7000円，3級地2基準では4万4000円である。これに3を掛けた値が，3人世帯におけるOECDの相対的貧困基準あるいは生活保護基準となる。値が高ければ，OECD相対的貧困基準あるいは生活保護基準を超えるために必要な可処分所得が高いことを意味する。

なお生活保護基準では同じ3人世帯でも世帯構成（たとえば高齢者2人と成人子ども1人や夫婦2人に未成年の子ども1人など）によって値が異なるが，「全

---

7)　生活保護基準については，世帯員数が同じでも居宅第1類等の存在により，世帯員の年齢構成によって額が異なる。そこで，ここでは同じ世帯員数であれば（その世帯内の年齢構成にかかわらず），その世帯に適用される生活保護基準を全消データに基づき，平均することで算出している。

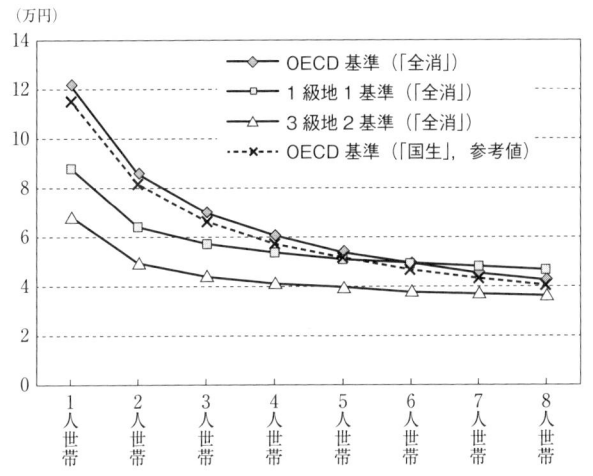

図5-10 OECD の相対的貧困基準と生活保護基準の1
人当たり月額（世帯規模別）

（出所）「全国消費実態調査（2004年）」調査票情報に基づく筆者の
計算により作成。

消」データに基づく平均値を示している。

　図5-10は，OECD の相対的貧困基準と生活保護基準は少人数世帯である
ほど大きな乖離があることを示している。単身世帯では，OECD の相対的貧
困基準は月額12万2000円だが，生活保護基準は8万8000円で，OECD の相
対的貧困基準のほうが1.4倍高くなっている。このことは，OECD の相対的貧
困基準のほうが，世帯に働く規模の経済を多人数世帯でより大きく見積もって
いることを意味する。別の言い方をすれば，生活保護基準は世帯に働く規模の
経済を小さく見積もっていることを意味する。[8]

　生活保護では年齢によっても基準額が異なるので世帯主年齢をコントロール
したうえで，世帯員数によって OECD 基準での相対的貧困と要保護の重なり

---

8)　実際，多人数世帯に対する生活保護基準額の見直しが昨今行われたところである。具体的に
は2005年度より扶助額計算のパラメータ変更が行われ，世帯人数が4人の場合の基準生活
費については，居宅第1類の扶助額に0.98を掛け，世帯人数が5人以上については，居宅
第1類の扶助額に0.96を掛けて，生活扶助の基準生活費を計算することになり，世帯人数
の増加に対して基準生活費の増加が非線形で逓減するよう変更し，世帯に働く規模の経済を
相対的に大きく見積もるようにした。

表 5-1 OECD 基準相対的貧困と要保護の重なりに関する探索的推計
（OECD 基準相対的貧困 + 要保護 = 100%）

被説明変数 両基準・各基準のみ該当	1級地1基準			3級地2基準
	両基準該当 限界効果 [標準誤差]	OECD 基準のみ 限界効果 [標準誤差]	要保護 A 基準のみ 限界効果 [標準誤差]	両基準該当 限界効果 [標準誤差]
説明変数				
世帯主年齢				
20 〜 29 歳	0.078 [0.013] ***	− 0.064 [0.009] ***	− 0.014 [0.010]	− 0.183 [0.034] ***
30 〜 39 歳	0.064 [0.015] ***	− 0.045 [0.014] ***	− 0.019 [0.007] ***	− 0.114 [0.032] ***
50 〜 59 歳	0.007 [0.020]	0.008 [0.019]	− 0.015 [0.008] *	− 0.051 [0.032]
60 〜 64 歳	− 0.170 [0.047] ***	0.236 [0.048] ***	− 0.066 [0.007] ***	− 0.256 [0.028] ***
65 〜 74 歳	− 0.145 [0.043] ***	0.231 [0.043] ***	− 0.086 [0.007] ***	− 0.274 [0.027] ***
75 歳以上	− 0.111 [0.045] **	0.186 [0.045] ***	− 0.075 [0.007] ***	− 0.174 [0.033] ***
世帯員数	− 0.004 [0.004]	− 0.035 [0.003] ***	0.039 [0.003] ***	0.032 [0.007] ***
多項／二項ロジット・モデル全体				
疑似 R^2		0.225		0.044
対数尤度		− 2,745.732		− 2,621.322
N		4,525		3,956
各選択肢の割合 （$N = 1.00$）	0.72	0.11	0.16	0.52

（注）　レファレンス・グループは世帯主年齢階級 40 〜 49 歳層。3 級地 2 基準では要保護基準のみに該当するサンプルが存在しない。***，**，*は各々 0.1%，1%，5%水準で統計的に有意であることをあらわす。
（出所）　「全国消費実態調査（2004 年）」調査票情報に基づく筆者の推計により作成。

について探索的な推計を行った結果が表 5-1 である。

　この表 5-1 では，OECD 基準で相対的貧困あるいは要保護となったサンプルを抽出し，両基準に該当するサンプルを基準に，どのようなサンプルがOECD 基準のみ，あるいは生活保護基準のみに該当するのか，多項ロジット・モデルあるいは二項ロジット・モデルによる推計結果を示している。3 級地 2 基準で二項ロジット・モデルで推計しているのは，生活保護基準（3 級地 2 基準）にのみ該当しているサンプルがほとんどなかったためである。いずれの推計結果も各変数の限界効果を示している。

　おおむね推計結果はこれまで確認してきたことと一致している。1 級地 1 基準との重なりについて，OECD 基準のみ該当する可能性が高いのは，世帯主が 60 歳以上の高齢世帯主世帯，世帯員数の限界効果はマイナスなので少人数世帯である。一方，生活保護 1 級地 1 基準（要保護 A）のみに該当する可能性

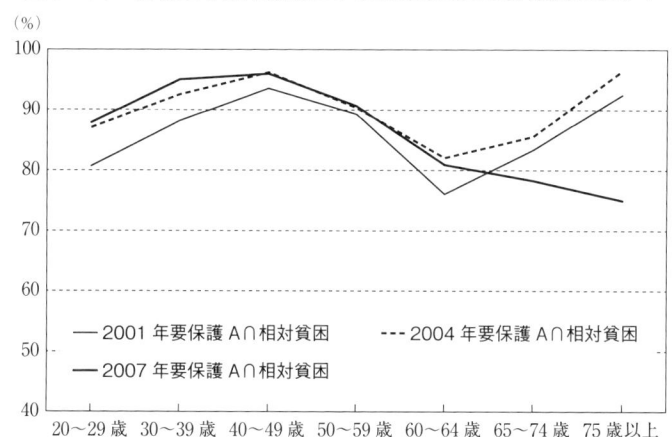

図5-11 世帯主年齢階級別にみた相対的貧困と要保護の重なり

（注）「要保護∩相対的貧困」は重なりの指標で，OECD 基準で相対的貧困に
ある人数を分母とし，OECD 基準による相対的貧困線と要保護基準のどち
らにも該当する人数を分子として推計。

（出所）「国民生活基礎調査」の再集計結果に基づく筆者推計。山田（2014）
より抜粋。

が高いのは多人数世帯である。両基準に該当する可能性が高いのは，20 ～ 39
歳世帯主世帯となっている。

生活保護3級地2基準（要保護 B）との重なりについては，両基準に該当す
る可能性が高いのは，世帯員数の限界効果がプラスなので多人数世帯となって
いる。またレファレンス・グループの40 ～ 49 歳世帯主を除き，世帯主年齢階
級の限界効果はマイナスとなっているので，40 ～ 49 歳世帯主世帯以外につい
ては，OECD 基準のみ該当する可能性が高い。

3.5 異時点間での計測結果の安定性の検討

本節最後に「国生」（2001，2004，2007 年）でも OECD 基準で捉えた低所得
層と生活保護基準で捉えた低所得層の重なりが，どれほど安定的か確認する。
この3時点を選んだのは，第4章でも述べたように2004 ～ 2006 年の間に生活
保護制度では老齢加算が廃止されたため，高齢世帯では，その重なりが低下し
た可能性を検証するためである。

図5-11 は世帯主年齢階級別にその重なりを示している。OECD 基準と要

保護Aで捉えた低所得層は60歳未満世帯主では9割以上が重なっている。しかし，60〜64歳世帯主では8割程度の重なりとなる。

このような重なりは3時点でほぼ共通しているが，65歳以上世帯主世帯に注目すると老齢加算廃止の影響を受け，2001，2004年と2007年では重なりの程度が異なる。2001，2004年では65歳以上世帯主でのOECD基準の相対的貧困と要保護Aの重なりは9割前後であるが，2007年では8割を切っており，他の2時点と比較し65〜74歳世帯主世帯で10%ポイント低く，75歳以上世帯主世帯では20%ポイント以上も低くなっている。

4 おわりに

本章では所得分配状況の国際比較で多用される経済協力開発機構（OECD）の相対的貧困基準と，健康で文化的な最低限度の生活水準の具体化としての生活保護基準の関連を検討し，OECDの相対的貧困基準の汎用性について明らかにした。具体的には各種公表統計（「住宅・土地統計調査」，「家計消費状況調査」，「就業構造基本調査」）を用いて「全国消費実態調査」と「国民生活基礎調査」の所得分布の特徴を把握したうえ，OECDの相対的貧困水準と生活保護基準で捉えられる低所得層の重なりの程度を測定した。

OECDの相対的貧困基準と生活保護1級地1基準（要保護A）で計測された相対的貧困率と要保護率は，世帯主年齢階級別および世帯類型別でほぼ系統的に同じ増減をする。相対的貧困と要保護は（相対的貧困を基準とすれば）平均で9割弱重なる。OECDの相対的貧困基準で捉えられない要保護Aが比較的大きい割合で存在するのは，40〜49歳世帯主世帯，5人以上世帯，3世代同居世帯，夫婦と子ども世帯など，相対的に世帯員数が多い世帯においてである。しかし，OECDの相対的貧困基準で貧困リスクが高いとされたグループ，すなわち高齢世帯主世帯と若年世帯主世帯，単身世帯，3世代ひとり親世帯，ひとり親世帯については，OECDの貧困基準で捉えられない要保護Aについては1割以下しか存在していない。

生活保護3級地2基準（要保護B）はOECDの相対的貧困基準より全般的に

基準額が低いため，この基準を用いた場合，相対的貧困世帯と要保護世帯の重なりは小さくなり，全体で4割ほどとなる。ただし，この基準でも世帯主年齢階級別および世帯類型別で系統的に同じ増減をする。また要保護Bは，ほぼ100%がOECD相対的貧困基準により捉えられる。

これらの結果は相対的に計算が容易なOECDの相対的貧困率でも，煩雑な計算に基づく生活保護基準による要保護世帯率の傾向を把握するには代用可能であることを示している。またOECDの相対的貧困基準と生活保護基準の乖離は，両基準における等価尺度の設定が異なることが主な要因で，より正確な低所得層の把握には，世帯固有の特別なニード等，等価尺度についてさらに詳細に検討する必要性も示唆された。

ただし本章の分析の留保としては，OECD基準で捉えた低所得層と生活保護基準で捉えた低所得層の時系列的な重なりの傾向が，今後も安定的であるかどうかは，生活保護基準の変更等の影響にもよる。実際，「国民生活基礎調査」を用いた3時点間の分析では，老齢加算の廃止という生活保護基準の変更が，高齢世代の両基準による低所得層の重なりに影響を与え，OECD基準と比較し生活保護基準は高齢者の貧困を相対的に捉えにくくなったことが示された。近年の生活保護基準改定により，高齢世帯以外の低所得層の捉え方にどのような影響を与えたのか，さらに検討する必要がある一方，OECDの相対的貧困基準についても，趨勢的に平均所得が下がるにつれ，相対的貧困線も下がっており[9]，こちらも低所得層を安定的・正確に捉えられているのか，今後も検討が必要である。

（山田篤裕・四方理人・田中聡一郎・駒村康平）

---

9) たとえば総務省統計局公表のOECD基準による相対的貧困線および相対的貧困率を1999年と2004年の「全国消費実態調査（各種係数，所得分布結果表）」で比較すると，相対的貧困線である中位等価可処分所得（年間）は，同期間に156万円から145万円へと11万円減少している。その結果，1999年から2004年の間に相対的貧困率は0.4%しか上昇しなかった。

第6章

家族の変化と相対的貧困率の変化
親と同居する無配偶の成人子ども増加の影響

1 はじめに

　日本の貧困率は，先進国のなかで高い水準にあり，近年上昇傾向にあるといわれる。表6-1は，相対的貧困率をいくつかの先進国について示したものであり，日本は厚生労働省「国民生活基礎調査」と総務省「全国消費実態調査」による2つの数値を掲載している。

　年齢計でみた日本の相対的貧困率は，「国民生活基礎調査」（以下，「国生」）でみるとアメリカより低いが，ヨーロッパの国々より高い。しかし「全国消費実態調査」（以下，「全消」）でみた場合，日本の貧困率は大陸ヨーロッパと同水準で，この2つの調査での差は7%ポイントと大きい。ただし，日本の高齢者の貧困率は両調査とも年齢計の貧困率より高く，ヨーロッパ諸国よりイギリス，アメリカに近い。

　第5章2節でもみたように，「国生」と「全消」とで所得分布は異なる。この貧困率の差は，後述するように部分的には調査設計と集計方法の違いで説明される。

　図6-1は，「全消」に基づく1994年から2009年の年齢階級別貧困率の推移を示している。高年齢者の（相対的）貧困率は65～74歳で1994年から1999年にかけ，75歳以上では1999年から2004年にかけ低下した。子ども（19歳以下）と若年者（20～34歳）の貧困率は1994年から2004年にかけ上昇した。

表 6-1　相対的貧困率の国際比較（年齢階級別）

	年齢計	子ども （<18）	若　年 （18～25）	成　年 （26～65）	高齢者 （>65）
フランス	8.1	11.4	13.7	7.1	3.8
ドイツ	8.4	7.4	12.5	7.7	9.4
日本（全国消費実態調査）	8.9	8.4	8.2	8.1	11.2
スウェーデン	9.0	8.3	17.8	7.4	9.4
イギリス	10.5	10.4	10.9	9.6	13.4
韓国	14.6	8.0	9.1	9.7	49.6
日本（国民生活基礎調査）	16.0	15.7	18.7	13.9	19.4
アメリカ	17.6	19.6	20.1	15.2	21.5

（注）　日本の「国民生活基礎調査」は 2011 年，「全国消費実態調査」は 2009 年の調査である。その他の国は 2013 年の調査。貧困基準は中位可処分所得の 50% としている。
（出所）　日本の「全国消費実態調査」については筆者推計。その他については OECD（2015）から引用。

また，壮年者（35～49 歳）の貧困率は 2004 年から 2009 年にかけ上昇した。

このように年齢階級により日本の貧困率の変化やそのタイミングは異なる。本章でも示すように同期間には単独世帯の増大，ひとり親世帯の増大，無配偶の子どもとの同居世帯の増大など，家族も変化した。

そこで本章では，家族の変化が子ども，若年者，壮年者，高齢者のそれぞれの貧困率の変化に与えた影響を定量的に明らかにする。将来の家族の変化，すなわち世帯構成の変化はある程度，推計可能であり[1]，どのような家族の変化が貧困率上昇をもたらしたか明らかにすることで，今後の貧困対策で重点的に対応すべき対象者を明確化できる。

たとえば，子どもの貧困は大きな社会問題（阿部 2008a，2014 など）として近年広く理解されるようになっているが，すでに多くの海外研究では「家族の不安定化」が子どもの貧困の要因であると明らかにされている。アメリカでは 1980 年代のひとり親世帯の増加が子どもの貧困率を引き上げたとされる（Eggebeen and Lichter 1991）。ひとり親の貧困率は日本を含め，他の先進国においても高い（OECD 2008 = 2010）。日本のひとり親世帯の子どもの貧困率は 50% を超え（元データは「国生」），その他の世帯類型の子どもと比較し最も貧困

---

1)　たとえば国立社会保障・人口問題研究所は 2035 年までの世帯数の将来推計を都道府県別に公表している。

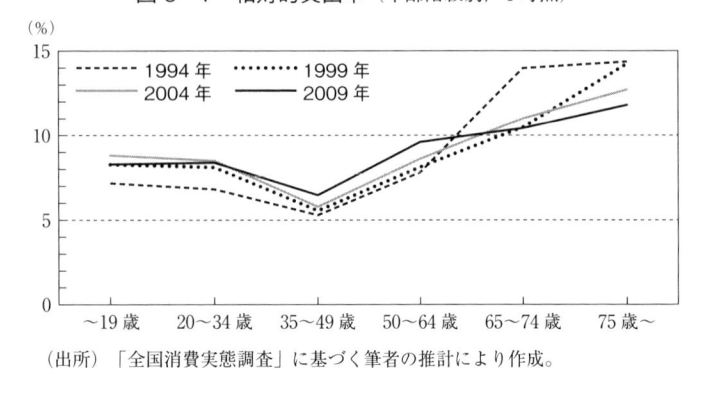

図6-1 相対的貧困率（年齢階級別，4時点）

(出所)　「全国消費実態調査」に基づく筆者の推計により作成。

率が高い。したがって，日本でもひとり親の増加といった家族の変化がどれほど子ども全体の貧困率を押し上げているのかは検証課題の１つとなろう。

　また若年者についても，未婚化（家族形成の変化）により親と同居する無配偶者が増加している。親と同居する「パラサイト・シングル」は高い生活水準を維持でき，晩婚化のひとつの要因とされている（山田 1999）。一方，若年層の雇用環境の悪化により，2000 年代以降，若年無業とフリーターが増加している（内閣府 2015）。それに伴い，若年における貧困も問題とされている（宮本 2012）。しかし，親との同居はこうした貧困をみえにくくしている可能性も指摘される（四方・渡辺・駒村 2011；四方 2013）。

　さらに壮年者については，日本の賃金構造の特徴である傾斜のきつい年功賃金（OECD 2004）により，若年者より高い賃金を得ることができ，相対的に貧困率は低かった。しかし図6-1でみたとおり，壮年者でも近年貧困率が上昇している。この要因について四方・駒村（2011）は壮年者の失業率上昇を指摘するが，こうした労働市場の変化のほかに，家族の変化がどのように影響を与えたのか検討することは意義があるだろう。壮年層の家族の変化としては，生涯未婚率上昇に伴う，単身世帯や親と同居する未婚者の増加が挙げられるが，それが壮年層の貧困率に影響を与えている可能性がある。

　さらに高齢者では，年金制度の成熟化や被用者年金の受給者増大といった年金による防貧効果の高まりが近年の貧困率低下をもたらしたと考えられる。しかし，3 世代同居の減少で有配偶の成人子ども世帯との同居を通じて扶養され

る高齢者は減少しており，こうした変化は貧困率の上昇要因ともなる。

　以上のような各年齢階級における家族（世帯構造）の変化が貧困率にどのような影響を及ぼしているのか，データが入手可能であった 1994 〜 2009 年について明らかにすることが本章の目的である。

　本章の構成は以下のとおりである。まず，第 2 節では世帯構成変化が貧困率に与えた影響についての先行研究を検討する。続く，第 3 節では使用データと貧困率の寄与度分解の方法についての説明を行い，第 4 節では子ども，若年者，壮年者，高齢者別に，貧困率の変化を世帯類型による寄与度分解を行う。そして，最後の第 5 節では本章のまとめと考察を行う。

　結論を先取りすれば，本章の知見は 3 点ある。第 1 に，子ども（19 歳以下）では，ひとり親世帯に属する子どもの割合の増大と，ひとり親世帯の貧困率自体の上昇が，子ども全体の貧困率上昇の主要因であった。

　第 2 に，若年者（20 〜 34 歳）では，親と同居する無配偶者の貧困率は低い水準にあったものの，その貧困率自体が近年上昇したことが若年者における貧困率上昇の主要因であった。一方，壮年者（35 〜 44 歳および 45 〜 64 歳）では，親と同居する無配偶者の貧困率はもともと高く，未婚化・非婚化の進展により，単身者と親と同居する無配偶者の割合が上昇したことが，壮年者の貧困率上昇の主要因となった。

　第 3 に，高齢者（65 歳以上）では，単身と夫婦世帯の貧困率が大幅に低下したものの，貧困率の水準が低い，有配偶の子と同居する高齢者の割合が低下したために高齢者全体での貧困率の低下は小幅に留まった。

　以上のことから，貧困に陥りやすい，親と同居する無配偶の壮年者およびその親となる高齢者は今後も増加すると予想され，長期的には日本全体の貧困率の押し上げ要因となる，というのが本章の結論となる。

2　先 行 研 究

　世帯構成変化が貧困率に与えた影響に関する主な日本における研究として，阿部（2006）と橘木・浦川（2006）が挙げられる[2]。

阿部（2006）は，1984 年から 2002 年の厚生労働省「所得再分配調査」の調査票情報を用い，高齢者，子ども，壮年者のそれぞれについて，世帯構成，市場所得の貧困率，税・社会保障による貧困削減のうち，1 要素のみ変化させ，他の要素を固定した場合の貧困率をシミュレーションした。

まず，子どもの貧困率上昇は，母子世帯の増加に起因する部分はあるが，それ以上に母子世帯以外の有子世帯における市場所得の減少に起因する部分が大きいことが示されている（阿部 2006, 126 頁）。

次に，壮年者の貧困については，有配偶男性，有配偶女性，無配偶男性，無配偶女性の 4 カテゴリーに区分し分析を行っており，無配偶者の市場所得の減少がこの間の貧困率上昇の主要因であることを示した（阿部 2006, 128 頁）。

高齢者については，1987 ～ 1993 年の貧困率上昇に最も寄与したのが税・社会保障の貧困削減効果であり，次に寄与したのは世帯構成の変化であった。そして 1993 ～ 2002 年は貧困率に変化はないが，その背景には，世帯構成の変化と市場所得の減少という貧困率上昇要因[3]と，税・社会保障による貧困率低下要因とが拮抗していたことを示した。世帯構成の変化[4]は，単身者と高齢者のみ世帯割合の上昇と非高齢者と同居する高齢者割合の低下が指摘されている（阿部 2006, 124 頁）。市場所得での貧困率の上昇と合わせ世帯内での私的扶養が困難な高齢者が増加していることがみてとれる。

一方，橘木・浦川（2006）は，同じく「所得再分配調査」を用い，1995 ～ 2001 年に貧困世帯に占める高齢者世帯の割合が上昇したことを示した。さら

---

2) そのほかに，吉岡（2014）は，「国生」の公表データから，貧困率の推計を行い，世帯人員数，世帯構造について各年の貧困率に対する寄与率を算出し，全体の貧困率に対する高齢者世帯の寄与度が低下していることを示している。
3) 所得格差の文脈であるが，市場所得の 1 つである就労所得は高齢期の所得格差の要因として大きく（4 ～ 5 割），就労所得はさらに高齢者の就労所得と同居子の就労所得の 2 つに分けられる。2 つの就労所得が高齢期の所得格差に与える影響はほぼ半々である。同期間において市場所得の所得格差拡大への寄与は，両方とも減少していた（Yamada 2008, pp.41-42）。この背景には，高齢者の就業率と子どもとの同居率が同時期低下していたことが挙げられる。すなわち，子どもとの同居も高齢者の市場所得の変化には重要な要素である。
4) この点は小塩・浦川（2008）でも確認されている。「国生」を用いた彼らの研究においても，1997 ～ 2003 年に，高齢者の当初所得でみた貧困率と可処分所得でみた貧困率の差は 6％ポイントほど拡大した。これは税・社会移転による貧困率削減効果が同時期に増大したことを意味する。

に同期間に人口全体の貧困レベルに対する単身世帯（高齢者世帯除く）の寄与率が大きかったことを指摘している（橘木・浦川 2006, 84-85頁）。

　以上の先行研究はすでに，家族（世帯構成）の変化が貧困率に影響を与えたことを明らかにしており，示唆に富むものである。しかし，これらの推計に用いられた世帯類型を詳細に検討すると，①子どもでは祖父母世代との同居が，また②壮年者では親との同居が，そして③高齢者では同居している子の配偶関係が考慮されていないため，まだ明らかでない点も残されている。[5]

　たとえば子からみた祖父母と同居しているひとり親は「ひとり親」世帯の定義から外れ，その子どもの貧困率に対する影響はその他の世帯の影響のなかに紛れてしまっている可能性がある。[6] またパラサイト・シングルの増加や3世代同居の減少による壮年者の貧困率への影響はまだ明らかでない。さらに高齢者が成人の子と同居する場合，子が有配偶か無配偶かで，（無配偶の子を扶養している等により）高齢者の貧困率に対する影響は異なる可能性があるが，こうした可能性はまだ検討されていない。

　さらにテクニカルな点として，先行研究で使用されている「所得再分配調査」は調査区ごとの回収率に基づくウェイト補正が行われていない。そのため世帯構成ごとの調査票回収率に偏りがあると，母集団の世帯構成分布との間に乖離が生じる。とくに調査年度によって世帯構成ごとの回収率の偏りが変わっているとすれば，世帯構成変化が与えたとされる貧困率の影響の一部は，こうした偏りによってももたらされていることが懸念される。

　そこで本章では，子ども（19歳以下），若年者（20〜34歳），壮年者（35〜49歳と50〜64歳），高齢者（65〜74歳と75歳以上）の6区分の年齢階級ごとに，配偶関係と同居形態に基づくより精緻な世帯類型を用い，全時点のウェイ

5）　同居子の状況により分類することは重要と考えられる。高齢者の貧困率の国際比較を行った，Murozumi and Shikata（2008）は，アジア圏である日本と台湾の高齢者は，アメリカと西欧諸国と比べ，子どもと同居している割合が高く，また，有配偶の子どもと同居するより，無配偶の子どもと同居している場合に貧困率が高くなることを明らかにしている。また，別の分類ではあるが，同居子の職業（正規雇用，非正規雇用，無職）で分類した山田（2010a）は，非正規雇用の同居子や，無職の同居子の存在が，高齢者の貧困リスクを顕著に増加させることを報告している（山田 2010a, 119-121頁）。

6）　実際に「国勢調査」の再集計を行った，西・菅（2006）によると母子世帯では，母と子以外の親などの世帯員を含む世帯が3割を占めている。

ト補正も行ったうえで，家族（世帯構成）の変化が1990年代半ばから2000年代半ばまでの相対的貧困率に与えた影響を分析する。

3 データおよび貧困率測定の方法

3.1 調査による貧困率の差

分析に入る前に，「全消」と「国生」（およびそのサブサンプルである「所得再分配調査」）で貧困率の差が生じる理由を検討する。

まず「全消」は5年ごとに約5〜6万世帯を調査対象として総務省が実施する調査である。一方，「国生」は，厚生労働省により3年ごとに約4万世帯を調査対象とした大規模調査と，間の年に行われる約9000世帯を対象とした簡易調査が行われている。

両調査の貧困率に差が生じる理由として2つの可能性が主に考えられる。第1に，「全消」は2ヵ月間ないし3ヵ月間の家計簿記入が必要となるため，回答者の負担が相対的に重く，回答拒否によりサンプルの偏りが生じる可能性がある。なぜ家計簿をつける負担により低所得層で回答拒否が多くなるかは明らかでないが，専業主婦割合が高い中・高所得層のほうで相対的に家計簿をつけることに抵抗が少ない可能性を指摘できる。

第2に，両調査は調査設計や集計方法も異なる。「国生」は調査時点の都道府県人口が母集団となるが，「全消」では各調査時点の4年前の国勢調査が母集団となる[7]。そのため「全消」は実際より4年前の人口構成を反映することになる。第5章第2節でも論じた点以外に，この点でも「国生」のほうが所得分布上の代表性は高い可能性がある。

とはいえ「全消」は「集計段階」で同年の「労働力調査」の地域，世帯員数，年齢，性別の情報に基づく補正を行っている[8]。一方，「国生」にはそうした補正がないため，回答拒否等により標本が母集団の世帯構成分布とずれる可能性

---

7) そのほかに，単身の学生の世帯が「国生」には含まれるが，「全消」には含まれないといった違いがある。この点と母集団の調査設計の違いについては，舟岡（2001）が詳しい。

がある。実際，「国生」は，「国勢調査」や「全消」より75歳以上の世帯主の割合が高く，また日本の75歳以上の相対的貧困率は他の年齢階級と比べとくに高いため（図6-1参照），年齢計の貧困率が高くなる可能性も考えられる（四方 2015）。ただし世帯類型の構成比率を揃えてもなお両調査の相対貧困率には差が出ることも指摘されている[9]。

　以上のことを踏まえ，本章では各世帯類型の設定やそのウェイト補正に留意したうえで分析を行う。

3.2　使用データ

　本章では「全消」を使用する[10]。総務省における集計段階での「労働力調査」を用いたウェイト補正は1994年以前は行われておらず，1999年と2004年では単身世帯のみ補正，2009年から2人以上世帯でも補正されるようになった。そこで以下の分析では1994年，1999年，2004年のデータについても2009年と同様の方法でウェイト補正したうえで，貧困率の変化に対する世帯構成比の変化の影響について推計する。

　具体的な補正方法として，単身世帯については地域別（6区分），男女別，年齢階級別（35歳未満，35〜59歳，60歳以上の3区分）の世帯割合が各年の「労働力調査」と一致するようウェイト補正を行う。同じく，2人以上世帯についても地域別（9区分），世帯員数（4区分）の世帯割合が各年の労働力調査と一致するようにウェイト補正を行う。

　可処分所得は，「全消」の年収・貯蓄等調査票の調査票情報を利用し，勤労収入，自営収入，公的年金，企業年金・私的年金，利子・配当金，家賃・地代，その他の年間収入を合計し，そこから税・社会保険料を控除した年間所得であ

8)　総務省統計局「平成16年全国消費実態調査　用語の解説　付録7　調査世帯の選定方法と結果の推定式」。
　　http://www.stat.go.jp/data/zensho/2004/pdf/h16_fu07.pdf（2016年6月25日最終確認）
9)　「全消」と「国生」の相対的貧困率について内閣府，総務省，厚生労働省の3省合同で検証が行われた。その結果，世帯主年齢もしくは単身世帯などの世帯類型のシェアを合わせた場合においても，両調査ともに相対的貧困率には大きな変化がなかったとされる（http://www.stat.go.jp/data/zensho/2009/pdf/hinkonritsu.pdf，2016年6月25日最終確認）。
10)　統計法第33条に則り，「全消」の調査票情報の利用申請を行い，提供を受けた。

る。さらに，この可処分所得を世帯人員数の平方根で除した「等価可処分所得[11)]」を分析には用いる。そして，各調査年の等価可処分所得の中央値の50%を貧困線とした。

なお本章の分析では，ひとり親世帯を特定化するため，単身赴任世帯および単身赴任送り出し世帯は除いている。

3.3　貧困率の寄与度分解の方法

第2節で議論した課題に対処するため細かい世帯類型を設けたうえ，子ども（19歳以下），若年者（20〜34歳），壮年者（35〜49歳と50〜64歳），高齢者（65〜74歳と75歳以上）の年齢階級6区分の1994〜2009年の相対的貧困率の変化を，①各世帯類型の貧困率の変化と，②各世帯類型の構成変化に分解する。以下の具体的方法は，第1章第3節においてより詳しく説明されている。技術的説明であるため，寄与度分解の方法に関心がない読者は，直接次節に読み進めていただいても問題ない。

各世帯類型別貧困率をa_i，各世帯類型に属する個人のシェア（人口に占める構成比）をl_iとそれぞれ定義する。すると全体の貧困率aは各世帯類型別の相対的貧困率の加重平均すなわち

$$a = \sum{}_i a_i l_i$$

とあらわすことができる。

ここで2時点間の貧困率の変化分（Δa）は，世帯類型ごとの貧困率の変化分（Δa_i）と各類型の比率（世帯構成）の変化分（Δl_i）に，それぞれの類型の時点間平均（$\bar{l_i}$）とそれぞれの貧困率の時点間の平均（$\bar{a_i}$）でウェイト付けしたものに分解可能である。すなわち，

---

11) なお，公的年金以外の児童手当や失業給付および生活保護給付等の社会保障給付は，年収・貯蓄等調査票に明示された項目はなく，「その他の年間収入」に含まれていると考えられる。ここで，「全消」では年間収入についての税と社会保険料が把握されていないため，可処分所得の算出には田中・四方（2012）による税・社会保険料モデルの推計を用いた。詳細は本書第2章第2節を参照されたい。

$$\Delta a = \sum_i \left(\Delta a_i \overline{l_i} + \Delta l_i \overline{a_i} \right)$$

とあらわすことができる。ここで，$\Delta a_i \overline{l_i}$ は，各世帯類型の貧困率の変化分による寄与度，$\Delta l_i \overline{a_i}$ は各世帯類型のシェアの変化による寄与度として解釈できる。[12]

　相対的貧困率の定義は他章と同じく，各調査年における等価可処分所得の中央値の 50％ を貧困基準とした。

　次節では，年齢階級 6 区分ごとに世帯類型による貧困率の寄与度分解を行う。

4　世帯類型による相対的貧困率の寄与度分解

4.1　家族の変化と子どもの貧困率の変化

図6-2 は，子ども（0〜19歳）の世帯構成の推移である。世帯類型は子ど

図6-2　子ども（0〜19歳）の世帯構成の推移（1994〜2009 年）

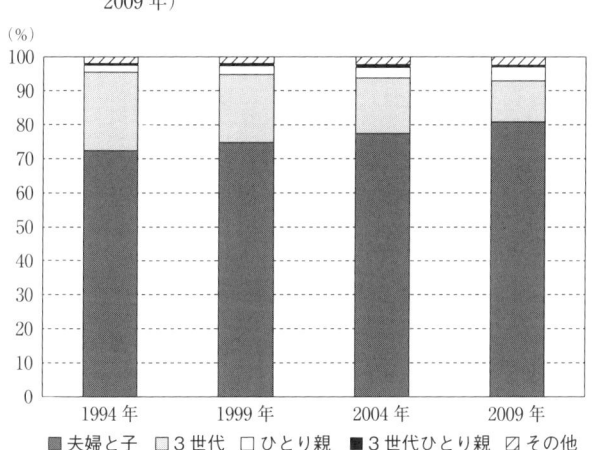

（出所）　「全消」調査票情報に基づく筆者の推計により作成。

---

12)　先行研究では，貧困率の変化分ではなく各時点の貧困率についての寄与度分解が行われていた。

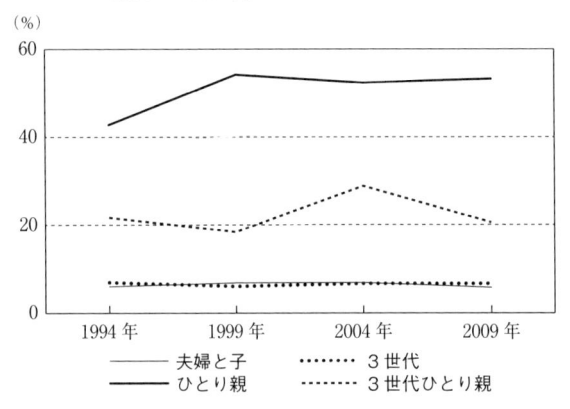

図6-3 子ども (0〜19歳) の貧困率 (世帯類型別, 1994〜2009年)

(出所) 「全国消費実態調査」調査票情報に基づく筆者の推計により作成。

　もの同居形態とひとり親・ふたり親の別に基づき，①両親と子どものみである「夫婦と子」，②夫婦と子どもと祖父母世代の「3世代」，③ひとり親とその子どものみの「ひとり親」，そして，④ひとり親とその子どもと祖父母世代という「3世代ひとり親」，⑤「その他」に5分類した。

　1994年から2009年にかけ「夫婦と子」世帯に属する子ども (0〜19歳) は7割から8割へと増大する一方，「3世代」に属する割合は3割から1割へと減った。「ひとり親」に属する子どもの割合は，1994年では2%にすぎなかったが，2009年には4%とその比率が倍増した。「3世代ひとり親」世帯に属する割合はどの年次も低い[13]。

　次に世帯類型別に子ども (0〜19歳) の貧困率の推移をみたものが図6-3

---

[13]　「国勢調査」における19歳以下人口におけるひとり親世帯の割合は，1995年で5.8%，2000年で7.2%，2005年で8.9%，2010年で10.1%と「全消」よりも高い割合で推移している。また，「国勢調査」における「他の世帯員がいる母子世帯」の割合は，「母子世帯」との比で約4割の水準となっている。本章における「3世代ひとり親」の定義は，ひとり親とその子および祖父母のみの世帯となり「国勢調査」の定義とは異なるが，その比率は相対的に小さい。この理由の一部は，前述したように数ヵ月間家計を記入する必要があるという「全消」の特性 (そのことで当該世帯類型で集中的に回答拒否が起こっている可能性) によるものであろう。

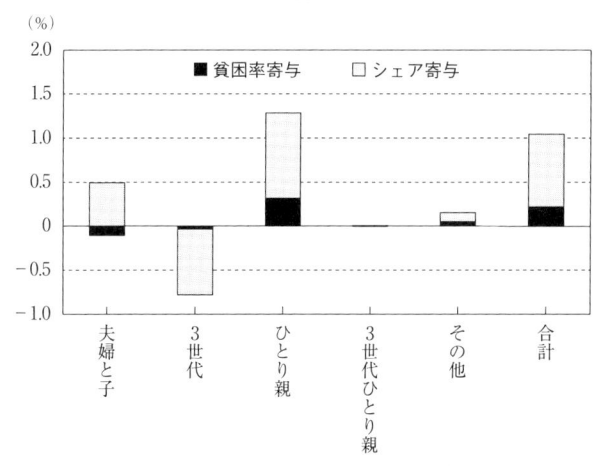

図6-4 子ども（0〜19歳）の貧困率の寄与度分解（2時点間：1994〜2009年）

（出所）「全国消費実態調査」調査票情報に基づく筆者の推計により作成。

である。「ひとり親」世帯に属する子どもの貧困率は1994年でも40％を超えて高い。しかも1994年から1999年にかけ上昇し，50％を超えた。一方，「3世代ひとり親」の子どもは20％で推移している。ひとり親世帯の子どもは，祖父母との同居により貧困率を半減させているが，それでも「夫婦と子」，「3世代」世帯の子どもと比べると2倍近い貧困率の高さである。「夫婦と子」および「3世代」に属する子どもの貧困率はほぼ同じで，1994年から2009年までの間ではほとんど変動していない。

　では，図6-2でみた世帯構成の変化と図6-3でみた世帯類型別の貧困率の変化によって0〜19歳の子どもの貧困率の変化をどのように説明できるか寄与度分解を行った結果が図6-4である。

　灰色のボックスが各世帯類型に属する子どもの割合の変化による寄与度（シェア寄与）を示し，黒色のボックスが世帯類型ごとの子どもの貧困率の変化による寄与度（貧困率寄与）をそれぞれあらわしている。各世帯類型の寄与度の合計（灰色と黒色のボックスの各世帯類型の合計を5つの世帯類型についてすべて足し合わせたもの）は，1994年から2009年にかけての子どもの貧困率の変化（％ポイント）分に等しい。

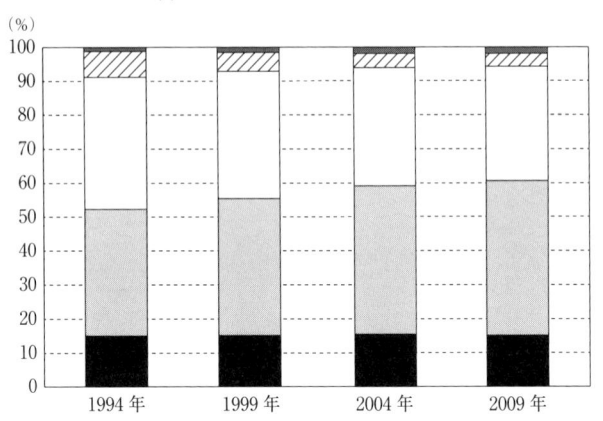

図6-5 若年者（20〜34歳）の世帯構成の推移（1994〜
2009年）

凡例: ■単身　□親同居配偶者なし　□有配偶　☑親同居有配偶　■その他

（出所）「全国消費実態調査」調査票情報に基づく筆者の推計により
作成。

図6-4から「夫婦と子」世帯に属する子ども（0〜19歳）の割合が大きく
なったことで貧困率は0.5％ポイント上昇した一方，「3世代」世帯に属する割
合が小さくなることで貧困率は0.7％ポイント低下したことがわかる。そして
「ひとり親」世帯に属する子どもの割合が大きくなることで貧困率は1％ポイ
ント上昇した。さらに「ひとり親」の貧困率自体も子ども全体の貧困率を0.3
％ポイント上昇させることに寄与している。

つまり1994年から2009年にかけての子どもの貧困率上昇の大部分は「ひと
り親」世帯に属する子どもの増加とその貧困率の上昇により説明される。

4.2　家族の変化と若年者の貧困率の変化

次に若年者（20〜34歳）の家族の変化についてみたものが図6-5となる。
世帯類型は配偶者の有無と親との同居形態から区分した。具体的には，①配偶
者がおらず親と同居していない「単身」，②配偶者がおらず親と同居している
「親同居配偶者なし」，③有配偶で親と同居していない「有配偶」，④有配偶で
親と同居している「親同居有配偶」，⑤「その他」に5分類した。

1994年から2009年の間の未婚率上昇により，若年者（20〜34歳）の世帯構

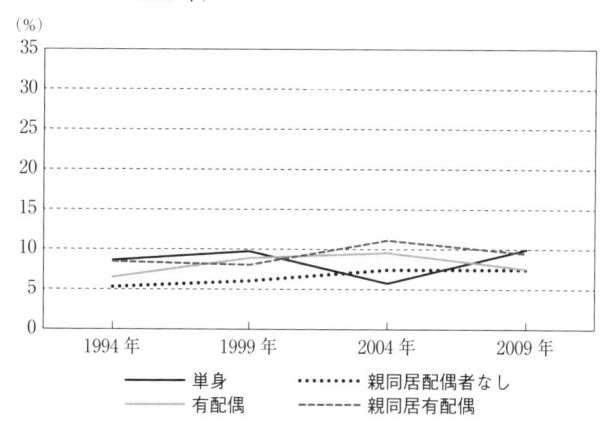

図6-6　若年者（20〜34歳）の貧困率（世帯類型別，1994〜2009年）

（出所）「全国消費実態調査」調査票情報に基づく筆者の推計により作成。

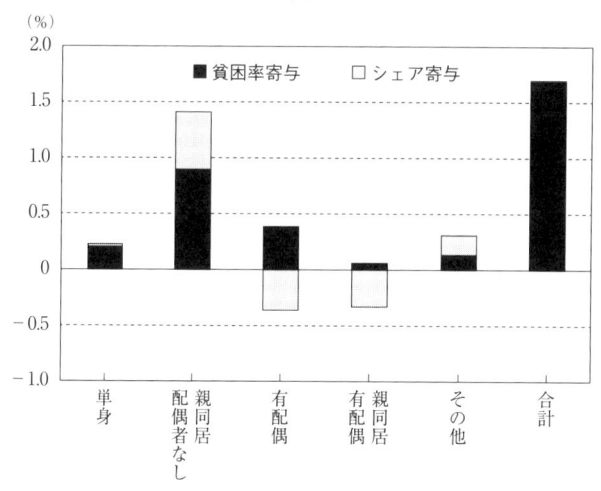

図6-7　若年者（20〜34歳）の貧困率の寄与度分解（2時点間：1994〜2009年）

（出所）「全国消費実態調査」調査票情報に基づく筆者の推計により作成。

成は「有配偶」と「親同居有配偶」を合わせると9％ポイントも減少した。そして「単身」は微増にとどまるものの「親同居配偶者なし」世帯に属する若年

者は 37%から 45%へと増大した。

　図6-6は若年者（20〜34歳）の各世帯類型貧困率の推移を示している。子ども（0〜19歳）と比較し，若年者の各世帯類型の貧困率は低く，5〜10%の範囲内で推移し明瞭な傾向は見出せない。ただし1994年の「親同居配偶者なし」世帯に属する若年者の貧困率は5%で，他の世帯類型より低かったが2009年では7%まで上昇した。

　図6-7では1994年から2009年の間の若年者（20〜34歳）の貧困率の変化の寄与度分解を行っている。「親同居配偶者なし」世帯に属する若年者の割合の増大は若年者全体の貧困率を上昇させた一方，「有配偶」と「親同居有配偶」世帯に属する若年者の割合の減少は貧困率を引き下げる方向で相殺し，世帯類型の構成変化が若年者全体の貧困率に与える影響は0に近い。結局，若年者の貧困率上昇のほとんどは「親同居配偶者なし」に属する若年者の貧困率上昇により説明される。

4.3　家族の変化と壮年者の貧困率の変化

　続いて壮年者（35〜49歳と50〜64歳）の家族の変化と貧困率の変化について検討する。世帯類型は前項の若年者（20〜34歳）と同じである。

　図6-8は壮年者の家族の変化をみている。若年者（20〜34歳）と同様，1994年から2009年の間に「単身」と「親同居配偶者なし」世帯に属する壮年者の割合は上昇した。35〜49歳では「単身」は4%から9%へ，「親同居配偶者なし」は3%から11%に増大した。50〜64歳でも「単身」は7%から13%へ，「親同居配偶者なし」は1%から2%に僅かながら増大した。一方，同期間に35〜49歳の「親同居有配偶」は22%から10%へと半減した。

　図6-9の世帯類型別の貧困率から35〜49歳では「単身」や「有配偶」より「親同居配偶者なし」の貧困率が高いことがわかる。これは若年者（20〜34歳）では「親同居配偶者なし」が最も貧困率が低かったことと対照的である。若年者の親との同居は，親も働いているため同居による防貧効果があるが，35〜49歳の壮年者の親の多くは引退しているため防貧効果が弱くなる，あるいは所得が低い壮年者は配偶者がいないまま親と同居を続けるというサンプル・セレクションが背景にあると推察される。

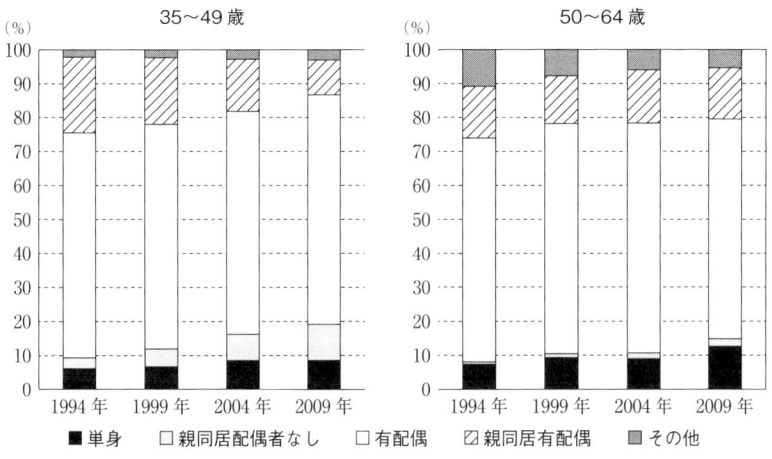

図6-8　壮年者（35〜64歳）の世帯構成の推移（1994〜2009年）

35〜49歳　　　　　　　　　　50〜64歳

（出所）「全国消費実態調査」調査票情報に基づく筆者の推計により作成。

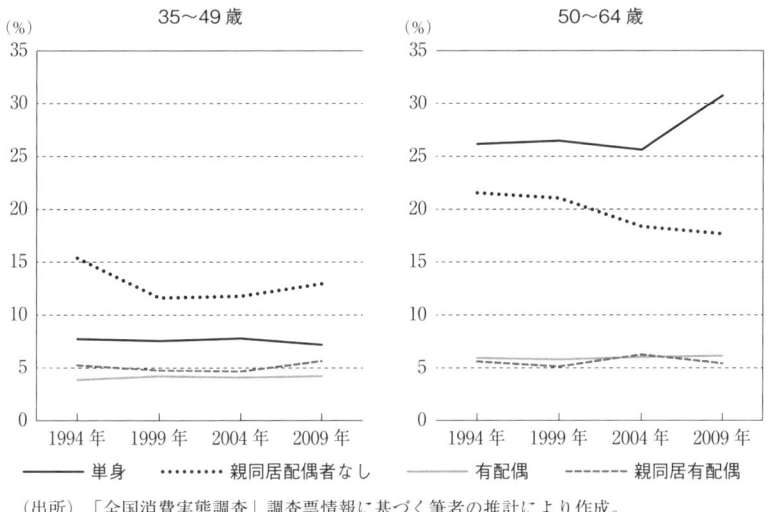

図6-9　壮年者（35〜64歳）の貧困率（世帯類型別，1994〜2009年）

35〜49歳　　　　　　　　　　50〜64歳

（出所）「全国消費実態調査」調査票情報に基づく筆者の推計により作成。

　50〜64歳では「単身」の貧困率は，1994年時点で26％と35〜49歳より18％ポイントも高い。また50〜64歳の「親同居配偶者なし」の貧困率も1994年時点で35〜49歳より16％ポイントも高く21％である。

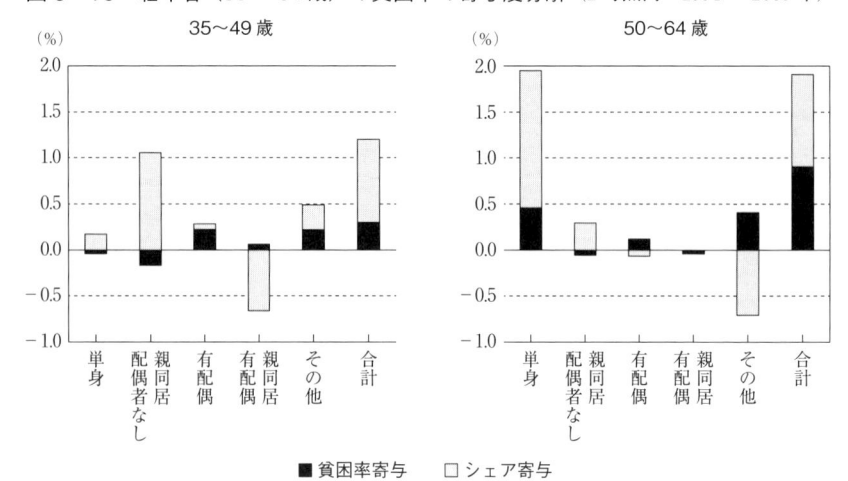

図6-10　壮年者（35～64歳）の貧困率の寄与度分解（2時点間：1994～2009年）

（出所）「全国消費実態調査」調査票情報に基づく筆者の推計により作成。

　1994～2009年の貧困率は，35～49歳，50～64歳とも「有配偶」と「親同居有配偶」の変化は相対的に小さい。「親同居配偶者なし」の貧困率は50～64歳では低下したが，35～49歳では1994年から1999年にかけて低下した後，再び上昇している。そして，「単身」の貧困率は35～49歳では同期間の変化は小さいが，50～64歳では2004年から2009年にかけ26％から31％へと急上昇した。この期間はちょうど特別支給の老齢厚生年金（定額部分）の支給開始年齢の引き上げが男女とも行われた時期に重なる。

　壮年者の貧困率に関する寄与度分解を行った結果が図6-10である。35～49歳では世帯類型ごとの貧困率の変化による寄与度は小さく，世帯類型の構成比の変化による寄与度が大きい。図6-9でみたように，35～49歳で「単身」と「親同居配偶者なし」は貧困率が相対的に高く，1994年と2009年の間にこの世帯類型の構成比が高まることで35～49歳の貧困率全体を上昇させた。35～49歳での「親同居有配偶」世帯の割合の低下は貧困率を低下させる方向に寄与しているとはいえ，貧困率全体の上昇を相殺するほどではない。

　一方，50～64歳では「単身」のシェアおよび貧困率の上昇の影響により，この年齢層における貧困率が引き上げられている。「その他」の貧困率の変化

図6-11 高齢者（65歳以上）の世帯構成の推移（1994〜2009年）

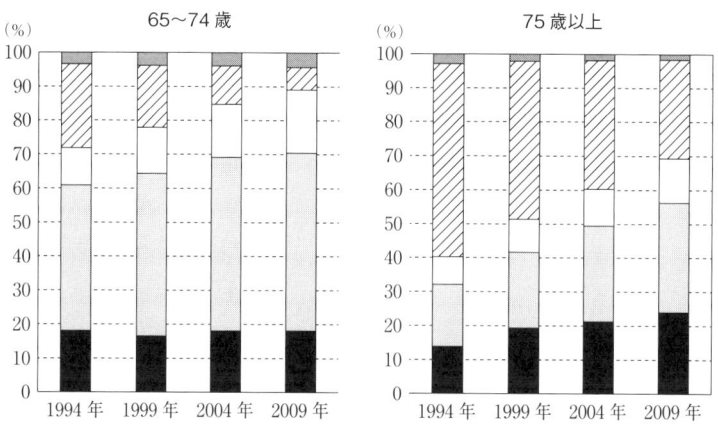

■単身　□夫婦のみ　□配偶者なしの子と同居　□有配偶の子と同居　□その他

（出所）「全国消費実態調査」調査票情報に基づく筆者の推計により作成。

の影響がみてとれるものの，この間の貧困率の変化のほとんどが「単身」のシェアと，同じく「単身」の貧困率の変化によるものといえる。

4.4　家族の変化と高齢者の貧困率の変化

　本節の分析の最後に，65〜74歳と75歳以上に分けた高齢者の世帯類型の構成変化を示したのが図6-11である。高齢者の世帯類型は，配偶関係と子との同居形態から「単身」「夫婦のみ」「配偶者なしの子と同居」「有配偶の子と同居」「その他」に分類した。

　65〜74歳では「単身」の割合の変化は小さいが，「夫婦のみ」は1994年から2009年にかけて43％から52％まで，「配偶者なしの子と同居」は11％から19％に上昇した。一方で「有配偶の子と同居」の割合は25％から7％に大きく低下した。

　そして，75歳以上でも，1994年に「有配偶の子と同居」は6割であったが，2009年には3割まで大きく低下した。また，同期間に75歳以上で「単身」世帯に属する割合は14％から24％に，「夫婦のみ」は18％から32％に，「配偶者なしの子と同居」は8％から13％へと増大した。

　高齢者（65歳以上）の貧困率を世帯類型別に示したのが図6-12である。65

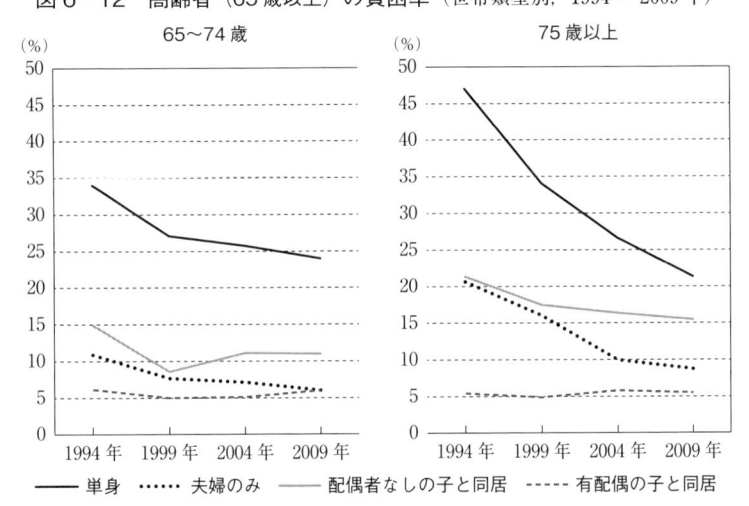

図6-12 高齢者（65歳以上）の貧困率（世帯類型別，1994～2009年）

（出所）「全国消費実態調査」調査票情報に基づく筆者の推計により作成。

～74歳，75歳以上とも，貧困率は「単身」で最も高く，「有配偶の子と同居」で最も低い。1994年から2009年の間，65～74歳，75歳以上ともに全体では4％ポイントしか貧困率は低下していない。しかし同期間に「単身」の貧困率は，65～74歳で10％ポイント低下，75歳以上では26％ポイントも低下した。「夫婦のみ」の貧困率も1994年から2009年に65～74歳では5％ポイント低下，75歳以上では12％ポイント低下した。

　以上のように，高齢者の「単身」と「夫婦のみ」で貧困率が顕著に低下したにもかかわらず，高齢者全体の貧困率は4％ポイント（図6-1参照）の低下にとどまった理由として，貧困率低下と同時に世帯類型の構成比が変化したことが挙げられる。

　このことを定量的に示すため，1994～2009年の貧困率の変化の寄与度分解を行った結果を図6-13に示している。図6-13の65～74歳では「夫婦のみ」と「配偶者なしの子と同居」の構成比の増大が全体の貧困率上昇に寄与しているものの，「単身」と「夫婦のみ」における貧困率低下が65～74歳全体の貧困率低下に主に寄与した。

　75歳以上でも「単身」と「夫婦のみ」における貧困率低下は全体の貧困率

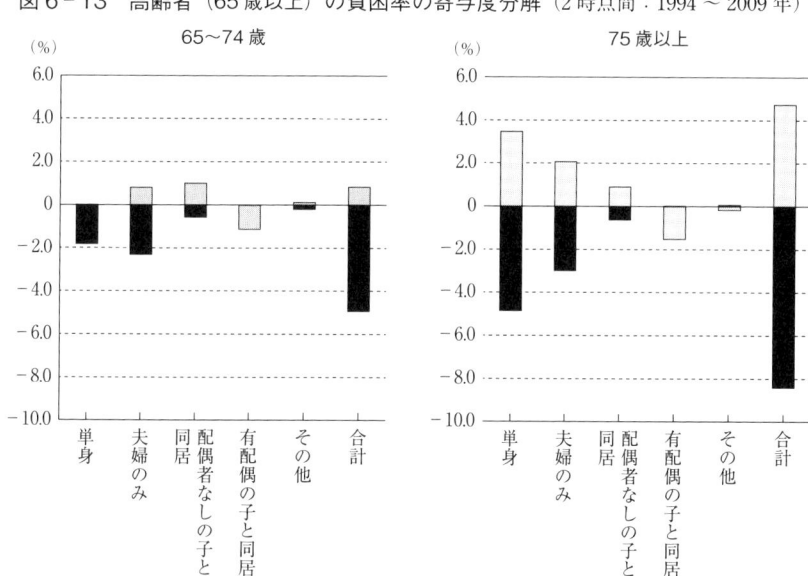

図6-13 高齢者（65歳以上）の貧困率の寄与度分解（2時点間：1994 〜 2009 年）

（出所）「全国消費実態調査」調査票情報に基づく筆者の推計により作成。

低下に寄与したが，もともと他の世帯類型より貧困率が高いそれら世帯類型の構成比が増大したことで，75 歳以上全体の貧困率の低下幅を縮小させた。

5　おわりに

　日本全体の貧困率は 1994 〜 2009 年に上昇したが，年齢階級別にみると状況は異なる。高齢者（65歳以上）の貧困率は低下したが，子ども（19歳以下），若年者（20 〜 34 歳），壮年者（35 〜 64 歳）の貧困率は上昇し，その幅も年齢階級により異なる。

　家族も変化した。若年者と壮年者では配偶者なしで親と同居する者の割合が増大した一方，高齢者では 3 世代同居が減少した。婚姻関係も不安定化し，ひとり親世帯に属する子どもは増大した。

　このような家族の変化が，各年齢階級の貧困率にどのような影響を与えたか

明らかにすることが本章の目的であった。

　本章の分析結果によれば，子ども（19歳以下）ではひとり親世帯に属する子どもの割合が上昇することで貧困率が上昇しただけでなく，ひとり親の貧困率上昇それ自体も子ども全体の貧困率押し上げに寄与した[14]。また，子からみて祖父母と同居するひとり親世帯の貧困率はそうでないひとり親世帯と比較すると貧困率は低いが，それでも非母子世帯の2倍ある。ただし，祖父母と同居するひとり親世帯構成比に占める割合が小さいため，子ども全体の貧困率上昇の主要因とまではいえない。

　若年者（20～34歳）では，有配偶者の割合が減少し親と同居する無配偶者の割合が増大した。しかし，このような家族の変化自体が若年者の貧困率に与えた影響は相対的に小さい。若年者の貧困率上昇の大部分は，親と同居する無配偶者の貧困率上昇による。これまで，パラサイト・シングルと呼ばれてきた若者は親との同居により高い消費水準・快適な生活を享受できるため，晩婚化も進むとの指摘もあったが，近年むしろその貧困率は上昇し，若年者全体の貧困率を押し上げる主要因となっている。

　壮年者（35～49歳と50～64歳）の貧困率は，これまで他のどの年齢階級より低かったが，近年上昇傾向にある。未婚化・非婚化が進み，壮年者でも単身者および親と同居する無配偶者の割合は上昇した。親と同居する無配偶者は，20～35歳の若年層では最も貧困率の低い世帯類型であったが，35～49歳では最も貧困率の高い世帯類型であり，50～64歳でも単身に次いで貧困率の高い世帯類型となっている。35～49歳では親と同居する無配偶者の割合の上昇が，50～64歳では単身者の割合の上昇が，壮年者の貧困率上昇の主因であった。

　高齢者（65歳以上）では，「単身」，「夫婦のみ」の貧困率が大きく低下し，その世帯構成比が高まる一方，相対的に貧困率の低い3世代同居の高齢者の構

14）　阿部（2006）では子ども全体の貧困率上昇に，ひとり親世帯の増大は影響を与えたが，ひとり親の貧困率の変化自体は影響を与えていないとしている。こうした相違について，阿部（2006）は1984年から2002年までのデータを用いており，本章が用いた1994年から2009年までのデータとは期間が異なることによるものと考えられる。ただし，「全消」でみたひとり親世帯および3世代ひとり親世帯の割合は，国勢調査のものより過小であり，ひとり親世帯の増加の影響を本章の分析は小さく見積もっている可能性がある。

成比が低下したことで，高齢者全体の貧困率の低下は小幅にとどまった。しかし高齢者全体の貧困率は低下したとはいえ，「配偶者なしの子との同居」の増加自体は，高齢者の貧困率を押し上げる方向に寄与していた。

　最後に，こうした家族の変化による貧困率上昇について若干の解釈と政策含意を述べる。

　単身世帯や親と同居する無配偶者が増加する背景として，男性側の雇用の非正規化や低所得化による未婚化・非婚化が指摘される（津谷 2009）。男性の賃金が伸び悩んでも，相対的に女性の賃金は伸びており[15]，家族を形成すれば世帯に働く規模の経済性により（単身者 2 人が別々に暮らすより，1 つの世帯として暮らしたほうが，住宅費や光熱費等，同じ生活水準を維持するのにかかる費用は少なくすむので）貧困リスクが軽減される可能性もある。しかし伝統的規範が，家族形成（結婚やパートナーシップの形成）の条件として，男性の所得が女性の所得より高いことを要求するなら，若年男性の低所得化は，家族形成による貧困脱出という解決を難しくさせる。

　親との同居は親自身が壮年者であるうちは貧困率を下げる。しかし親が引退すると貧困率は上昇する。そのため，家族形成を行えず，無配偶で親と同居することは長期的には高齢者を含めた日本全体の貧困率の上昇要因となる。

　家族の形成の支援は，少子化対策だけではなく貧困対策としても有効となりうる。たとえば第 10 章で議論する住宅手当は，こうした家族の形成を促進する可能性がある。実際，国際比較分析では住居費負担が低く公的住宅手当が充実している国ほど世帯形成率は高い傾向にあること（川田 2008）も指摘されている。

　また高齢者についても「単身」と「夫婦のみ」の割合の上昇あるいは「有配偶の子と同居」の割合の低下は，世帯内での私的扶養機能の低下を意味する。第 1 章と第 4 章でみた高齢者世帯の被保護率の上昇は，こうした世帯内での私的扶養機能の低下が背景にあるものと推察される。さらに「単身」に次いで貧困率の高い「配偶者なしの子と同居」する高齢者の増加傾向は，将来の貧困率

15）　厚生労働省「賃金構造基本統計調査」に基づくと男性の賃金（所定内給与額）に対する女性の賃金の比率は 1974 年の 59％から 2015 年の 72％へと賃金格差は（他の先進国と比較し，まだその差は大きいとはいえ）一貫して縮小した。

の上昇要因となるであろう[16]。

　加えて，老齢厚生年金における給付乗率の引き下げ，デフレ下における物価スライド適用により，新規裁定者の老齢年金給付額はすでに近年低下してきている（社会保障審議会年金数理部会 2015，70-75 頁）。将来的なマクロ経済スライドによる所得代替率の長期的引き下げにより，高齢者の貧困率は再度上昇することが予想される。

（四方理人・山田篤裕）

16）　長期的には，現在未婚の子として親と同居する者が高齢期を迎える頃，「単身」割合が大きく上昇する。独自のシミュレーションに基づき，稲垣（2013）は 2100 年までの高齢者の同居状況と，生活扶助基準でみた高齢者の貧困率についての将来見通しを示している。そこでは，2010 年まで割合が上昇し続けていた「夫婦のみ」は今後減少に転じ，「単身」の割合が 2070 年あたりまで伸び続けることが示され，その結果，生活扶助基準でみた高齢者の貧困率が 2009 年の 15.3％から 2050 年には 28.6％まで上昇すると予測されている。

第7章

低所得世帯の居住水準

住宅の種類別にみた
居住水準・家賃負担の実証分析

1 はじめに

　住まいの問題は，人間の基礎的な営みに関わる問題であるにもかかわらず，これまで社会保障・社会政策上重要な位置づけとなってこなかった。日本の戦後の住宅政策は持ち家政策と企業内福祉の社宅制度が中心で，キャリアの進展とともに「住まいの梯子」（平山 2009）を上ることが前提とされ，低所得者向け住宅制度としては，公営住宅制度と生活保護の住宅扶助がその役割を担ってきたにすぎない。しかし，2008 年のリーマン・ショックの影響で，派遣労働者が仕事を失うと同時に住まいを失うという問題が注目を集めるようになった。

　本章は，労働市場における主たる家計の担い手が低所得者あるいは多人数世帯，借家世帯の住宅問題に着目する。住まいの問題はただたんに家賃負担が低ければよいというわけではなく，その居住水準，すなわち住宅の質も考慮しなければならない。本章は，総務省統計局「住宅・土地統計調査」（1993, 1998, 2003 年）の調査票情報を独自集計し，世帯類型や家計の状況別に居住水準，家賃負担について比較検討を行う。

　本章の構成は次のとおりである。第1に，「居住水準」の定義と最低居住水準未満の世帯数の変遷を先行研究から概観する。第2に，世帯類型や家計の状況別に居住水準，家賃負担についてクロス集計分析を行い，居住水準を引き上げるために必要な政策インプリケーションを考察した。

2　居住水準の定義

　日本の住宅政策ではかつては「住宅難世帯」として，「非住宅居住」「同居居住」という量的側面と，「老朽住宅」「狭小過密住宅居住」という質的側面の計4つの指標を採用していた。しかし，「狭小過密」の解消が遅れたため，現在でも住宅の質的側面は「広さ」が重視されている。1976年の第三期住宅建設五箇年計画で，はじめて最低居住水準，平均居住水準という指標が採用された。以降何度かの変遷を経て，健康で文化的な住生活を営む基礎として必要不可欠な面積である「最低居住水準」，豊かな生活を営むために必要と考える面積基準として，「一般型誘導居住水準」（都市の郊外および都市部以外の一部地域における戸建て住宅居住を想定）と「都市居住型誘導居住水準」（都市の中心およびその周辺における共同住宅居住を想定）が，第八期住宅建設五箇年計画（2001〜2005年度）まで採用されてきた。

　実際の居住水準の判定は，総務省統計局「住宅・土地統計調査」の世帯人員別の居住室の畳数で行われ，最低居住水準の達成状況は，公的資金住宅量（公営住宅）の建設計画の基礎データとして利用されてきた（中川 2005）。現在は，「住生活基本計画」（2006年9月閣議決定）による「機能積上式」をもとにした新しい居住面積水準が採用されている。

　総務省統計局「住宅・土地統計調査」の集計データによれば，最低居住水準未満の居住世帯割合は時代を経るに従って減少傾向にあり，1973年の30.4％から1993年は7.8％，1998年で5.1％，2003年では4.2％と大幅に改善している。しかし，各期の住宅建設五箇年計画で目標とされた「解消」にはいまだ至っていない。

3　先　行　研　究

日本ではこれらの居住水準は指標であって，一部の自治体を除き，イギリス

のような住居法で最低基準を下回る過密住宅に対する規制（安本 1996）や韓国のように公共住宅の上限面積を設定することはしていない（海老塚 1998）。安本（1996）は日本において最低居住水準が法的規制とならない理由として，狭い半面都心部にある住居に居住するのは個人の選択であるという見方や，住居を個人の問題とする考え方がその根底にあると指摘している（安本 1996, 265-266 頁）。

しかし，低所得世帯と居住環境の問題については[1]，狭小住宅や日当たりの悪さなどの貧弱な住環境が健康に及ぼす悪影響や近隣地域への外部不経済の問題が，建築学や社会福祉の分野における多くの研究で指摘されている（伊藤・水野・堀内 1981；早川・岡本 1993；河中 1988；高・浅見 2000 など）。

たしかにどのような住まいを選択するかは，個人あるいは家計の選好によるものではある。しかし，丸尾（1987）が指摘するように，住宅の状況が近隣地域への外部不経済を持つならば，住まいの広さや立地への規制といった住宅の質に着目した住宅政策は経済学的根拠を持つことになる。

近年になると，低所得と居住水準の関連性をより詳細に分析した研究が増加する。阪東（2006）は大阪市西成区の高齢居宅生活保護者への聞き取り調査をもとに，彼らの居住状況を調査しているが，最低居住水準を満たしている住宅はわずか11％で，設備も貧しいものが多いにもかかわらず，その家賃額は住宅扶助上限額に張り付いていることを明らかにしている。平山（2009, 2011）は，丹念な計量分析から，キャリアの進展とともに持ち家取得に至ることを前提とした住宅政策の問題点として，標準化したライフ・コースから外れた若者，女性，低所得者などの居住状況や住居費負担の問題点を提示している。

一般世帯に比較して低所得世帯の割合が多い母子世帯の居住水準の低さや家賃負担の割合の高さは，上田（2005），葛西（2007, 2010）がアンケートや「平成 10 年住宅・土地統計調査」の 10％抽出データを用いて明らかにしている。また，泉原（2005）も，持ち家社会を前提としたライフ・コースから外れた高齢女性の居住環境の低さを指摘している。また，谷本・藤原（1990），藤原・

---

1) 本章では，居住水準とは，国土交通省が各期の住宅建設五箇年計画で定めた水準であり，面積に着目した量的水準として使用する。一方，居住環境とは，日当たりのよさ，建築時期，日照時間，腐朽・破損の程度に着目した質的水準として考えている。

谷本（1990），谷本（1994）は，若年単身者の居住状況について，持ち家率が低く，借家住まいが中心で，その居住水準は全世帯に比べ，かなり低水準であることを確認している。さらに単身世帯の公営住宅の入居申し込み資格がきわめて制限されているために単身世帯は，年齢・所得にかかわらず民営借家の居住率が高く，広さや設備よりも利便性が重視される傾向にある。日本住宅総合センター（2007）は，単独世帯における男女年齢階層別の住宅所有関係について「平成15年住宅・土地統計調査」に基づいて分析している。この結果，①女性はコンスタントに持ち家を保有する傾向がある一方，②男性は40～50歳代で持ち家保有が停滞し，70歳時点では女性のほうが男性より持ち家率が15％程度高いことを確認している。これは高齢女性の多くが死別により単独世帯になった結果，持ち家に居住する割合が高いことによる。しかし，従業上の地位別を臨時雇いに限定し，年齢層・男女別で持ち家率をみると，①すべての年齢層で男女ともに持ち家率は他の就業者よりも低く，②持ち家率の男女差は年齢とともに乖離する傾向があり，男性の持ち家率はおよそ55歳時点で10％程度女性よりも高くなる。相続による持ち家取得が増えると考えられる60歳以降では，60歳代で女性の持ち家率は頭打ちとなるが，男性の持ち家率はさらに上昇する。

このほか，日本住宅総合センター（2007）では，国土交通省「平成15年住宅需要実態調査」に基づいて，単身男性世帯のほうが単身女性世帯よりも最低居住水準未満世帯率が高いことを確認している。

一方，中川（2005）は単身世帯に低水準居住者の割合が多いことを確認しているが，その主要因はワンルームマンション等の普及であり，ワンルームマンション居住者は，外出時間が長く，家では寝るだけという住宅機能を外部化していると捉えると，最低居住水準を下回った状況も個人や家計の選好の問題と評価できるとしている。さらに，最低居住水準は所得再分配レベルを決定する基準とはなりえても，最低居住水準未満世帯の解消を目指す政策はそのパターナリスティックな性格をより強めてしまうと懸念を示す。また，福田（2002）は低水準の居住環境は貧困世帯に限ったことではなく，都市部の借家世帯で広範にみられることを確認している。

貧困と住宅の関係については，阿部（2005）は「社会生活調査」を用いて，

貧困と生活環境の剥奪の関係を分析し，西村（2010）は，居住住宅別の貧困率を測定し，持ち家に住む世帯より民間賃貸または公社・公団住宅に住む世帯のほうが，貧困率が高いと結論づけている。浦川（2006）は，日本版 General Social Surveys（JGSS）の個票データを用いて，低所得と居住環境の剥奪は密接な関係にあり，居住生活から被る貧困感が大きいことを明らかにし，橘木・浦川（2006），上枝（2010）は質の低い居住環境や設備の不備が居住者に及ぼす意識への影響を分析している。

以上，先行研究を整理すると，低所得世帯の居住水準については，断片的には明らかになっているものの，所得水準や世帯類型，従業上の地位が居住水準・居住環境に与える影響とその時系列変化についての包括的な分析はきわめて限定的であることがわかる。

4　分析データおよび集計分析

4.1　使用データ

本章では，総務省統計局「住宅・土地統計調査（1993，1998，2003 年）」（以下，本調査と省略）の調査票情報を独自集計，分析する。本調査は，住生活関連諸施策の基礎資料として 5 年に一度，10 月 1 日現在の住生活の調査を自己記入式で行っている。標本世帯は，調査年の直近の国勢調査・調査区から住宅の所有，高齢者の世帯がいる割合などで層化し，抽出している。抽出率が非常に高いのが特徴で，ほぼ全国の市町村を網羅し，乗率で調整することで日本の住生活の状況を復元することが可能である。

しかし，本調査は居住に関わる情報が豊富な一方で，経済的指標や世帯員に関する情報量が相対的に少ないという限界もある。世帯人員数は捕捉できるが，各世帯員の年齢は，1993 年は年齢階級別，1998 年，2003 年は実年齢が把握できるのは世帯人員 8 人までに限られている。収入に関する指標は階級別の世帯収入のみで，世帯人員ごとの収入源や消費支出等は把握できない。また，世帯主を特定することはできず，家計を主に支える者の性別・年齢・従業上の地位は把握できるが，その世帯構成員別の収入源，勤務先の従業者規模や学歴など

の情報はない。

　本章では，この標本のうち，居住世帯のある住宅（空き家，建築中の住宅を除く）かつ主世帯（準世帯[2]以外の世帯）のうち，家計を主に支える者の年齢が15歳以上59歳以下である世帯の住宅に対象を限定した。年齢を59歳以下に限定したのは，本調査では資産現在高は調査項目に入っていないため，家計状況は世帯収入だけで判断せざるをえないからである。家計を主に支える者の年齢が60歳以上の場合，従業上の地位が無職になって世帯年収は低くても，預貯金等の資産を保有し，それを取り崩し生活している可能性が非常に高い。よって，資産高の高低の影響をできるだけ取り除くために，家計を主に支える者の年齢を59歳以下に限定した。

　なお，本章で使用する居住水準は，現在の「住生活基本計画」の居住面積水準ではなく，調査年に該当する各期の住宅建設五箇年計画の居住水準[3]を用いる。同計画の居住水準では，それぞれ①居住室等の構成および規模，②性能・設備，③住宅の環境および④世帯人員別住宅規模を中心にその基準が示されているが，総務省統計局「住宅・土地統計調査」で用いられている基準を使用した。また，誘導居住水準には，共同住宅に適用される「都市居住型誘導居住水準」，一戸建てに適用される「一般居住型誘導居住水準」があるが，それぞれの建て方に該当する誘導居住水準を満たしている場合には「誘導居住水準以上」として使用した。さらに，居住水準を台所等の設備に応じて，「設備あり」，「設備なし」の2種類に分類した。最低居住水準に関しては，①専用の台所，②専用の便所，③浴室あり，④洗面所あり，の4つをすべて満たしている住居を「設備あり」とし，誘導居住水準については，①専用の台所，②専用の水洗便所，③浴室あり，④洗面所あり，のすべてを満たす住居を「設備あり」とした。1つでも設備を満たしていない住宅は，「設備なし」とした。

2）　「準世帯」とは，単身の下宿人・間借り人，雇主と同居している単身の住み込みの従業員や，寄宿舎・旅館など住宅以外の建物に住んでいる単身者またはそれらの人々の集まりの世帯をいう。低所得者の住宅問題としては，住宅喪失者，ネットカフェ難民や無料低額宿泊所の利用者などの問題が深刻化しているが，同調査ではこうした現状は把握できない。

3）　第六期（1991 ～ 1995年度），第七期（1996 ～ 2000年度）および第八期住宅建設五箇年計画（2001 ～ 2005年度）。

4.2 世帯の経済状況と住宅の所有状況の変化

どのような住居に居住するかは，世帯の経済状況から大きな影響を受ける。前述したように，本調査における世帯の経済状況を示す指標は，家計を主に支える者の従業上の地位と，世帯年収階級があるにすぎない。従業上の地位は，①自営業主[4]（農林・漁業業主，商工・その他の業主），②常用雇用者[5]（会社・団体・公社または個人に雇われている者，官公庁の常用雇用者），③臨時雇い[6]，④無職（学生），⑤無職（その他）[7]，⑥不詳に分類して記述することとする。

4.3 等価世帯収入別の住宅の所有の状況

世帯人員，世帯年収を考慮した家計状況を反映するため，世帯年収の階級値を世帯人員数の平方根で除した「等価世帯収入」を作成する。家計の状況をあらわすには，一般には等価可処分所得が用いられるが，世帯員の就業状況や年収が不明であるため，本章では等価世帯収入を用いることとする[8]。

図7-1は，各年の等価世帯収入五分位階級別の住宅の所有状況の変遷をあらわしている。どの調査年でも，持ち家世帯の割合は等価世帯収入が上昇するほど高くなる。また，低所得世帯ほど公営の借家に居住する世帯割合が高いが，わずかながら第4五分位，第5五分位に居住する世帯もあり，いわゆる公営住宅の入居後の収入超過者の問題の存在を示唆している[9]。

---

4) 農林漁業従事の自営業主や個人商店等の事業主のほか，個人で自己の専門の技術または知識を内容とする業務に従事している開業医・弁護士・著述家・画家・公認会計士なども含まれる。家庭で内職をしている場合も含む。

5) 会社，「都市基盤整備公団」などの公団・公社やその他の法人・団体または個人，現業・非現業を問わず，国または地方公共団体に常時雇われて，給料・賃金などを受けている者（会社員・団体職員・個人商店の従業員など）。また，会社・団体の社長・取締役・理事などのいわゆる役員も含む。

6) 日々または1年以内の期間を定めて雇われている者を指す。

7) ふだん仕事をしないで，仕送り金，雇用保険金，生活保護給付金，年金，財産収入などで生活している者をいう。

8) 同じ所得階級であっても，多人数世帯の場合は複数人分の扶養控除が適用されるため，世帯の可処分所得合計額は少人数世帯よりも相対的に高くなると考えられる。これを考慮すれば，本章では少人数世帯の等価世帯収入の水準は，可処分所得ベースでの等価可処分所得に比べて高めに出る可能性がある。

図7-1　等価世帯収入五分位別の住宅の所有状況の推移

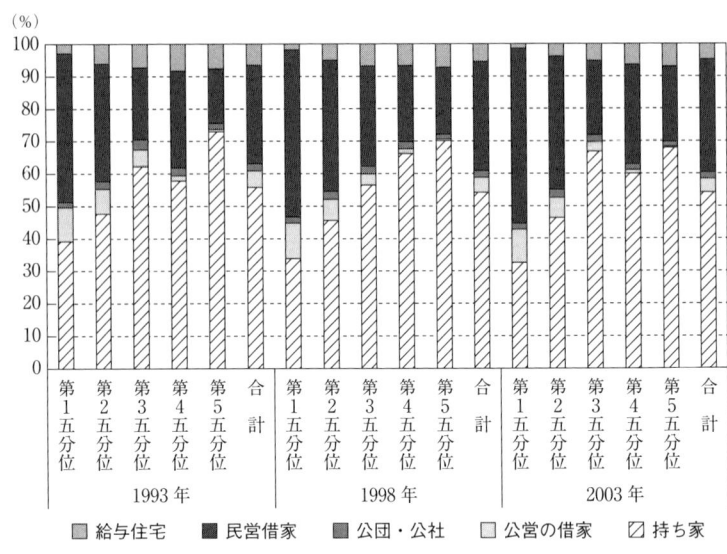

4.4　等価世帯収入と居住水準

図7-2は，住宅の所有状況，調査年，収入五分位別の居住水準の変化をあらわしている。全体の傾向を確認すると，居住水準は調査年および所得階層とともに向上する傾向があり，2003年時点の全所得階層では最低居住水準未満・設備なしの住宅に居住する者は0.3%，最低居住水準未満・設備ありの割合は5.3%にまで減少している。

まず，持ち家をみると，最低居住水準未満の住宅割合は他の住宅に比べ，きわめて低い状況で，誘導居住水準以上・設備ありの割合が高い。居住水準は年々向上しているが，第1五分位に最低居住水準未満で設備も整っていない住居に居住している者の割合が他の所得階層に比較して高い。

公営の借家についても，居住水準は年々向上しているが，持ち家に比べて最

---

9)　公営住宅施行令で定められている公営住宅の入居基準は，本来階層の入居基準が収入分位25%，裁量階層（高齢者，障害者など）が収入分位40%である。

図7-2 住宅の所有状況・等価世帯収入別の居住水準の推移

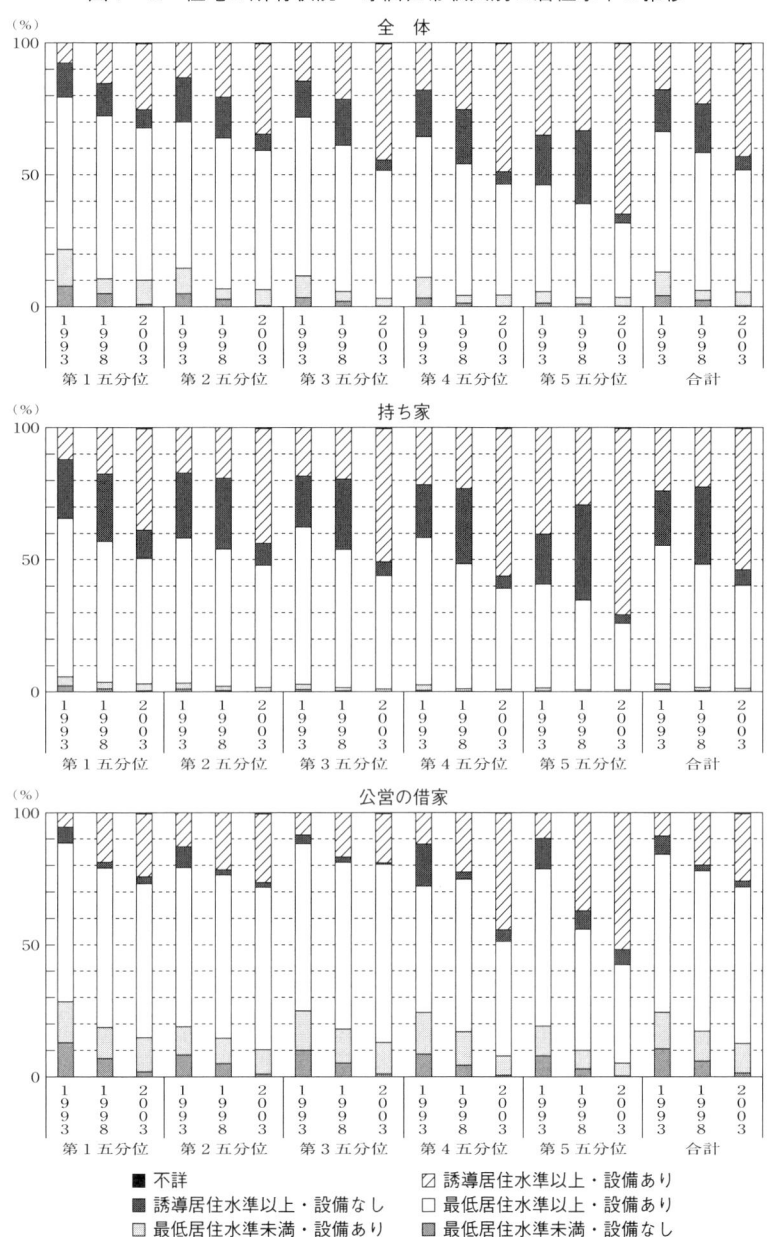

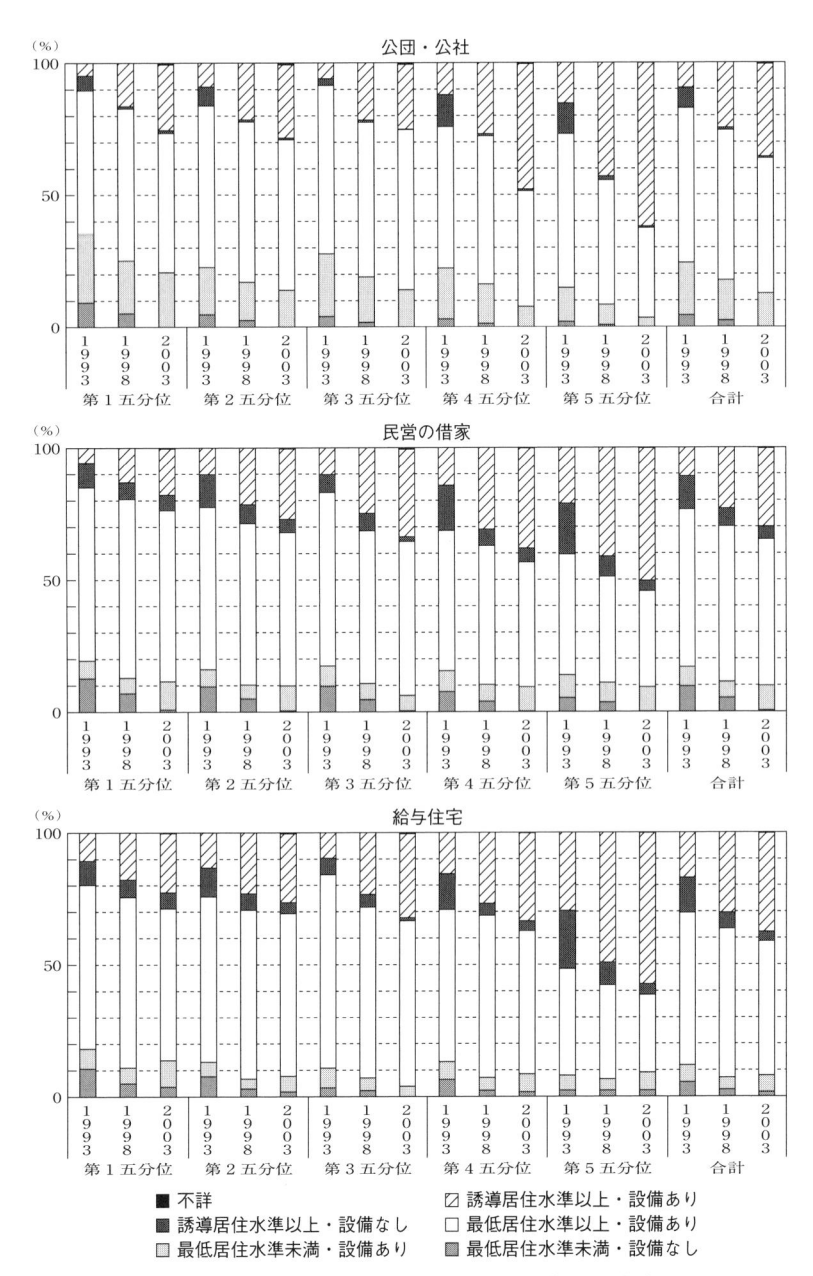

凡例:

- ■ 不詳
- ■ 誘導居住水準以上・設備なし
- □ 最低居住水準未満・設備あり
- ▨ 誘導居住水準以上・設備あり
- □ 最低居住水準以上・設備あり
- ▨ 最低居住水準未満・設備なし

（出所）「住宅・土地統計調査」調査票情報に基づく筆者の計算により作成。

表7-1 給与住宅の居住世帯における等価世帯収入五分
位・従業上の地位別の最低居住水準未満の割合

(単位：%)

等価世帯収入五分位	年	常用雇用者	臨時雇い	合　計
第1五分位	1993	17.2	27.1	18.1
	1998	10.8	18.2	11.0
	2003	13.2	20.7	13.8
第2五分位	1993	12.9	29.6	13.2
	1998	6.7	15.7	6.7
	2003	7.4	18.1	7.8
第3五分位	1993	10.7	37.8	10.8
	1998	7.0	27.5	7.1
	2003	3.8	16.6	3.9
第4五分位	1993	13.0	28.8	13.2
	1998	7.2	18.9	7.2
	2003	8.6	5.5	8.5
第5五分位	1993	8.0	26.7	8.0
	1998	6.7	9.0	6.6
	2003	9.2	9.0	9.1
合計	1993	11.6	28.7	11.9
	1998	7.1	18.7	7.2
	2003	7.8	16.2	7.9

(注)　合計には従業上の地位が不詳の者を含む。
(出所)　「住宅・土地統計調査」調査票情報に基づく筆者の計算に
より作成。

低居住水準未満の住宅の割合が相対的に高い。本来の入居対象の収入分位を超過していると思われる第4，第5五分位であっても，最低居住水準未満の住宅に居住している世帯が一定割合いる。

　続いて，公団・公社をみていこう。公団・公社の居住水準もほぼ公営の借家と同じような動きをたどる。図7-2からはわかりにくいが，2003年の時点では，最低居住水準未満・設備なしの住宅は解消されているのが特徴である。

　民営の借家については，誘導居住水準以上の住宅割合は年々上昇し，さらに所得水準とともに向上する。一方で，所得水準が高くても，最低居住水準未満の住宅に居住する層も一定の割合はいるが，その多くは設備が整っている住宅であり，最低居住水準未満・設備なしの住宅に居住する世帯の割合は2003年時点では第1五分位で0.9%，第5五分位で0.1%にすぎない。

　給与住宅については，他の住宅とは異なり，1998年から2003年にかけて第

表7-2　世帯類型・等価世帯収入五分位別にみた民営の借家居住世帯の最低居住水準未満の割合

(単位：%)

等価世帯収入五分位	年	夫婦のみの世帯	夫婦と子どものみの世帯	父子世帯	母子世帯	単身世帯（男）	単身世帯（女）	合計
第1五分位	1993	10.9	28.5	45.2		10.5	8.8	19.4
	1998	6.4	21.4	33.4	27.2	7.2	5.0	12.9
	2003	7.2	16.1	43.7	23.6	8.2	5.4	11.6
第2五分位	1993	4.9	20.7	33.6		12.3	8.5	16.1
	1998	3.3	11.7	26.1	20.8	9.9	6.0	10.3
	2003	3.8	10.2	25.0	15.6	10.9	7.7	9.9
第3五分位	1993	3.2	18.6	35.3		—	—	17.4
	1998	2.5	11.2	23.0	16.9	12.3	9.0	10.8
	2003	1.9	5.8	18.7	14.7	—	—	6.2
第4五分位	1993	2.3	22.4	26.1		17.1	12.8	15.5
	1998	1.6	9.6	18.8	14.9	15.3	11.6	10.3
	2003	1.4	5.8	15.1	11.5	12.9	9.7	9.4
第5五分位	1993	1.5	10.4	25.6		21.2	12.1	13.9
	1998	1.1	7.4	14.1	11.3	15.7	12.5	11.0
	2003	1.3	4.3	18.1	11.7	13.3	10.0	9.3
合　計	1993	3.7	21.2	37.7		14.4	9.7	16.9
	1998	2.8	13.2	25.4	23.7	11.2	6.9	11.3
	2003	2.7	9.2	27.0	19.4	11.0	7.3	9.8

（注）　母数には，面積不詳の住宅を含む。
（出所）　「住宅・土地統計調査」調査票情報に基づく筆者の計算により作成。

1五分位，第2五分位の階層で最低居住水準未満の住宅割合が微増しているのが特徴である。これは，表7-1にみるように，入居者の従業上の地位によって，大幅に居住水準が異なることに注意しなければならない。臨時雇いなどの非正規労働者の割合が労働市場で増加するなか，彼らの居住水準は決して良好なものではないことがわかる。

4.5　居住水準を決定する所得以外の要因

　表7-2は，民営の借家世帯における世帯類型・等価世帯収入五分位別にみた最低居住水準未満の世帯割合である。

　母子世帯，単身世帯には高額所得階層の標本数が少ないことに注意が必要であるが，時系列でその動きをみるといくつかの特徴がある。まず，第1五分位

表7-3 民営の借家世帯の等価世帯収入五分位別の最低居住水準未満
世帯の割合

（単位：％）

等価世帯収入五分位	年	自営業主	常用雇用者	臨時雇い	無職（学生除く）	合 計
第1五分位	1993	27.4	24.9	29.7	23.5	19.4
	1998	16.6	17.1	20.5	18.7	12.9
	2003	14.2	15.1	18.7	18.3	11.6
第2五分位	1993	18.9	15.3	24.4	18.1	16.1
	1998	12.5	9.5	16.9	14.3	10.3
	2003	10.4	8.8	15.3	14.4	9.9
第3五分位	1993	21.8	16.2	33.7	29.9	17.4
	1998	12.3	9.7	17.6	13.4	10.8
	2003	8.3	5.4	14.2	12.5	6.2
第4五分位	1993	18.3	15.0	22.8	19.2	15.5
	1998	10.1	9.3	14.8	10.8	10.3
	2003	8.3	7.9	12.1	11.4	9.4
第5五分位	1993	13.5	13.9	20.6	15.2	13.9
	1998	7.5	9.0	16.3	12.8	11.0
	2003	5.3	7.2	7.9	12.6	9.3
合計	1993	20.8	16.8	27.7	22.5	16.9
	1998	12.8	10.8	19.1	17.6	11.3
	2003	10.4	8.8	17.0	17.3	9.8

（注）　各年における居住水準の分布は，カイ2乗検定の結果，1％水準で独立性が
認められた。
（出所）　「住宅・土地統計調査」調査票情報に基づく筆者の計算により作成。

で比較すると，夫婦と子どものみの世帯，父子世帯，母子世帯の最低居住水準
未満の割合がきわめて高い。とくに，父子世帯については，2003年の時点で
も，40％が最低居住水準未満の住宅に暮らしていることになる。次に，同じ等
価世帯収入分位であっても，父子世帯，母子世帯，単身世帯に最低居住水準未
満に居住する世帯割合が高い。単身世帯の最低居住水準未満の者の割合が高い
のは，30歳以上64歳未満の中高年単身世帯の最低居住水準を満たすのに必要
な居住室の畳数が9畳と定められており，都心のワンルームマンションに居住
する場合には設備等を満たしていても，面積を満たすのが難しいことが原因と
考えられる。一方で，ひとり親世帯で所得水準が高くても居住水準の改善がみ
られないのは，収入を住宅費以外の他の費目にふりむけているからか，民間住
宅市場での貸し渋りが原因と考えられる。[10]

表7-3は民営の借家居住世帯の従業上の地位別にみた最低居住水準未満の世帯割合をあらわしている。

　ここでも，同じ所得階層であっても，「臨時雇い」と「無職（学生除く）」は自営業主や常用雇用者と比べ，最低居住水準未満の住宅に暮らす者の割合が多く，所得の制約や民間住宅市場の貸し渋りの可能性を示唆している。

4.6　居住水準と建物の老朽化

　これまで面積の広さと設備の有無で，居住水準を検討してきたが，建築の時期（建物の古さ）と腐朽・破損の度合いも住宅の居住環境を左右する重要な指標である。とくに，地震の多い日本では，老朽化した建物は地震による倒壊の危険性が高い。1981（昭和56）年に建築基準法が改正され，新耐震基準が導入された。そのため，同年以降に建築確認された物件であるか否かが，住宅の耐震性をあらわす目安として使用されている。[11]

　次に，同じ最低居住水準であっても，所得階層によって居住水準・住宅環境の状況が異なるのかをみていこう。ここでは，最低居住水準未満の全住宅について，等価世帯収入の階級ごとに，①建築の時期の分布，②腐朽・破損の程度（1993，1998年のみ）を分析した。

　図7-3は，1993年から2003年にかけての最低居住水準未満の住宅（全住宅）の割合を建築の時期別にあらわしたものである。建築年が1980年以前の物件のみであるのは，新耐震基準を受けていない物件を抽出するためである。先の図7-2で示したように，等価世帯収入の収入分位が高いほど，最低居住水準未満の住宅数自体が少ないことに注意が必要であるが，全住宅の分布に比較すると，最低居住水準未満の住宅のほうが，所得水準と建築年に明確な相関

---

10)　（財）日本賃貸住宅協会「民間賃貸住宅の管理状況調査」（平成18年度）によれば，管理を委託している家主の約16%が入居者を限定している。最も多いのが外国人（11.6%）で，次が単身高齢者（8.4%），高齢者のみの世帯（7.1%），障害者（3.1%），子どものいる世帯（1.9%），ひとり親世帯（1.1%）と続く。

11)　総務省統計局「住宅・土地統計調査」（2003年，2008年のe-Stat）より，1980年以前の物件のストック割合を高い順に記すと，公団・公社（2003年が69%，2008年が66%），続いて公営の借家（55%，52%），持ち家（42%，37%），給与住宅（37%，29%），民営借家（23%，18%）と続く。2008年次の民営借家でも，木造建築ではその割合が50%近くになる。

図7-3　等価世帯収入階級・居住水準別にみた建築の時期が1980年以前である住宅割合

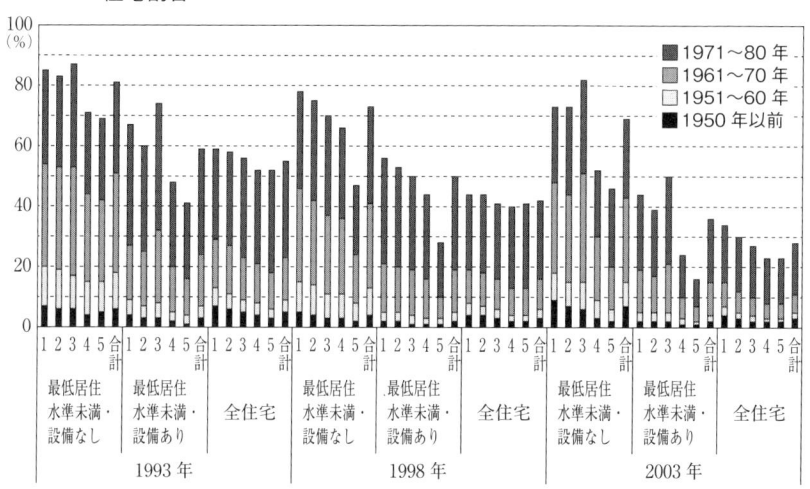

図7-4　等価世帯収入階級・居住水準別にみた腐朽・破損の程度（1993, 1998年）

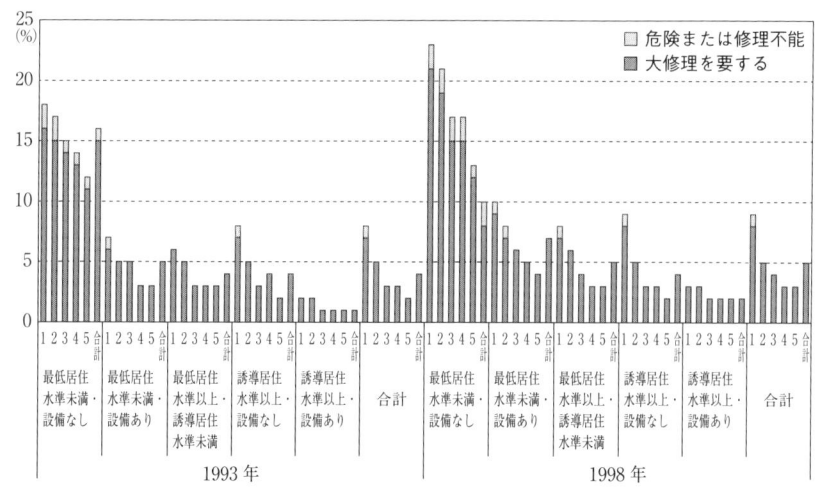

（注）　1）　各居住水準の上に示す1〜5の数字は，収入五分位の「第1〜5」の階級を示す。
　　　　2）　各年とも，カイ2乗検定の結果，1％水準で独立性が確認された。
（出所）　「住宅・土地統計調査」調査票情報に基づく筆者の計算により作成。

があり，所得水準の低い者ほど老朽化している住宅に住んでいることがわかる。

　図7-4は，1993年，1998年に限定した調査項目「建物の腐朽・破損の程度」をあらわしている。この調査は，調査員が建物の外観から「修理を要しないまたは小修理を要する」，「大修理を要する」，「危険または修理不能」の3段階で評価したものである。調査結果は1990年代の状況ではあるが，等価世帯収入の収入分位が低い家ほど，腐朽・破損の程度が進んだ住宅に居住する傾向があることがわかる。

4.7　家計状況・居住水準別の家賃・間代の負担

　次に，等価世帯収入階級値に占める家賃・間代の負担割合についてみていこう。本調査では世帯収入は階級のみ，家賃・間代は1ヵ月の実額が調査されているため，負担割合は月額の家賃・間代を12倍した額を，世帯年収の階級値で除して計算している。表7-4は，最低居住水準未満（設備の有無は問わない），誘導居住水準以上・設備ありの住宅についての世帯年収階級値に占める家賃・間代の負担割合をあらわしている。階級値を世帯収入とみなした計算であるため，厳密な比較には注意が必要であるが，居住水準が高い住宅に居住するほうが世帯収入に占める家賃・間代の負担割合は上昇すること，所得階層が低い世帯ほど家賃・間代の負担割合が高いことがわかる。特筆すべきは，民営の借家に居住する世帯の家賃・間代の負担割合は他の住宅に居住する世帯よりもきわめて高く，2003年では最低居住水準未満の居住世帯で45%，誘導居住水準以上・設備ありの居住世帯では，64%にも達している。

　現在，適切な家賃負担を定めた法令は存在しないが，第三期住宅建設五箇年計画（1976～1980年）で示された家賃負担限度率（第2五分位の世帯人数4人世帯で18%，最高でも第5五分位の単独世帯の23.3%）や「21世紀に向けた住宅・宅地政策の基本的体系について（答申）」（1995年住宅宅地審議会答申）における中堅所得者等の家賃支出の目安とされた収入のおおむね20%程度とある数値に比べると，民営の借家に居住する低所得世帯の家賃負担が家計を圧迫していることは想像に難くない。

　しかし，政策的に家賃負担が軽減されている公営住宅の居住世帯の家賃負担については，当然ながら他の住宅に居住する世帯よりもその負担は軽く，所得

表7-4 等価世帯収入五分位階級・居住水準・住宅の種類別世帯年収に占める家
賃・間代負担の割合の平均値

（単位：％）

等価世帯収入五分位	年	最低居住水準未満				誘導居住水準以上・設備あり			
		公営の借家	公団・公社	民営の借家	給与住宅	公営の借家	公団・公社	民営の借家	給与住宅
第1五分位	1993	8.8	17.7	36.5	7.3	25.1	47.8	67.9	13.2
	1998	9.7	20.3	37.3	10.4	20.1	44.9	59.9	17.2
	2003	11.8	27.1	45.3	15.4	22.6	56.3	63.9	21.8
第2五分位	1993	5.3	9.7	16.7	3.4	12.6	18.6	25.9	7.0
	1998	5.8	11.0	17.7	4.2	10.9	20.3	25.3	7.6
	2003	6.5	13.1	20.7	6.1	11.8	24.6	26.6	9.3
第3五分位	1993	4.6	7.8	11.7	2.7	10.2	15.9	19.4	6.7
	1998	5.6	8.9	14.2	3.8	10.1	17.3	19.7	6.0
	2003	6.1	9.7	13.3	4.0	11.5	19.6	18.4	6.9
第4五分位	1993	3.8	6.4	12.7	2.6	8.5	14.0	18.4	5.1
	1998	4.8	6.8	11.9	2.7	9.2	14.7	16.3	5.1
	2003	5.0	7.7	15.1	3.7	10.1	17.6	17.7	5.7
第5五分位	1993	2.8	5.3	9.0	2.1	5.2	11.6	14.1	3.9
	1998	3.2	5.0	9.0	2.2	6.6	11.3	12.3	3.3
	2003	3.0	5.6	9.5	2.2	7.1	13.6	12.3	3.7
合　計	1993	6.8	9.8	21.6	3.4	14.9	17.2	27.2	5.5
	1998	7.8	11.8	22.5	3.9	14.8	19.4	26.0	5.3
	2003	9.4	15.7	26.9	4.4	16.3	23.7	27.2	6.1

（注）　各年について，分散分析の結果，1％水準で独立性が認められた。
（出所）　「住宅・土地統計調査」調査票情報に基づく筆者の計算により作成。

階層が上がるとともに減少する。標本数は少ないがいわゆる収入超過世帯である可能性が高い第5五分位では，その家賃負担は最低居住水準未満であれば3％，誘導居住水準以上・設備ありでも7％ときわめて低い水準となっている。公営住宅の供給数は限られており，公営の借家に居住する高額所得者に対する家賃補助は，低所得の民営借家世帯との所得再分配上の観点から問題である。

5　おわりに

本章は，総務省統計局「住宅・土地統計調査（1993，1998，2003年）」の調査票情報を独自に集計し，世帯類型や家計の状況別に居住水準，家賃負担につい

てクロス集計分析を行った。本章において明らかになったのは以下の3点である。

（1）　低所得世帯ほど借家住まいの割合が高く，とくに民営の借家世帯の居住水準が低い傾向にある。また低所得世帯ほど，腐朽・破損した住宅に住んでいる。ただし，低所得世帯の居住水準は改善傾向にあるが，従業上の地位に着目すると，低所得の臨時雇いの給与住宅が低水準にとどまっている可能性がある。

（2）　多人数世帯ほど居住水準は低くなる傾向があるが，世帯人数を考慮しても母子・父子世帯の低水準がとくに目立つ。他方，人数が少ない単身世帯では，男性よりも女性のほうが良好な居住水準となっている。また単身世帯は所得にかかわらず安定的に低い居住水準の住居に住んでいることから，所得要因とは異なる理由で質の低い住宅を選好する傾向がある。

（3）　低所得世帯層ほど，世帯収入に占める家賃・間代の負担が大きい。とくに民営の借家世帯が他の住宅の種類に比べて著しい。

以上の分析結果に基づき，居住水準を引き上げるために必要な政策インプリケーションとして以下の2点を指摘しておく。

（1）　民営借家に住む低所得世帯の家賃負担は家計を圧迫している。低所得世帯に対しては，公営住宅の提供が有力であるが，公営住宅の新規供給は限られているうえに，図7-1，図7-2でみたように本来公営住宅に住むべきではない収入超過世帯が存在する。公営住宅入居世帯に占める収入超過世帯の割合は，1993年で第4五分位が6.7％，第5五分位が3％，1998年で第4五分位が6.5％，第5五分位が2％，2003年で第4五分位が6％，第5五分位で1.5％の収入超過者が存在する。まず収入超過者の公営住宅からの退去を推進し，低所得者を優先して公営住宅が供給されるべきである。

（2）　しかし，（1）の施策であっても，すべての低所得者に公営住宅を供給することは不可能である。今後，臨時雇いなどの非正規労働者の増加により，低い居宅水準の住宅が増加する可能性もあり，生活保護受給世帯に限定されている住宅扶助以外に，低所得世帯に給付できる新たな住宅手当の導入が必要である。

最後に本章の残された研究課題を記す。本分析の対象年が1993年，1998年，

2003 年の 3 時点に限られているため，2004 年 3 月施行の労働者派遣法改正以降の非正規労働者増加の影響は十分分析できていない。さらに非正規労働者が増加した後の本格的な景気後退の契機となった 2008 年のリーマン・ショックが居住水準に与えた影響は，重要な課題である。これらの課題は 2013 年以降の「住宅・土地統計調査」のデータ分析によって明らかにする必要がある。

（丸山桂・駒村康平）

第Ⅱ部

最低生活保障の構想

第8章

主観的最低生活費の測定
生活保護基準額との比較

1　はじめに

　どのような所得基準を「最低生活費」とするのか，従来からさまざまな方法が試みられてきた。日本の公的な最低生活費のうち，生活扶助基準の算定方法は，1946年から標準生計費方式，1948年からマーケットバスケット方式，1961年からエンゲル方式，1965年から格差縮小方式，そして，1984年から水準均衡方式，と変遷してきた。マーケットバスケット方式およびエンゲル方式は，最低生活費の根拠を栄養学に求め，栄養所要量をもとに生活扶助基準を定めている（岩永 2010）。しかし，現在の水準均衡方式において，生活保護基準は，標準世帯（夫婦子1人世帯）の平均的な消費支出の6割程，もしくは，所得第1十分位や第五分位の消費水準との対比等から，相対的に決定される。

　しかし貧困問題への関心の高まりから，近年，改めて最低生活費の試算が行われている。[1] たとえば連合労働条件局（2003）はマーケットバスケット方式，金澤編（2009）ではマーケットバスケット方式とエンゲル法則の停止（変曲点）に基づく試算を行っている。また岩田ほか（2010）は若年単身者の1ヵ月の実態家計に基づき最低生活費の試算を行っている。

---

1) 　近年における経済協力開発機構（OECD）による国際比較研究は，日本の相対的貧困率の高さを明らかにした（OECD 2008 等）。国際比較において多く利用される相対的貧困線は，中位等価可処分所得の50%として定義される。

さらに最低生活費として含むべき消費項目自体を専門家が決定するのでなく，一般市民や低所得者との対話・参加のなかで定めていく市民参加型（Fisher 2007）や必要最低限度の生活の定義自体から一般市民が参画して決める方法（Veit-Wilson 1994；ラフバラ大学社会政策研究センター，www.lboro.ac.uk/research/crsp/mis/，2016 年 1 月 19 日最終確認；岩永・岩田 2012）も注目される。

　またこれとは別に一般市民を対象としたアンケート調査に基づき，主観的に貧困線を導出する方法もある。この方法は主に 2 種類ある（Ravallion 2012：7）。1 つは所得階層や厚生水準の段階的区分によるもので，「最も貧しい人々が最も低い 1 番目の段階，富裕な人々が最も高い 6 番目の段階とすると，あなたはどの段階にいるか」という主観的な経済的地位指標や，「全般にあなたは自分の生活にどれほど満足しているか（「非常に不満」から「非常に満足」までの 5 段階）」という主観的な生活満足度指標に基づくものである。もう 1 つのやり方は主観的厚生の金銭的換算によるもので「あなたが考える絶対的に最低限度の所得水準はどのようなものか。その水準未満ではあなたが生活をやりくりできないものとする」という指標に基づくものである。

　こうした先行研究のなかに，本章の調査を位置づけるとすれば，最低生活費として含むべき消費項目の内容自体は一般市民に決めてもらいつつ，主観的厚生の金銭的換算に基づき，最低生活費を導出する 1 つの試み，といえる。

　この調査の目的は 3 つある。第 1 に，調査対象となった一般市民に消費項目別に最低生活費（具体的定義は後述）を質問した場合，金額としてどれほどになるか計測することである。第 2 に，「最低生活費（必要消費額）」が，質問の仕方によって，どれほど幅のある概念なのか，ということを確認することである。具体的には，「切り詰めるだけ切り詰めて最低限いくら必要（以下，K 調査と略す）」，「つつましいながらも人前で恥ずかしくない社会生活をおくるためにいくら必要（以下，T 調査と略す）」という 2 通りの質問を，同じ属性を持つ 2 つの調査対象グループに別々に割り当てることにより，質問の仕方の違いによる結果の「乖離」を計測した。第 3 に，生活保護制度と比較した場合，こうして計測された主観的最低生活費がどのような特徴を持っているか把握することである。

　本章の構成は以下のとおりである。次節で，調査方法について説明する。第

3節では，主観的最低生活費の測定，生活保護基準との比較，そして主観的最低生活費の規定要因および等価尺度を測定する。第4節に本章のまとめがある。

結論を先取りすれば，本章の知見は5点ある。第1に，主観的最低生活費は，質問の仕方の違いにより，1.2 ～ 1.9倍の幅がある。ただし，日常的な消費項目では1.3倍程の幅に収まる。第2に，単身世帯の生活保護基準は，K・T両調査の主観的最低生活費を下回るが，それ以外の世帯ではK・T両調査の中間にある。第3に，個人的経費にかかる主観的最低生活費は20歳未満で生活保護基準より低いが，世帯共通経費にかかる主観的最低生活費はいずれの世帯規模でも生活保護基準より高い。第4に，世帯所得が1%上昇すると，主観的最低生活費は0.2%上昇し，また食費・住宅費比率などの世帯固有の消費構成の相違も主観的最低生活費の額を左右する。第5に，生活保護基準より，主観的最低生活費のほうが，世帯規模が大きくなっても，増え方は緩やかである。つまり主観的最低生活費のほうが等価尺度は小さい。

2　調　査　方　法

2.1　調査対象者の概要

調査は，ネットマイル社を通じインターネットを使用し，筆者により2009年2月上旬に実施された。調査対象は，ネットマイル加盟サイトの約1000社から，ポイント・プログラムに参加している約400万人のモニターである。

ネットマイル社では，モニターのなりすまし防止策として，メールアドレスだけでなく，会員登録時の属性（氏名，年齢，住所，都道府県）をもとにマッチングし，さらに仮会員登録時のIPアドレス取得などを行っている。また，調査対象者情報の維持・管理は，モニターが特典（ポイント）交換を行うタイミングで登録情報の更新を行わせたり，定期的（半年に一度）に属性情報更新を

---

2)　株式会社ネットマイルのプライバシーへの配慮については，「プライバシーポリシー」（www.netmile.co.jp/privacy.html）を参照されたい（アクセス日 2009年1月10日）。調査協力は任意かつ中途放棄可能であり，ネットマイル社からの納品時点で，氏名・住所等の個人情報はすべて秘匿化されている。

促すメールを配信したりすることで，不正モニター（重複登録等）を排除するようにしている。これと併せ，半期に一度，メール不達状態が一定回数以上続いた場合，プログラムから強制退会させる方針をとっている。加えて，特典交換や自社プロモーションにおいて不正モニターを発見する仕組みを保ち，不正モニターの退会を常に実施している。

また同じモニターに対し，複数の調査が集中することを避けるため，スクリーニングした調査対象をさらにランダム抽出し，調査の公開制限（参加枠の割当）を行っている。さらに不良回答が一定回数続いた場合には以後，調査に参加できない。

以上のように調査対象となるモニターはかなり厳密に管理されている。しかし，パソコン等を保有し，インターネット接続可能な者のみが調査対象となることもあり，国勢調査と比較すると下記のような傾向がある[3]。

① 男女比に関し，男性が55％と6％ポイント高い。
② 年齢構成比に関し，30代，40代が突出して高く，10代以下，60代以上が少ない。
③ 既婚・未婚比率はほぼ同じ。
④ 居住地に関し，埼玉県，千葉県，東京都，神奈川県，大阪府，兵庫県在住が多い。
⑤ 同居人数に関し，2～4人の割合が高い。
⑥ 常用雇用，臨時雇用の割合が高い。

2.2 調査対象者の割当方法

こうしたインターネット調査のサンプル属性を統御するため，「主観的生活費調査」では，対象者年齢を20歳から59歳にし，学生を除外し，世帯類型と収入を基準に，調査対象者の割当を行った。具体的には表8-1のような割当

---

[3] なお，インターネット調査と従来型調査との差異について本多・本川（2005）が統御実験を行っている。それによれば，インターネット調査の回答者の特徴として，仕事や家庭を含め生活全体で充実感が低い，心の豊かさを好む傾向が弱い，平等社会より競争社会を好む，等の傾向が指摘されている。一方，生活満足度と他の変数との相関関係は唯一，安定していた。ただし，本多・本川（2005）では，統御群である従来型調査と，実験群であるインターネット調査は，調査時期が3年ずれていることにも注意が必要である。

表 8-1 「主観的生活費調査」対象者の割当内訳

	年収 400 万円未満	年収 400 万円以上	計
①単身	60	60	120
	年収 700 万円未満	年収 700 万円以上	計
②夫婦のみ	60	60	120
③夫婦＋子 1 人	60	60	120
④夫婦＋子 2 人	60	60	120
⑤夫婦＋子 3 人	60	60	120
	年収 300 万円未満	年収 300 万円以上	計
⑥ひとり親＋子 1 人	60	60	120

（注）　調査は上記内訳のサンプルを 2 グループ（総計 1440 サンプル）
　　　構成し，各グループに K・T 調査をそれぞれ割り当て実施した。
（出所）　筆者作成。

を，K・T 両調査のそれぞれに行った。

　なお，上記のような調査対象者の割当を実施するためには，世帯類型と収入をあらかじめ把握する必要があり，そのため予備調査を行い，本調査用の対象者をスクリーニングした。

2.3　調査項目

　調査対象となった消費項目は，総務省「全国消費実態調査」（「全消」）を参考に 26 種類に定めた。さらに，購入回数の多寡で回答が不正確にならないよう，日常的な消費項目と，そうでない消費項目に分け，月間消費額と年間消費額を各々尋ねる質問形式とした。また，用いた消費項目分類は具体的な財・サービス（米，パン，バス代など）ではなく，その 1 つ上位概念である包括的な費目の消費額（食費，交通費など）を尋ねている。

　日常的な消費項目とは，具体的に以下の 15 項目であり，月間の消費額として尋ねている。

①　食費：米やパン，おかず，お菓子といった食料や緑茶・紅茶・コーヒーといった飲料など

②　酒類：酒店などで購入して，自宅や友人宅で飲むお酒類

③　外食費：飲食店などでの食事にかかる費用

④　住宅費：仮想的家賃（持ち家であったとしても，引越し費用等を考えず，いくら以上の家賃の住居で生活可能かを尋ねている）

⑤　光熱・水道：電気料金，ガス料金，光熱費（灯油など），水道料金（上・下水道）

⑥　家事用品費：家事雑貨（食卓用品，台所用品），消耗品（ティッシュペーパーやトイレットペーパー，洗剤など）

⑦　交通費：電車代，バス代，タクシー代，車のガソリン代，自動車維持費（駐車場代，保険料）など

⑧　通信：郵便や電話代（固定電話・携帯電話）

⑨　教養娯楽：新聞雑誌，書籍，文房具やスポーツ用品，玩具やペットフードなど，インターネット接続料

⑩　理髪料や理美容用品：散髪，石けん，シャンプー，歯磨き，化粧品

⑪　身のまわりに必要なもの（携行品）：傘，カバン，腕時計など

⑫　たばこ

⑬　保育所費用，介護サービス費用

⑭　こづかい：子ども等に対するこづかい

⑮　交際費：贈答用の金品や接待用の支出，親睦のある会合の会費など

　また耐久消費財等，多くの人々にとって月ごとの出費でないと考えられる消費項目は以下の 11 項目であり，年間の消費額として尋ねている。こちらの消費項目分類についても具体的な財ではなく，包括的な費目の消費額を尋ねている。

①　衣服や下着などの被服や靴などの履物

②　照明器具やカーテンなどの室内装備，布団や毛布などの寝具

③　テーブル・棚・ベッドなどの家具および冷蔵庫・洗濯機などの家電

④　オーディオ・テレビ・ビデオ・DVD プレーヤーなどの AV 機器およびパソコン・パソコン周辺機器など

⑤　医薬品（市販薬など）や保健医療用品（紙おむつ，眼鏡・コンタクトレンズなど）

⑥　病院，歯科，接骨院・鍼灸院の診療代

⑦　学校の授業料，教科書・参考書代などの学校教育費

⑧　塾や予備校の費用や習い事，けいこ事などの費用

⑨　旅行代金，映画・演劇・スポーツなどの観戦・観覧料

⑩　冠婚葬祭費

⑪　非貯蓄型保険料：掛け捨て型の生命保険料，傷害保険など

　以上の計26の消費項目以外に，調査対象者の属性に関するさまざまな項目（性別，年齢，学歴，中学3年時の家計の状況，住宅，居住地域等）を調査している。分析で用いた消費項目以外の記述統計量は，本章末尾の付表を参照されたい。

2.4　最低生活費の定義および調査設計上の工夫

　本調査設計上の工夫として，主に2点が挙げられる。第1に，インターネット調査の利点を活かし，消費項目の合計が，常に自動的に計算され，対象者にその合計額を確認させるような画面設計となっている点である。消費額を項目別に積み上げて最低生活費を計算した場合，その数値は膨らみやすい。しかし，実際にどの消費項目を優先させるかは家計のやりくりにより達成される。この家計のやりくりの部分を，対象者に合計額を確認させることで再現しようと試みたのである。

　第2に，「最低生活費（必要消費額）」が，質問の仕方により，どれほど幅のある概念なのか，ということを確認するため，

①　切り詰めるだけ切り詰めて最低限いくら必要（K調査）

②　つつましいながらも人前で恥ずかしくない社会生活をおくるためにいくら必要（T調査）

という2通りの質問を同じ属性を持つ2つの調査対象グループに別々に割り当て，上記各消費項目を尋ねたことである。前者の「切り詰めるだけ切り詰めて最低限いくら必要（K調査）」という尋ね方では「社会生活」という語が明示されない一方，後者の「つつましいながらも人前で恥ずかしくない社会生活をおくるためにいくら必要（T調査）」という尋ね方では「社会生活」の語が明示されている。これらの定義は各国の標準生計費の考え方（Fisher 2007）を参照した。

　なお，すべての調査項目に回答したサンプルのみをデータに含める仕様となっている。そのため，個人属性以外に26種類の品目について必要消費額を回答するというかなり煩雑な調査設計であるにもかかわらず，欠損値は存在しな

い。

3 分析結果

3.1 主観的最低生活費の質問の仕方による相違

　まず，調査対象となった一般市民に最低生活費をカテゴリー別に質問した場合，つまり包括的な費目で金額としてどれほどになるか，そして「最低生活費（必要消費額）」が，どれほど幅のある概念なのか，ということを確認しよう。具体的には同じ属性を持つ2つのグループに対し，先述した最低生活費についての異なる質問の仕方により，この「乖離」を計測する。

　表8-2と表8-3は26種類の消費分類について，K調査とT調査の中央値とその比（T調査の中央値÷K調査の中央値）を各世帯類型別に示している。平均値ではなく中央値を比較しているのは，平均値のほうが大きな値に引っ張られやすく，比較には適当でないと判断したためである。

　両調査間の消費額の乖離はいくつかの項目で2倍を超えている。具体的には，日常的な消費項目（月間消費額）では，酒類，外食費，携行品，交際費について，いくつかの世帯類型でT調査の中央値のほうがK調査より2倍超大きい（表8-2）。また耐久消費財等，多くの人々にとって月ごとの出費でないと考えられる消費項目（年間消費額）については，多くの項目で2倍を超えている（表8-3）。超えていないのは，被服及び履物，室内装備・寝具，医薬品・保健医療用品，塾・習い事・けいこ事である。

　日常的な消費項目（表8-2）とそれ以外の消費項目（表8-3）の各合計額はいずれの世帯類型でも2倍未満に収まっている。日常的消費項目の合計額については，K調査に対するT調査の比率は1.2倍から1.3倍程度である。世帯類型について注目すると，その比率が最も小さいのが夫婦＋子2人（1.16倍）で，最も大きいのが単身＋子1人（1.32倍）である。

　またそれ以外の消費項目の合計額については，世帯類型ごとの差異が相対的に大きく，その比率は1.2倍から1.9倍程である。世帯類型について注目すると，その比率が最も小さいのが夫婦＋子2人（1.23倍）で，最も大きいのが単

表 8-2 K調査・T調査の各費目の中央値と両調査間の相違（月間必要消費項目）

(単位：月間・千円)	食費			酒類			外食費			住宅（仮想的家賃）		
	K調査	T調査	T/K	K調査	T調査	T/K	K調査	T調査	T/K	K調査	T調査	T/K
単身	20	22	1.10	0	3		5	10	2.00	53	60	1.14
夫婦のみ	25	30	1.20	1	5	5.00	5	10	2.00	70	70	1.00
夫婦＋子1人	30	37	1.23	1	3	3.00	5	10	2.00	70	74	1.06
夫婦＋子2人	40	45	1.13	2	5	2.50	4	10	2.50	70	70	1.00
夫婦＋子3人	40	50	1.25	2	5	2.50	5	10	2.00	60	80	1.33
ひとり親＋子1人	20	30	1.50	0	3		3	10	3.33	50	60	1.20

(単位：月間・千円)	光熱・水道			家事用品費			交通費			通信		
	K調査	T調査	T/K	K調査	T調査	T/K	K調査	T調査	T/K	K調査	T調査	T/K
単身	10	10	1.00	3	5	1.67	9	10	1.11	8	8	1.00
夫婦のみ	15	20	1.33	3	5	1.67	10	10	1.00	9	10	1.11
夫婦＋子1人	20	20	1.00	5	9	1.80	10	10	1.00	10	10	1.00
夫婦＋子2人	20	20	1.00	5	5	1.00	10	15	1.50	10	10	1.00
夫婦＋子3人	20	25	1.25	5	10	2.00	15	20	1.33	10	15	1.50
ひとり親＋子1人	18	18	1.00	3	5	1.67	10	10	1.00	10	10	1.00

(単位：月間・千円)	教養娯楽			理髪料・理美容用品			携行品			たばこ		
	K調査	T調査	T/K	K調査	T調査	T/K	K調査	T調査	T/K	K調査	T調査	T/K
単身	5	6	1.20	2	4	2.00	1	3	3.00	0	0	
夫婦のみ	5	10	2.00	3	5	1.67	0	5		0	0	
夫婦＋子1人	5	10	2.00	4	5	1.25	1	5	5.00	0	0	
夫婦＋子2人	8	10	1.25	5	5	1.00	1	5	5.00	0	0	
夫婦＋子3人	8	10	1.25	5	5	1.00	2	5	2.50	0	0	
ひとり親＋子1人	5	8	1.60	3	5	1.67	0	5		0	0	

(単位：月間・千円)	保育所,介護費用			こづかい			交際費			合計		
	K調査	T調査	T/K	K調査	T調査	T/K	K調査	T調査	T/K	K調査	T調査	T/K
単身	0	0		0	0		3	10	3.33	142	178	__1.26__
夫婦のみ	0	0		0	0		5	10	2.00	172	215	__1.25__
夫婦＋子1人	0	0		0	2		5	10	2.00	193	231	__1.20__
夫婦＋子2人	0	0		3	5	1.67	5	10	2.00	213	247	__1.16__
夫婦＋子3人	0	0		3	5	1.67	5	10	2.00	224	281	__1.25__
ひとり親＋子1人	0	0		0	3		3	7	2.17	149	197	__1.32__

（注）　具体的な質問方法は「あなたと同居している家族が，『切り詰めるだけ切り詰めて最低限（K調査）』『つつましいながらも人前で恥ずかしくない社会生活をおくるために（T調査）』いくら必要ですか」と月額（千円）で尋ねている。T/K は小数点以下四捨五入前の値で計算しているため，四捨五入後の数値による計算とは必ずしも一致しない。
（出所）「主観的生活費調査（2009 年）」より筆者作成。

表8-3　K調査・T調査の各費目の中央値と両調査間の相違（年間必要消費項目）

（単位：年間・万円）	被服及び履物			室内装備・寝具			家電			AV・PC・周辺機器		
	K調査	T調査	T/K	K調査	T調査	T/K	K調査	T調査	T/K	K調査	T調査	T/K
単身	3	5	2.00	1	1	1.00	0	2		1	5	5.00
夫婦のみ	3	6	2.00	1	2	2.00	0	4		1	4	4.00
夫婦＋子1人	5	6	1.10	1	2	2.00	1	4	3.50	1	3	3.00
夫婦＋子2人	5	5	1.00	1	2	2.00	0	3		1	5	5.00
夫婦＋子3人	5	6	1.10	1	2	2.00	0	5		1	3	3.00
ひとり親＋子1人	3	5	1.67	1	1	1.00	0	2		0	2	

（単位：年間・万円）	医薬品・保健医療用品			病院・歯科・接骨院鍼灸院の診療代			学校教育費			塾，習い事，けいこ事		
	K調査	T調査	T/K	K調査	T調査	T/K	K調査	T調査	T/K	K調査	T調査	T/K
単身	1	2	2.00	1	2	2.00	0	0		0	0	
夫婦のみ	2	2	1.00	3	3	1.00	0	0		0	0	
夫婦＋子1人	3	5	1.67	3	5	1.50	1	5	5.00	0	1	
夫婦＋子2人	2	3	1.50	3	5	1.67	10	10	1.00	5	6	1.20
夫婦＋子3人	3	3	1.00	5	5	1.00	10	10	1.00	10	6	0.60
ひとり親＋子1人	1	2	2.00	1	3	2.50	2	5	2.50	0	3	

（単位：年間・万円）	旅行代金，観戦・観覧料			冠婚葬祭費			非貯蓄型保険料			合計		
	K調査	T調査	T/K	K調査	T調査	T/K	K調査	T調査	T/K	K調査	T調査	T/K
単身	2	7	3.50	1	5	5.00	1	5	5.00	26	49	**1.92**
夫婦のみ	3	10	3.33	3	5	1.67	7	10	1.43	42	69	**1.64**
夫婦＋子1人	3	10	3.33	3	5	1.67	10	14	1.35	55	80	**1.45**
夫婦＋子2人	5	6	1.20	3	5	1.67	12	15	1.25	77	95	**1.23**
夫婦＋子3人	5	10	2.00	3	5	1.67	12	14	1.13	83	108	**1.30**
ひとり親＋子1人	2	6	2.75	1	3	3.00	4	9	2.25	42	67	**1.60**

（注）　具体的な質問方法は「あなたと同居している家族が，『切り詰めるだけ切り詰めて最低限（K調査）』『つつましいながらも人前で恥ずかしくない社会生活をおくるために（T調査）』いくら必要ですか」と年額（万円）で尋ねている。T/K は小数点以下四捨五入前の値で計算しているため，四捨五入後の数値による計算とは必ずしも一致しない。
（出所）「主観的生活費調査（2009年）」より筆者作成。

身（1.92倍）である。

3.2　生活保護基準との比較

　それでは生活保護基準と比較した場合，こうして計測された主観的最低生活費はどのような特徴を持つのであろうか。

　そのことを検討するため，まずK調査およびT調査で得られた主観的最低

生活費の中央値と生活保護基準（1級地1基準，含冬季加算額6区単純平均×5/12）とを比較したのが表8−4である。表8−4の左半分は生活扶助と母子・児童養育加算の合計額に対応する消費項目の中央値[4]との比較，右半分はさらにそれに教育扶助と住宅扶助特別基準を加えた額に対応する消費項目の中央値[5]との比較を示している。

　単純な比較ではあるが，表8−4から2点のことを指摘できる。第1に，単身世帯を除き生活保護基準は，ほぼK調査とT調査との間に位置している。単身世帯を除き，K調査の最低生活費中央値はすべて生活保護基準を下回っている。単身世帯では，K調査を基準とすれば，生活保護基準の額はやや低く，K調査のほうが1万円上回っており，住宅扶助特別基準を勘案すると，さらに1万円上回る。このことから，単身世帯で生活保護基準は相対的に低い水準設定となっているともいえる。また生活扶助＋母子・児童養育加算における夫婦＋子2人を除けば，T調査の最低生活費中央値はすべて生活保護基準を上回っている。

　第2に，世帯類型間の相違である。生活保護基準は，両調査と比較すると単身世帯の最低生活費の額が低く，他の世帯類型との差が大きい。さらに，生活保護基準は，子が1人増えるごとにその額は相対的に大きく増える。たとえば，夫婦のみと夫婦＋子1人で，生活保護基準では5万円ほどの差がある。一方，その差は，K調査では1〜2万円，T調査でも1万円程度と，相対的に小さい。単身とひとり親＋子1人を比較しても，生活保護基準では5〜7万円ほど高いが，K調査では1〜2万円，T調査でも3万程しか高くない。

　このように，子どもの人数により主観的最低生活費がそれほど上昇しない理由として，K調査やT調査の中央値は子どもの年齢がコントロールされていないこと，また子どもがいること自体の効用水準の上昇があるとすれば，それを相殺する形で主観的最低生活費の上昇が抑えられていること，などを指摘で

---

4)　具体的には表8−2と表8−3の消費項目のうち，住宅費（仮想的家賃），保育所・介護費用，病院，歯科，接骨院・鍼灸院の診療代，学校教育費，非貯蓄型保険料を除く，合計額の中央値を用いた。
5)　具体的には表8−2と表8−3の消費項目のうち，保育所・介護費用，病院，歯科，接骨院・鍼灸院の診療代，非貯蓄型保険料を除く，合計額の中央値を用いた。

表 8-4　主観的最低生活費と生活保護基準との比較（2009 年）

（単位：万円）

	生活扶助＋母子・児童養育加算			＋教育扶助＋住宅扶助特別基準		
	K 調査	生活保護基準	T 調査	K 調査	生活保護基準	T 調査
単身	10.2　＞	8.9　＜	14.6	16.1　＞	14.2　＜	21.1
夫婦のみ	13.3　＜	13.5　＜	19.2	20.2　＜	20.5　＜	27.3
夫婦＋子 1 人	14.0　＜	18.1　＜	19.9	22.2　＜	25.3　＜	27.7
夫婦＋子 2 人	16.7　＜	21.8　＞	21.6	26.6　＜	29.4　＜	29.9
夫婦＋子 3 人	19.4　＜	24.6　＜	25.0	26.5　＜	32.5　＜	33.8
ひとり親＋子 1 人	12.7　＜	14.2　＜	17.6	17.6　＜	21.4　＜	24.4

（注）　大人は 20 〜 40 歳，子どもは 1 人目に 6 〜 11 歳，2 人目は 12 〜 15 歳（中学生），3 人目がいる場合には 1 人目と 2 人目を 6 〜 11 歳，3 人目のみ 12 〜 15 歳（中学生）と仮定。保護基準は 1 級地 1 基準で算出。生活扶助として第 1 類と第 2 類（含冬季加算額 6 区単純平均×5/12）のみ考慮。ニーズについての尋ね方は，K 調査では「切り詰めるだけ切り詰めて最低限いくら必要」，T 調査では「つつましいながらも人前で恥ずかしくない社会生活をおくるためにいくら必要」としている。表示額は月額（万円）であり，K 調査と T 調査はそれぞれの中央値を示している。

（出所）　「主観的生活費調査（2009 年）」より筆者作成。

きる。

　世帯員の年齢構成や世帯規模をさらに考慮するため，主観的最低生活費の消費項目を生活扶助基準の第 1 類費関連項目と第 2 類費関連項目に分け，[6]各項目の主観的最低生活費を被説明変数とし，各々の年齢区分の世帯員数と世帯規模を説明変数として最小 2 乗法（OLS）推計した結果が，表 8-5 および表 8-6 として示されている。生活扶助基準の第 1 類費は個人的経費（衣食等），第 2 類費は世帯共通経費（光熱水費等）に対応している。世帯員の年齢区分は，生活扶助第 1 類費の年齢区分に合わせている。また比較する生活扶助第 1 類費と第 2 類費はいずれも 1 級地 1 基準である。また第 2 類費は，冬季加算額 6 区単純平均×（5/12）を含む額で比較する。

　まず，第 1 類費関連項目（個人的経費）の推計結果（表 8-5）に注目すると，

---

6)　具体的には，表 8-2 と表 8-3 で示された 26 種類の消費項目のうち，食費，酒類，外食費，交通費，理髪料・理美容用品，携行品，たばこ，こづかい，被服及び履物，塾・習い事・けいこ事，旅行代金，観戦・観覧料，冠婚葬祭費を第 1 類関連項目とし，光熱・水道，家事用品費，通信，教養娯楽，交際費，室内装備・寝具，家電，AV・PC・周辺機器，医薬品・保健医療用品（診療代を除く）を第 2 類関連項目とした。

表 8-5　主観的最低生活費の第 1 類費関連項目の規定要因（OLS 推計）

（単位：千円）

	K 調査 （係数）	生活扶助 第 1 類費（参考）	T 調査 （係数）
0 ～ 2 歳世帯員数	−4.6	20.9	6.1
3 ～ 5 歳世帯員数	15.4***	26.4	23.6***
6 ～ 11 歳世帯員数	13.0***	34.1	22.3***
12 ～ 19 歳世帯員数	24.8***	42.1	23.0***
20 ～ 40 歳世帯員数	33.3***	40.3	42.7***
41 ～ 59 歳世帯員数	36.4***	38.2	53.0***
60 ～ 69 歳世帯員数	32.3	36.1	58.1**
F 値	291.1***		295.5***
自由度修正済 R^2	0.735		0.737
N	731		735

（注）　***，**，*はそれぞれ 1%，5%，10% 水準で有意であることを示す。なお 3σ（標準偏差の 3 倍）の基準で必要消費額の外れ値を除外したサンプルに限定している。また調査対象者は，年齢 20 ～ 59 歳（学生は除外），「単身世帯」，「ひとり親と子ども 1 人世帯」，「夫婦のみ世帯」，「夫婦と子ども（1 ～ 3 人）世帯」に限定されている。
（出所）　「主観的生活費調査（2009 年）」に基づく筆者の推計により作成。

表 8-6　主観的最低生活費の第 2 類費関連項目の規定要因（OLS 推計）

（単位：千円）

	K 調査 （係数）	生活扶助 第 2 類費（参考）	T 調査 （係数）
世帯員数 1 人	60.4***	48.4	90.1***
2 人	70.5***	54.5	103.4***
3 人	76.1***	61.0	115.0***
4 人	83.1***	63.8	116.9***
5 人	96.0***	64.6	135.3***
F 値	313.1***		256.4***
自由度修正済 R^2	0.681		0.635
N	731		735

（注）・（出所）　表 8-5 と同じ。

　20 歳未満の世帯員数の係数は，K 調査，T 調査とも生活扶助第 1 類費を下回るが，20 歳以上 60 歳未満の世帯員数の係数は T 調査で生活扶助第 1 類費を上回る。これは主観的最低生活費では，20 歳未満の世帯員のニードを低く，20 歳以上 60 歳未満の世帯員のニードについては高く見積もる傾向があることを示唆する。第 1 類関連項目には教育費が含まれていないので，主観的最低生活費では，就学年齢にある 20 歳未満については教育費とそれ以外の個人的経費

の間でやりくりが行われ，個人的経費自体は抑えられている可能性がある。

次に，第2類費関連項目（世帯共通経費）の推計結果（表8-6）に注目すると，世帯員数1人から5人までのすべての世帯規模の係数は，K調査，T調査とも生活扶助第1類費を上回っている。表8-5の結果と合わせて考えると，主観的最低生活費のほうが個人的経費（第1類）より世帯共通経費（第2類）を生活保護基準に比べて大きく評価する傾向があるといえる。

3.3　主観的最低生活費の規定要因

それでは，主観的最低生活費は世帯構成以外に何によって規定されるのであろうか。いくつかの要因が考えられる。第1は，現在の世帯所得である。世帯所得の上昇は主観的最低生活費を上昇させる要因になると予想される。第2は，資産である。主観的最低生活費では，持ち家の人に対しても仮想的家賃を尋ねることで住宅費を把握しているので，持ち家による影響は小さいと考えられる。しかし一方で持ち家は資産保有状況の代理変数として，世帯所得と同様，主観的最低生活費を上昇させる要因となる可能性もある。第3は，過去の窮乏経験である。この経験は，最低生活のイメージをより具体的に形成させ，世帯所得による影響の方向性と同じように，主観的最低生活費を減少させる要因になると予想される。第4は，世帯ごとに固有の消費パターンである。同じ世帯所得であっても主観的に必要な食費や住宅費への重視度合い（すなわち固有の消費パターン）によって，トータルとして必要な最低生活費は異なる可能性がある。

こうした要因を説明変数とし，主観的最低生活費を被説明変数としてOLS推計した結果が，表8-7に示されている。主観的最低生活費としては，生活扶助＋母子・児童養育加算に相当する費用と，さらにそれに教育扶助と住宅扶助特別基準を加えた部分に相当する費用の2つを採用した。また，上に挙げた要因に対応する説明変数として，世帯所得，持ち家の有無，過去の窮乏経験（中学3年時の家計の状況），最低生活費に占める食費・住宅費比率を採用した。他に，回答者の個人属性を統御するため，回答者の性別，年齢，東京居住，学歴ダミーを採用した。

まず世帯所得（自然対数）の係数は統計的に有意であるが，いずれの計測式でも 0.2 程度である。このことは世帯所得が1%上昇しても，主観的最低生活

費は 0.2％しか上昇しないことを意味する。

　持ち家（資産の代理変数）については K 調査に基づく主観的最低生活費には有意で主観的最低生活費を 9％上昇させる効果があるが，T 調査については有意でない。

　過去の窮乏経験（中学 3 年時の家計が普通と回答している者をベース）については K 調査で有意ではあるが，中学 3 年時の家計が苦しかったほど係数が大きくなるといった，系統だった値になっていない。具体的には，中学 3 年時の家計が貧窮していても裕福であっても，どちらも K 調査における主観的最低生活費を押し上げる効果があり，予想と一部異なる結果となっている。

　主観的生活費の消費パターンについては，食費・住宅費比率いずれも有意にマイナスであり，係数も相対的に大きい。たとえば，教育や住宅費用まで勘案した主観的最低生活費（表 8−7 の右半分）に注目すると，K 調査の食費比率は −1.8，住宅費比率は −0.3 となっているが，これは食費・住宅費比率が 1％上昇すると最低生活費は各々 1.8％，0.3％減少することを意味する。推計では世帯類型の違いをコントロールしているので，同じ世帯類型でも各世帯で固有の主観的最低生活費の消費構成の相違が，各世帯の主観的最低生活費を規定していることが読み取れる。

　モデルのあてはまり具合を示す自由度修正済 R^2 は，T 調査に基づく生活扶助＋母子・児童養育加算に関する部分に相当する費用で最も高くなっている（＝0.404）。

3.4　主観的最低生活費に基づく等価尺度の測定

　先にみたように生活保護基準額と比較した主観的最低生活費は，①子どもの人数が増えてもそれほど上昇せず，②第 1 類費関連項目（個人的経費）の主観的最低生活費は 20 歳未満の世帯員について低く，③世帯員数 1 〜 5 人のすべての世帯規模で第 2 類費関連項目（世帯共通経費）が高い，という特徴を持っている。これらは，主観的最低生活費の背後にある等価尺度が生活保護と異なることを示唆している。

　そこでマッチング推定量により[7]，等価尺度を測定した結果が表 8−8 に示されている。前項でみたように，主観的最低生活費は，世帯所得をはじめとして，

表 8 - 7　主観的最低生活費の

被説明変数 主観的最低生活費（ln）	生活扶助＋母子・児童養育加算			
	K 調査		T 調査	
	係数	［標準誤差］	係数	［標準誤差］
説明変数				
女性	0.063	[0.044]	− 0.054	[0.038]
年齢	0.006	[0.003] **	0.006	[0.002] ***
夫婦のみ	0.123	[0.069] *	0.132	[0.058] **
夫婦＋子 1 人	0.025	[0.070]	0.138	[0.059] **
夫婦＋子 2 人	0.229	[0.072] ***	0.213	[0.059] ***
夫婦＋子 3 人	0.266	[0.073] ***	0.283	[0.061] ***
ひとり親＋子 1 人	− 0.001	[0.012]	0.014	[0.010]
食費比率	− 1.440	[0.201] ***	− 1.549	[0.190] ***
住宅費比率	− 1.555	[0.140] ***	− 2.318	[0.149] ***
東京居住	0.138	[0.052] ***	0.114	[0.043] ***
持ち家	0.089	[0.045] **	− 0.024	[0.036]
高校卒	− 0.025	[0.137]	0.045	[0.144]
短大・専門学校卒	− 0.019	[0.139]	0.056	[0.145]
大学・大学院卒	0.014	[0.138]	0.053	[0.145]
中 3 時の家計大変苦しい	0.106	[0.072]	− 0.049	[0.055]
中 3 時の家計苦しい	0.098	[0.047] **	0.041	[0.039]
中 3 時の家計やや余裕	0.193	[0.060] ***	− 0.002	[0.053]
中 3 時の家計余裕	− 0.076	[0.077]	0.028	[0.068]
世帯所得（ln）	0.200	[0.036] ***	0.203	[0.027] ***
定数項	8.932	[0.527] ***	9.482	[0.406] ***
F 値	18.290 ***		27.140 ***	
自由度修正済 R^2	0.310		0.404	
N	731		735	

（注）　***，**，*はそれぞれ 1％，5％，10％水準で有意であることを示す。
　　　　したサンプルに限定している。また調査対象者は，年齢 20 ～ 59 歳（学生
　　　　人世帯」，「夫婦のみ世帯」，「夫婦と子ども（1 ～ 3 人）世帯」に限定され
　　　　男性，単身，中卒，東京以外居住，持ち家なし，中学 3 年時の家計状況普
（出所）　「主観的生活費調査（2009 年）」に基づく筆者の推計により作成。

---

7)　推計には，Stata の nnmatch コマンドを利用した。もともとは就労支援政策の効果測定など
　　に利用されている推定量である。同じ属性を持つサンプルについて，政策の影響を受けてい
　　るグループと受けていないグループとをマッチング・比較することで差異を検出する，とい
　　うのが基本的考え方である。推定方法の詳細については Abadies et al.（2004）を参照された
　　い。このマッチング推定量を，ポーランドの家計調査に当てはめ，等価尺度を測定した研究
　　として Szulc（2009）が挙げられる。そこでは，住居，世帯主の学歴，年齢，食費・住宅費
　　比率，消費性向，主要な所得源の変数を用い，同じ属性を持つ世帯をマッチングさせ，異な
　　る世帯類型の消費額を比較することで，等価尺度を推定している。

規定要因（OLS 推計）

	+教育扶助+住宅扶助特別基準		
	K調査		T調査
	係数	［標準誤差］	係数 ［標準誤差］
	0.063	[0.044]	−0.054 [0.04]
	0.007	[0.003]***	0.008 [0.00]***
	0.115	[0.070]*	0.134 [0.06]**
	0.056	[0.070]	0.167 [0.06]***
	0.289	[0.073]***	0.254 [0.06]***
	0.324	[0.074]***	0.331 [0.06]***
	0.009	[0.012]	0.021 [0.01]**
	−1.777	[0.202]***	−1.860 [0.19]***
	−0.307	[0.141]**	−1.088 [0.15]***
	0.168	[0.053]***	0.117 [0.04]***
	0.093	[0.045]**	−0.010 [0.04]
	0.010	[0.137]	−0.021 [0.15]
	0.021	[0.140]	0.003 [0.15]
	0.059	[0.138]	0.005 [0.15]
	0.128	[0.073]*	−0.053 [0.06]
	0.111	[0.047]**	0.048 [0.04]
	0.192	[0.060]***	0.023 [0.05]
	−0.031	[0.077]	0.036 [0.07]
	0.206	[0.036]***	0.212 [0.03]***
	8.824	[0.529]***	9.397 [0.41]***
	13.930***		19.360***
	0.252		0.322
	731		735

なお3σの基準で必要消費額の外れ値を除外は除く），「単身世帯」，「ひとり親と子ども1ている。各ダミー変数の基準カテゴリーは，通，である。

さまざまな変数の影響を受けている。これらの変数の影響を勘案するため，マッチング推定量ではベースとなる単身世帯から似たような属性のサンプルを選択し，そのペアで主観的最低生活費を比較することで，等価尺度を計算する。属性をコントロールするための変数は，表8-7の計測で用いられた説明変数すべて（ただし世帯類型ダミーを除く）である。

　表8-8の結果から，主観的最低生活費と生活保護基準との比較（表8-4）において指摘したように，さまざまな属性をコントロールしても主観的最低生活費の等価尺度は小さく，世帯規模が大きくなっても，主観的最低生活費はさほど大きくならないことがわかる。たとえば，単身世帯と比較して，最も世帯規模の大きい夫婦+子3人の等価尺度は1.57なので，世帯所得等，さまざまな属性をコントロールしても単身世帯の主観的最低生活費の1.5 ～ 1.6倍にしかならないことが読み取れ

る。経済協力開発機構（OECD）等が国際比較で利用している等価尺度は5人世帯で2.23（ $=\sqrt{5}$ ）となるので，この数値はかなり小さい。

　一般的に主観的な厚生水準（幸福度など）を基準として等価尺度を計測する場合，その値は実際の消費データなどを利用した場合と比較して相対的に小さいことが知られている。[8] これは，たとえば子どもや配偶者を持つこと自体に効用があり，同じ効用水準に到達するために必要な消費額が小さく見積もられてしまうことが背景にあると考えられている。今回の主観的最低生活費も同じく，

表8-8 世帯所得を考慮した主観的最低生活費の等価尺度の推定（マッチング推定量）

| | 生活扶助＋母子・児童養育加算 | | | | ＋教育扶助＋住宅扶助特別基準 | | | |
| | K調査 | | T調査 | | K調査 | | T調査 | |
	係数	等価尺度	係数	等価尺度	係数	等価尺度	係数	等価尺度
世帯類型								
単身（ベース）		1.00		1.00		1.00		1.00
夫婦のみ	0.186	1.20 ***	0.196	1.22 ***	0.200	1.22 ***	0.198	1.22 ***
夫婦＋子1人	0.185	1.20 **	0.191	1.21 ***	0.212	1.24 ***	0.223	1.25 ***
夫婦＋子2人	0.351	1.42 ***	0.308	1.36 ***	0.386	1.47 ***	0.331	1.39 ***
夫婦＋子3人	0.453	1.57 ***	0.400	1.49 ***	0.438	1.55 ***	0.413	1.51 ***
ひとり親＋子1人	0.054	1.06	0.170	1.19 **	0.093	1.10	0.174	1.19 ***

（注）　***，**，*はそれぞれ1％，5％，10％水準で有意であることを示す。なお3σの基準で必要消費額の外れ値を除外したサンプルに限定している。また調査対象者は，年齢20〜59歳（学生は除く），「単身世帯」，「ひとり親と子ども1人世帯」，「夫婦のみ世帯」，「夫婦と子ども（1〜3人）世帯」に限定されている。Stataのnnmatchコマンドを使用し，単身世帯を統御群（比較対象とするグループ）として推定した。

（出所）　「主観的生活費調査（2009年）」に基づく筆者の推計により作成。

主観的指標を基準とすることから，こうしたメカニズムが背景にあるものと考えられる。このことは，主観的最低生活費が（なんらかの基準で）客観的に必要とされる最低生活費を下回る可能性もあることを示唆している。

4　おわりに

　本章では筆者による独自調査「主観的生活費調査（2009年）」に基づき，主観的最低生活費の分析を行った。その目的は3つある。第1は，調査対象となった一般市民にカテゴリー別に最低生活費を質問した場合，金額としてどれほどになるか計測することである。第2は，「最低生活費（必要消費額）」が，質問の仕方により，どれほど幅のある概念なのか，ということを確認することである。第3は，生活保護基準と比較した場合，こうして計測された主観的最低生活費がどのような特徴を持っているか把握することである。

---

8)　Atkinson et al.（1995, pp.18-21）に，さまざまな計測方法に基づく等価尺度に関する先行研究が簡潔にまとめられており，参考になる。主観的指標に基づく等価尺度は，本章の分析結果と同様に小さい（＝世帯に働く規模の経済性を大きく見積もる）傾向がある。

調査設計上の工夫としては主に2つ挙げられる。第1に，インターネット調査の利点を活かし，消費項目の合計が，自動的に計算され，対象者にその合計額を確認させるような画面設計となっている点である。第2は，「最低生活費（必要消費額）」が，質問の仕方により，どれほど幅のある概念なのか，ということを確認するため，「切り詰めるだけ切り詰めて最低限いくら必要（K調査）」，「つつましいながらも人前で恥ずかしくない社会生活をおくるためにいくら必要（T調査）」という2通りの質問を同じ属性を持つ2つの調査対象グループに別々に割り当てたことである。

　本章の知見としては，5点挙げられる。

　第1に，主観的最低生活費のうち，日常的消費項目の合計額については，K調査に対するT調査の比率は 1.2 倍から 1.3 倍程である。またそれ以外の消費項目の合計額については，世帯類型ごとの差異が相対的に大きく，その比率は1.2 倍から 1.9 倍程である。

　第2に，生活保護基準額は単身世帯を除き，K調査とT調査の主観的最低生活費の間に位置する。単身世帯では生活保護基準はT・K両調査を下回る給付水準となっている。

　第3に，生活保護基準額と比較して，主観的最低生活費は，①子どもの人数が増えてもそれほど上昇せず，②第1類費関連項目（個人的経費）の主観的最低生活費は 20 歳未満の世帯員について低く，③すべての世帯規模で第2類費関連項目（世帯共通経費）の額が高い，という特徴を持っている。

　第4に，世帯所得が 1% 上昇しても，主観的最低生活費は 0.2% しか上昇しない。また同じ世帯類型でも食費比率，住宅費比率など，各世帯に固有の主観的最低生活費における消費構成の相違は，主観的最低生活費の額自体も規定している。

　第5に，さまざまな属性をコントロールしても主観的最低生活費でみた等価尺度は生活保護基準や OECD 基準より小さく，世帯規模が大きくなっても，主観的最低生活費はさほど大きくならない。一般的に，主観的な厚生水準（幸福度など）を基準として等価尺度を計測した場合，その値は実際の消費データなどを利用した場合と比較して相対的に小さい。主観的最低生活費も同様の主観的指標であるので，同様に等価尺度が小さくなっていると考えられる。

本章の分析の留保としては，主観的最低生活費の測定に初めてインターネット調査を用いたこともあり，サンプルの偶然的な歪みが本章の知見に影響を与えている可能性もある。同様の調査を複数回繰り返すことで，主観的最低生活費の頑健性について，さらに検討を深める必要がある。また，本章ではサンプル・サイズの制約もあり，分析できなかった各世帯類型・所得階層ごとの消費構成や最低生活費の分散の相違について，より大きなサンプルを用いて検証することも課題として残されている。

（山田篤裕・四方理人・田中聡一郎・駒村康平）

付表：記述統計量

	K 調査		T 調査	
	平均	[標準偏差]	平均	[標準偏差]
被説明変数：主観的最低生活費（ln）				
生活扶助＋母子・児童養育加算対応部分	11.821	[0.613]	12.189	[0.558]
＋教育扶助＋住宅扶助特別基準対応部分	12.242	[0.591]	12.539	[0.529]
説明変数				
女性	0.453	[0.498]	0.465	[0.499]
年齢	40.818	[8.165]	41.278	[8.238]
食費比率	0.181	[0.099]	0.198	[0.086]
住宅費比率	0.286	[0.148]	0.247	[0.112]
単身（ベース）	0.171	[0.377]	0.171	[0.377]
夫婦のみ	0.167	[0.373]	0.162	[0.369]
夫婦＋子1人	0.164	[0.371]	0.161	[0.367]
夫婦＋子2人	0.164	[0.371]	0.173	[0.378]
夫婦＋子3人	0.161	[0.368]	0.166	[0.372]
単身ひとり親	1.034	[2.268]	1.004	[2.241]
0～2歳世帯員数	0.135	[0.362]	0.132	[0.354]
3～5歳世帯員数	0.149	[0.396]	0.181	[0.432]
6～11歳世帯員数	0.342	[0.644]	0.314	[0.611]
12～19歳世帯員数	0.358	[0.693]	0.374	[0.693]
20～40歳世帯員数	1.055	[0.802]	1.027	[0.825]
41～59歳世帯員数	0.808	[0.837]	0.856	[0.858]
60～69歳世帯員数	0.007	[0.082]	0.012	[0.110]
世帯規模1人	0.171	[0.377]	0.171	[0.377]
世帯規模2人	0.339	[0.474]	0.329	[0.470]
世帯規模3人	0.164	[0.371]	0.161	[0.367]
世帯規模4人	0.164	[0.371]	0.173	[0.378]
世帯規模5人	0.161	[0.368]	0.166	[0.372]
東京居住	0.175	[0.380]	0.181	[0.385]
持ち家	0.534	[0.499]	0.543	[0.498]
中学卒（ベース）	0.022	[0.146]	0.014	[0.116]
高校卒	0.274	[0.446]	0.238	[0.426]
短大・専門学校卒	0.234	[0.424]	0.271	[0.445]
大学・大学院卒	0.471	[0.499]	0.478	[0.500]
中3時の家計大変苦しい	0.086	[0.281]	0.109	[0.312]
中3時の家計苦しい	0.265	[0.442]	0.271	[0.445]
中3時の家計普通（ベース）	0.446	[0.497]	0.437	[0.496]
中3時の家計やや余裕	0.130	[0.336]	0.118	[0.323]
中3時の家計余裕	0.073	[0.259]	0.065	[0.247]
世帯所得（ln）	15.479	[0.665]	15.466	[0.716]
N	731		735	

（出所）「主観的生活費調査（2009年）」に基づく筆者の計算により作成。

第9章

子育て世帯向け給付つき税額控除の
貧困削減効果

所得保障としての有効性と問題点

1　はじめに

　本章では，給付つき税額控除を日本に導入した際の貧困削減効果について，2010年に導入されていた子ども手当の貧困削減効果との対比で検討を行う。給付つき税額控除とは，就労や扶養児童の有無等を受給要件とした，税制を通じた所得保障制度である。[1]

　近年，日本の子どもの貧困問題についての指摘がある（阿部 2008a）。国際比較（OECD 2008）からは，とくに日本のひとり親世帯の貧困率は就業していても高い実態が明らかになった。また日本の税制・社会保障制度を検討してみても，子どもの貧困については，再分配後貧困率は市場所得の貧困率よりも高いという分析結果もある（阿部 2006）。そのため，子どもがいる世帯に対する貧困対策についての考察が必要であり，そしてそのなかで給付つき税額控除は1つの政策的選択肢となる。

　すでに給付つき税額控除が存在する国々では，ひとり親世帯や子どもがいる世帯に対する貧困対策として導入されてきた経緯がある。たとえば，イギリスでは子どもの貧困対策として給付つき税額控除が拡充されてきた（田中 2007）。

またアメリカの勤労所得税額控除（Earned Income Tax Credit，以下 EITC と略す）は就労を条件としたものであるが，子どものいる世帯といない世帯ではその給付水準が大きく異なる。

　日本の先行研究では，給付つき税額控除については子育て支援や消費税・社会保険料軽減などを目的とした制度設計が議論されてきた。しかしながら，所得制限のある現金給付である給付つき税額控除が，貧困対策としてどの程度の政策効果があるのかについては十分には検討されていない。

　また日本では 2010 年より子ども手当が導入された。所得制限のない普遍的な給付である子ども手当が，子どもの貧困に対して十分に機能しているのかという点も検討する必要があろう。

　そこで本章では，子どもがいる世帯に対する貧困対策として，所得制限つきの給付である給付つき税額控除と普遍主義的な給付である子ども手当の貧困削減効果と財政規模について，マイクロ・シミュレーションにより検討する。具体的には，日本の制度（児童手当と児童扶養手当，子ども手当と児童扶養手当）[2]とアメリカ・イギリスの制度（給付つき税額控除と児童手当）の貧困削減効果の対比を行うこととなる。

　本章の構成は以下のとおりである。次節で給付つき税額控除に関する先行研究と各国の制度概要について整理する。第 3 節で本章における利用データと推計方法について説明し，第 4 節で貧困削減効果を検討する。第 5 節でまとめを行う。

2　給付つき税額控除の概要

2.1　先 行 研 究

　給付つき税額控除の導入に関する先行研究では，マイクロ・シミュレーションの手法を用いて，導入による税負担の軽減や給付の帰着，および所要財源の

2）　本章での日本の児童手当は，子ども手当導入以前の児童手当のことである。初出論文公刊後，2012 年に子ども手当は廃止され，再び児童手当という名称に戻った。

検討がなされている。先行研究の給付つき税額控除の設計はさまざまであり，たとえば次のようなものがある。阿部（2008b）は財政中立という制約のもと，配偶者控除・扶養控除の縮減による子育て世帯向けの給付つき税額控除を議論している。田近・八塩（2008）は，人的控除の廃止，公的年金等控除縮減を財源とした，社会保険料軽減の給付つき税額控除を提案している。またその際は児童税額控除も併せて導入するなど現役世代における格差問題への対応を議論している。白石（2010），高山・白石（2010）はアメリカ，イギリス，カナダの給付つき税額控除の導入財源・適用状況を推計している。また阿部（2010）は20歳から64歳のワーキング・プアに対する給付つき税額控除の導入を提案しており，またその提案には人的控除の将来的な廃止も含まれている。

　一方，子ども手当の導入と所得控除変更が家計に与える影響，および財源面からの検討についても，高山（2010）や土居（2010）が推計を行っている。

2.2　給付つき税額控除[3)]と児童手当・子ども手当，児童扶養手当

　給付つき税額控除は多くの国々で導入されているが（鎌倉 2010），本章ではそのなかでも代表的なアメリカの EITC，児童税額控除（Child Tax Credit，以下 CTC［US］と略す）とイギリスの就労税額控除（Working Tax Credit，以下 WTC と略す），児童税額控除（Child Tax Credit，以下 CTC［UK］と略す），児童手当（Child Benefit，以下児童手当［UK］とする）を導入した場合の貧困削減効果についての考察を行う。

アメリカ：EITC，CTC［US］

　まず EITC の概要をまとめる。EITC の受給要件としては勤労所得があり，有効な社会保障番号があり，投資所得が 3100 ドル（31 万円）以下であり，夫婦の場合は夫婦共同申告をしていること等が求められている。本人に扶養児童がいない場合は，その対象となるのは 25 歳以上 65 歳未満に限られている。そのため高齢者のみ世帯には適用されないこととなる。また算定の際，適用され

---

3)　日本円表示の際，論文執筆時の為替レートを反映して，1 ドル＝100 円，1 ポンド＝150 円で計算している。

図9-1　アメリカのEITCの概念図（2009年）

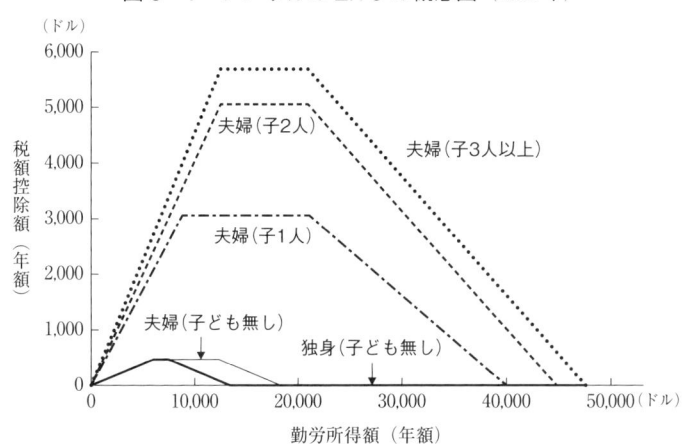

（注）　ひとり親の場合は，減額が始まる所得基準額がこの図よりも低く設定されている。

（出所）　筆者作成。

る扶養児童の年齢については19歳未満，あるいは24歳未満の学生，障害がある場合はすべての年齢層とされている。

　図9-1にEITCの税額控除額が示されている。税額控除の算定であるが，所得と子どもの数に応じて定められる。EITCの特徴は，フェイズインと呼ばれる勤労所得の増加に応じて控除額が増額される段階，プラトーと呼ばれる一定額となる段階，フェイズアウトと呼ばれる勤労所得（あるい調整後総所得[4]）の増加に応じて控除額が消失する段階に分けられている。なお，定額段階での最大控除額は，子どもがいない場合は年額457ドル（4万5700円），夫婦・子ども1人の場合で年額3043ドル（30万4300円），夫婦・子ども2人の場合で年額5028ドル（50万2800円），夫婦・子ども3人以上の場合で年額5657ドル（56万5700円）である。

　次にCTC［US］の概要をまとめる。CTC［US］の受給要件としては17歳未満の扶養児童がいることが求められている。税額控除は扶養児童1人当たり

---

[4]　EITCのフェイズアウト段階では勤労所得と調整後総所得（Adjusted Gross Income）のどちらか大きいほうが用いられる。

年額 1000 ドル（10 万円）である。修正調整総所得が基準額を超えると，1000 ドル（10 万円）につき 50 ドルずつ減額されることとなっている。また勤労所得が 3000 ドル（30 万円）以上ある場合，（CTC［US］の未利用部分を上限に）勤労所得が 3000 ドル（30 万円）を超える部分のうち 15％が還付される（その還付部分は Additional Tax Credit と呼ばれる）。

なお 2009 年および 2010 年に限定して導入されている Making Work Pay Credit（控除額は勤労所得の 6.2％によって算定。ただし最高控除額は夫婦個別申告の場合 400 ドル，夫婦共同申告の場合 800 ドル）は，税額を控除額が上回っても社会保障税と相殺されるだけで給付にはならず（鎌倉 2010），また時限的なものであるため，今回の推計に加えていない。

なお，本章の推計では EITC のフェイズイン段階の算定ベースである勤労所得は，利用データの所得項目のうち「勤め先年間収入」+「自営・事業・内職収入」を用いて，フェイズアウト段階の調整後総所得は，当初所得（仕送りを除く，3.2 項を参照）+「公的年金」を用いて推計を行った。CTC［US］の税額控除額の算定についても，同様の所得分類に合わせて推計を行った。

イギリスの WTC，CTC［UK］，児童手当

ここで WTC の概要をまとめる。WTC の受給要件としては，就労時間が 16 時間あるいは 30 時間以上という就労要件がある。具体的には，① 16 歳未満の扶養児童・20 歳未満の学生を有する夫婦世帯・ひとり親世帯，50 歳以上で就労に復帰する世帯，障害者の場合は，本人の年齢が週 16 時間以上の就労が求められている。②それ以外世帯は，本人の年齢が 25 歳以上で週 30 時間以上の就労が求められている。なお本章の推計では，年間の勤労収入と事業・内職収入の合計額が，「賃金構造基本調査」の「短時間労働者の平均賃金」×16（30）時間×52 週を上回るとき，その就労要件を満たしているとして分析を行った。

WTC の税額控除額は，単身世帯の場合は基礎要素（年額 1890 ポンド，28 万 4000 円）のみ，夫婦世帯の場合は基礎要素とカップル要素（年額 1860 ポンド，

---

5) 夫婦共同申告の場合 11 万ドル（1100 万円），ひとり親の場合 7 万 5000 ドル（750 万円），夫婦個別申告の場合 5 万 5000 ドル（550 万円）である。

170　第 II 部　最低生活保障の構想

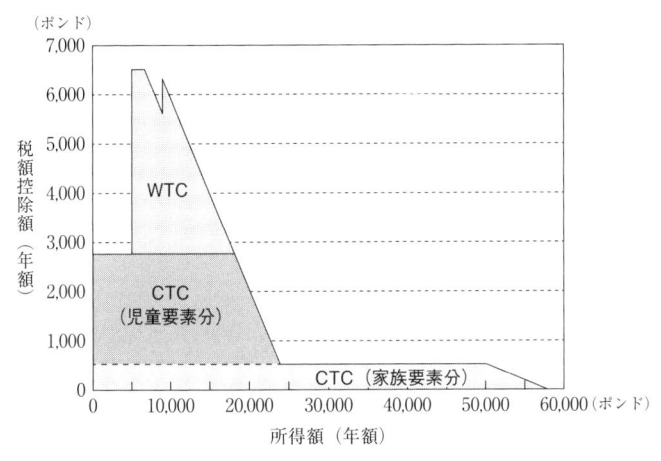

図9-2 イギリスのWTC, CTC［UK］の概要（夫婦［子1人］）

（ポンド）

- 縦軸: 税額控除額（年額）— 0, 1,000, 2,000, 3,000, 4,000, 5,000, 6,000, 7,000
- グラフ内ラベル: WTC, CTC（児童要素分）, CTC（家族要素分）
- 横軸: 所得額（年額）— 0, 10,000, 20,000, 30,000, 40,000, 50,000, 60,000（ポンド）

（出所）　筆者作成。

27万9000円）の合計，ひとり親世帯の場合は基礎要素とひとり親要素（年額1860ポンド，27万9000円）の合計となる。また30時間以上就労した場合の加算（年額775ポンド，11万6000円）も認められている。WTCについては，認可された保育サービスの利用料の80％を控除額（上限有り）とすることができる。また別途，障害者に対する算定基準があり，50歳以上で就労に復帰した場合にも加算がなされる。本章ではこれらの保育サービス利用料算定要素，障害者算定要素，50歳就労復帰加算については，控除額に考慮していない。

次にCTC［UK］の概要をまとめる。CTC［UK］は16歳未満の扶養児童，20歳未満の学生がいる世帯が対象となっている。イギリスのCTC［UK］は世帯要素（年額545ポンド，8万2000円）と児童要素（年額2235ポンド，33万5000円）によって構成される。障害を持った児童に対する算定要素や新生児に対する加算もあるが，本章では考慮していない。

WTCとCTC［UK］の減額域については，WTCは年間の所得額が6420ポンド（96万3000円）を上回ると減額されはじめる。CTC［UK］のみ受給の場合はCTC［UK］の世帯要素は1万6040ポンド（240万6000円）を上回ると減額されはじめ，児童要素は5万ポンド（750万円）を上回ると減額される。このWTC・CTC［UK］の減額域の算定ベースは当初所得（仕送りを除く）+「公

的年金」を用いて算出した。

最後にイギリスの児童手当［UK］の概要についてもまとめる。児童手当の対象は 16 歳未満の扶養児童，20 歳未満の学生となっており，手当額は第 1 子で週 20 ポンド（年額では 1040 ポンド，15 万 6000 円），第 2 子以降で週 13.2 ポンド（年額では 686.4 ポンド，10 万 3000 円）である。所得制限はない。

日本の児童手当・子ども手当・児童扶養手当

2008 年度の児童手当は，12 歳以下（小学校修了まで）の児童の養育者を対象とした所得制限のある給付である。給付額は 3 歳未満の場合月額 1 万円（年額 12 万円），3 歳以上の第 1 子・第 2 子は月額 5000 円（年額 6 万円），第 3 子以降の場合は月額 1 万円（年額 12 万円）となる。子ども手当は，15 歳以下（中学校修了まで）の児童を対象とし所得制限はない。給付額は，2010 年度は月額 1 万 3000 円（年額 15 万 6000 円）である。

2008 年度の児童扶養手当は，18 歳以下（年度末まで）の児童，20 歳未満で一定の障害状態にある児童を養育するシングルマザーあるいは父母以外の養育者に対する現金給付である。手当額は，全部支給で児童 1 人の場合で月額 4 万 1720 円（年額 50 万 1000 円），児童 2 人で月額 4 万 6720 円（年額 56 万 1000 円），子 3 人以上で 1 人当たりの加算額が月額 3000 円（年額 3 万 6000 円）である。所得制限があり（子 1 人の場合）全部支給は年額 57 万円未満，一部支給は 57 万円以上 230 万円未満となり，給付水準はその所得水準に応じて変動する。

制度設計の相違について

ここで以下の議論のために，アメリカ・イギリスの給付つき税額控除と日本の制度の比較において重要な点について整理しておきたい。

第 1 に，給付つき税額控除の制度設計において，給付開始段階に相違がある。アメリカの EITC は，フェイズイン段階においては，勤労所得の一定割合を給付つき税額控除とするものであり，必然的に低所得であれば給付水準も小さい。一方，イギリスの WTC は，就労時間が一定時間を越えていれば定額から開始し，給付開始時点が最も給付水準が高い。日本の児童扶養手当は，就労を条件としたものではないが，定額（全部支給）から開始し，所得制限を越えて，所

得が増加するにつれて給付額が減少する制度設計となっている。

　第2に，給付つき税額控除と児童手当の組み合わせに違いがある。イギリスでは，児童手当に加えて給付つき税額控除があるが，アメリカの場合は給付つき税額控除のみであり，対して日本の場合は児童手当（子ども手当）のみとなっている。

3　推計方法

　本章では，マイクロ・シミュレーションの手法を用いて給付つき税額控除を導入した際の貧困削減効果を推計する。その際には，政策変更が生じても就業行動などの経済行動が変化しないという仮定をおいている。ここでは，そのシミュレーションの税・社会保障モデルと使用データについての概要を述べる。

3.1　使用データ

　使用データは，慶應義塾大学パネル調査共同研究拠点「日本家計パネル調査」（以下，JHPS と略す）の調査票情報である。JHPS は，2009 年に第 1 回調査が行われ，調査対象者は，層化 2 段無作為抽出法によって選定された，全国 20 歳以上の男女 4,000 のサンプルである。JHPS は，パネル・データとして，今後毎年同一の個人が継続して調査が行われる。本章ではその第 1 回目データの分析を行う。JHPS には所得や資産および世帯の属性など詳細な設問があり，世帯所得や社会保障給付についての情報を得ることができる。ただし，税および社会保険料については，一部しか把握されておらず，本章では，JHPS の所得票と世帯属性から推計を行っている。可処分所得の推計に用いたサンプルについては，所得票に記載がないサンプルと配偶者もしくは本人が単身赴任により別世帯となっているサンプル，単身世帯でありながら児童手当，児童扶養手当を得ているサンプルを除いており，サンプル・サイズは 3559 となっている。[6]

3.2　税・社会保険料モデル[7]
　本章の税・社会保険料モデルは第 2 章と同じく所得税，住民税，各種社会保

険料（国民年金・厚生年金，国民健康保険，協会けんぽ，後期高齢者医療制度，雇用保険，介護保険）をすべて個別に推計している。さらに社会保険料の減免制度についても反映した推計モデルを構築している。なお申請免除制度については，利用可能な所得水準にある対象者は，すべて免除申請を行い，社会保険料の軽減を受けているものと仮定する。

JHPS2009 の所得データは前年（2008 年）の所得データであるため，税・社会保険については 2008 年のものを適用している。なお，日本の総世帯数を5000 万世帯とした場合，本推計の所得税収 11.1 兆円（2008 年度の所得税収の決算額は 15.0 兆円）[8] となり，住民税収 11.8 兆円（2008 年度の住民税収の決算額は12.6 兆円），社会保険料収入は 31.4 兆円（2008 年度の「社会保障給付費」における被保険者拠出分 30.1 兆円）となっている。

JHPS2009 の所得データに基づいて，筆者が推計した税・社会保険料を用いて，「可処分所得」＝当初所得（「勤め先からの年間収入」，「自営・事業・内職収入」，「地代・家賃収入」，「企業年金・個人年金」，「利子・配当金」，「仕送り」，「そ

---

6) 世帯の定義は，「同居しておりかつ生計をともにしている家族集団」とした。そのため，調査対象者本人とその配偶者以外に生計をともにしている者がいないにもかかわらず，所得票において，その他世帯員の欄に記入がある場合，その収入を 0 とおいた。本人とその配偶者およびそれ以外の世帯員（＝その他世帯員）と所得票の各項目が未記入である場合は，その項目が当該家計の所得水準にとって無視しうるほど小さなものと仮定し，0 とおく変換を行い推計した。また，可処分所得の推計には，世帯員の年齢と就業状態の情報を用いたが，世帯員の年齢が未記入の場合は調査対象者とその続き柄別の年齢差の平均値を求め，調査対象者本人との差に当てはめて推計を行った。就業状態が不明の世帯員は無業として扱った。また，本章の推計ではウェイトを用いている。JHPS は世帯ではなく 20 歳以上の個人を母集団としたサンプリングを行っているが，20 歳以上の世帯人数の逆数によりウェイト付けを行うことで，世帯によるサンプリングへ変換されると考えることができる。すなわち，個人を対象としたサンプリングでは，より多人数の世帯に属する個人の出現確率が高くなるが，世帯人員数の逆数をウェイトとすることによりその出現確率を補正できる。しかしながら，このウェイトを用いた場合でも，「国勢調査」の世帯分布と離れているため，2005 年の国勢調査における世帯主年齢別の世帯類型（単身世帯，夫婦のみ世帯，夫婦と子ども世帯，ひとり親世帯，その他の世帯）の分布と JHPS の世帯分布が一致するようにウェイトを付け直している。なお，駒村ほか（2010）の推計では「国勢調査」の分布と一致させるウェイトづけは行っていない。

7) 本章とは異なるデータ（総務省「全国消費実態調査」）を第 2 章は用いているが，税・社会保険料モデルは本章と同様である。

8) 所得税の決算額との乖離については退職金や譲渡所得に関する課税を捨象している点やデータ上，利子・配当金の所得把握が難しいことが要因として考えられる。

の他」)＋「公的年金」＋「失業給付・育児給付」＋「児童手当・児童扶養手当」＋「生活保護給付」－「所得税・住民税・社会保険料」を算出した。この可処分所得から相対的貧困率の推計を行い，次項以降，給付つき税額控除の貧困削減効果を検討する。

4 シミュレーション結果

4.1 シミュレーションの概要

アメリカの制度：
　ケース（1）　児童手当＋児童扶養手当　→　EITC
　ケース（2）　児童手当＋児童扶養手当　→　EITC＋CTC［US］
イギリスの制度：
　ケース（3）　児童手当＋児童扶養手当　→　WTC＋CTC［UK］
　ケース（4）　児童手当＋児童扶養手当
　　　　　　→　WTC＋CTC［UK］＋児童手当［UK］
日本の制度；
　ケース（5）　児童手当＋児童扶養手当
　　　　　　→　子ども手当(半額)＋児童扶養手当
　ケース（6）　児童手当＋児童扶養手当
　　　　　　→　子ども手当(満額)＋児童扶養手当

　本章では6つのシミュレーションを行う。まずアメリカの制度であるケース（1）EITC のみ導入した場合，ケース（2）EITC＋CTC［US］を導入した場合の分析である。続いて，イギリスの制度であるケース（3）WTC・CTC［UK］を導入した場合，またケース（4）WTC・CTC［UK］，児童手当［UK］を導入した場合の分析である。なお，アメリカやイギリスの給付つき税額控除，児

---

9)　日本の子ども手当（15歳以下）と児童扶養手当（18歳以下）との対比を考慮して，イギリスの児童手当［UK］，アメリカの CTC［US］の扶養児童の対象年齢を 15歳以下として分析し，またイギリスの WTC＋CTC［UK］，アメリカの EITC の扶養児童の対象年齢を 18歳以下とした。

表 9 - 1 　給付つき税額控除と

	現行制度	ケース（1）		ケース（2）		ケース（3）	
	（2008 年）	EITC		EITC + CTC（US）		WTC + CTC（UK）	
	貧困率	貧困率	削減	貧困率	削減	貧困率	削減
本人年齢階級別	（%）	（%）	（%ポイント）	（%）	（%ポイント）	（%）	（%ポイント）
〜 19 歳	15.4	14.8	0.6	13.2	2.2	9.0	6.4
20 〜 29 歳	16.8	15.6	1.2	15.5	1.3	15.1	1.7
30 〜 39 歳	11.9	11.3	0.5	10.4	1.5	9.2	2.7
40 〜 49 歳	11.1	11.3	− 0.1	10.3	0.8	8.4	2.8
50 〜 59 歳	10.9	10.6	0.4	10.6	0.4	10.1	0.8
60 〜 69 歳	13.2	13.3	0.0	13.1	0.1	12.6	0.7
70 歳〜	17.7	17.5	0.2	17.4	0.3	17.2	0.5
総　計	13.9	13.5	0.4	13.0	1.0	11.5	2.4
世帯類型別							
単身世帯	23.2	23.2	0.0	23.2	0.0	23.0	0.2
夫婦のみ世帯	5.1	5.1	0.0	5.1	0.0	4.8	0.3
夫婦子 1 人世帯	9.7	8.6	1.1	7.9	1.7	6.3	3.4
夫婦子 2 人世帯	9.3	7.0	2.4	5.1	4.2	3.7	5.7
夫婦子 3 人以上世帯	13.7	14.0	− 0.3	12.8	1.0	4.7	9.0
ひとり親世帯	46.5	50.6	− 4.1	47.9	− 1.4	35.1	11.4

（注）　1）　年齢階級は，本人年齢である。
　　　　2）　世帯類型別において，夫婦子世帯は核家族のみ（3 世代世帯は除いている）である。また父母と同居しているひとり親世帯も含む。以上の世帯類型は，世帯類型と子どもの年齢を組
　　　　3）　現行制度において，児童手当・児童扶養手当については JHPS の元データを用いている。
（出所）　「JHPS 2009」調査票情報に基づく筆者の計算により作成。

童手当［UK］を導入する際には，日本の 2008 年度の制度である児童手当と児童扶養手当を廃止するものとしてシミュレーションを行う。

　ケース（5），（6）として児童手当から子ども手当への変更シミュレーションを行う。子ども手当の金額は，ケース（5）民主党マニフェストに示された月額 2.6 万の半額（月額 1.3 万円，2010 年度の額）と（6）満額の月額 2.6 万円を用いる。なお，すべてのシミュレーション（1）〜（6）で，子ども手当導入に際し見直された，年少扶養控除と特定扶養控除における 16 歳から 18 歳までの上乗せ控除分を廃止している。

　表 9-1 のケース（1）〜（4）は，日本の税・社会保障制度（2008 年度）に給付つき税額制度を導入した場合の貧困率の変化をシミュレーションしたものである。また同様に（5）〜（6）は，日本の税・社会保障制度（2008 年度）に対し

子ども手当の貧困削減効果

ケース (4)		ケース (5)		ケース (6)	
WTC＋CTC（UK）+児童手当（UK）		子ども手当（半額）+児童扶養手当		子ども手当（満額）+児童扶養手当	
貧困率	削減	貧困率	削減	貧困率	削減
（％）	（％ポイント）	（％）	（％ポイント）	（％）	（％ポイント）
6.9	8.5	14.2	1.2	10.9	4.5
14.9	1.8	16.1	0.7	15.6	1.1
8.1	3.8	11.9	0.0	9.6	2.3
7.3	3.9	10.6	0.5	9.7	1.4
9.6	1.4	10.8	0.1	10.5	0.5
12.1	1.1	13.0	0.2	12.8	0.4
16.6	1.1	17.4	0.3	16.9	0.8
10.6	3.3	13.5	0.5	12.2	1.7
23.0	0.2	23.2	0.0	23.2	0.0
4.8	0.3	5.1	0.0	5.1	0.0
5.2	4.5	9.4	0.3	7.8	1.9
2.6	6.8	8.4	1.0	5.1	4.2
3.2	10.5	12.8	1.0	8.2	5.6
25.8	20.6	46.5	0.0	39.2	7.3

子どもは18歳以下の扶養児童とした。なお，ひとり親世帯には祖
み合わせたものであり，全世帯を包含するものではない。

て，子ども手当を導入した場合のシミュレーション結果である。本章で用いる
貧困ラインは相対的貧困線である。相対的貧困線は，世帯可処分所得を世帯人
員の平方根で除して算出した等価可処分所得の中位値の50％としている。な
お，以下では，給付つき税額控除，子ども手当の導入後の相対的貧困率の推計
が行われるが，貧困ラインそれ自体は導入以前の等価可処分所得中央値の50
％に固定して推計される。

　まず年齢階級別の貧困率を検討するが，ここでの年齢は本人年齢を基準とし
ている。すなわち，本研究における貧困率は「個人単位」の貧困率であり，当
該年齢人口に占める貧困世帯に属する者の割合となっている。19歳以下であ
る「子どもの貧困」については，ケース（1）・（2）のアメリカ制度の導入によ
っても，（3）・（4）のイギリスの制度導入によっても，また，（5）・（6）の日本

の子ども手当の導入によっても貧困削減効果があるが，イギリスの制度の貧困削減効果が最も大きいことが読み取れる。具体的には，ケース（4）のイギリスのWTC・CTC［UK］＋児童手当［UK］の場合は，貧困率は半減以上低下する。また（5）の日本の子ども手当（半額）は，（2）のアメリカの現行制度であるEITC＋CTC［US］よりも貧困削減効果が小さい。またケース（6）の子ども手当（満額）によって，（2）のアメリカの現行制度以上の貧困削減効果を持つこととなるが，それでも（3）や（4）のイギリスの制度よりも貧困削減効果が小さい。

次に，世帯類型別に検証をしてみると，扶養児童のいない単身世帯・夫婦のみ世帯においては，ケース（1）のアメリカのEITC，（3）のイギリスのWTC・CTC［UK］ともに貧困率の減少効果は大きくない。EITC，WTCは扶養児童のいない世帯においても受給可能であるが，とくにEITCの導入によっても貧困率は減少しない。その要因として，扶養児童のいない世帯ではEITCの給付水準は最大でも年額5万円弱であり，貧困率の削減までには至らないことが考えられる。

そして，扶養児童がいる夫婦子世帯については，特徴的なのは，イギリスの制度の場合は，貧困率の減少は扶養児童の増加に伴い大きくなるが，ケース（1）のアメリカのEITCのみの場合，扶養児童3人以上のケースでは，貧困率が上昇する点である。これは，扶養控除の一部縮小の影響とともに，日本の児童手当と違って，アメリカのEITCは子どもが3人よりも増えたとしても，控除額が増加しないことが要因として考えられる。対してイギリスの場合は，CTC［UK］や児童手当［UK］が扶養児童の数に応じて給付されることが要因として考えられる。

またもう1つの特徴としては，ひとり親世帯における貧困削減効果のシミュレーション結果がある。ケース（3）・（4）のイギリスの制度の貧困削減効果は大きい。それに対し，（1）・（2）のアメリカの制度の場合，ひとり親世帯の貧困率が上昇する点である。これは扶養控除の一部縮小の影響とともに，EITC・CTC［US］の給付水準が，児童手当と児童扶養手当の給付水準よりも低いことが要因として考えられる。とくに，給付開始時点（フェイズイン段階）では，EITCは，勤労所得の34％〜45％の金額を給付するものであり，必然

的に低所得であれば給付水準も低いことが要因として考えられる。

4.2 財政規模

　貧困削減効果と合わせて，本章で推計を行った財政規模について示したい。給付つき税額控除の財政規模については，給付分だけではなく所得税の減収分も含んで推計されている。ケース（1）のEITCでは0.9兆円，（2）のEITC＋CTC［US］では2.6兆円，（3）のWTC・CTC［UK］では2.9兆円，（4）のWTC・CTC［UK］，児童手当［UK］では5.5兆円となる。ケース（5）の子ども手当（1万3000円）では3.0兆円，（6）の子ども手当（2万6000円）では6.0兆円と推計される[10]。当然ながら，普遍的給付である子ども手当との比較では所得制限つきの給付つき税額控除のほうが財政規模として小さい。また，先述した子ども手当の導入に関連した年少扶養控除と特定扶養控除の上乗せ控除分の廃止による増収は，所得税で0.7兆円，住民税で0.5兆円，児童手当の廃止では0.9兆円と推計され，子ども手当の導入のための財源としては不足してしまうことが示された。

5　おわりに

　最後に，本章のシミュレーションの結果とその示唆についてまとめる。

　第1に，給付つき税額控除と子ども手当の貧困削減効果について検証した。アメリカ，イギリスの給付つき税額控除，あるいは日本の子ども手当の導入によって貧困削減効果があることが明らかになったが，なかでもイギリスの制度（WTC・CTC［UK］＋児童手当［UK］）の貧困削減効果は大きい。子ども手当については導入時の給付水準（月額1万3000円）であると，子どもの貧困に対する貧困削減効果は，アメリカの給付つき税額控除（EITC＋CTC［US］）よりも小さい。給付水準を満額（月額2万6000円）にすれば，アメリカの給付つき税額

10）　民主党マニフェストに示された子ども手当の財源規模は5兆5000億円であるが，「日本の世帯数の将来推計（全国推計）」による15歳以下人口に満額の子ども手当を乗じて算出すると，5兆7000億円程度と考えることができる。

控除（EITC＋CTC［US］）を上回る貧困削減効果があることが示されたが，それでもイギリスの給付つき税額控除（WTC・CTC［UK］）よりも貧困削減効果が小さい。

　第2に，アメリカ，イギリスの給付つき税額控除と日本の子ども手当の財政規模についても推計した。普遍的給付である子ども手当の財政規模は，所得制限つきの給付つき税額控除よりも大きい。子ども手当を満額（月額2万6000円）で支給する場合は，給付つき税額控除と児童手当を合わせて実施しているイギリスの制度（WTC・CTC［UK］＋児童手当［UK］）よりも財政規模が大きいことが示された。したがって普遍的給付である子ども手当は，その財政規模が大きいのにもかかわらず，給付つき税額控除と比較すると貧困削減効果は小さいことが明らかになった。[11]

　第3に，今後，子どもの貧困対策として給付つき税額控除を考える際，アメリカのように給付つき税額控除を台形型（支給開始は勤労収入の一定割合を支給し，最高控除額に達して一定後に，所得の増加に応じて逓減する形）とするのか，イギリスのように滑り台型（就労を条件としながらも，支給開始は定額として，所得の増加に伴って逓減する形）とするのかによって，政策効果が大きく異なるということである。[12]

　とりわけ，台形型の形状をしたアメリカのEITCでは，阿部（2009）が述べているように最低生活保障とはなりえない。またEITC＋CTC［US］では，これまでの日本の制度であった児童手当＋児童扶養手当との比較で，ひとり親世帯の貧困率が上昇する。これは児童手当＋児童扶養手当からEITC＋CTC［US］に変更した場合，ひとり親世帯において就労時間を増加させない限り，貧困率が上昇してしまうことを意味している。同時にアメリカやイギリスの給付つき税額控除を導入しても，単身世帯や夫婦のみ世帯のように子どものいない世帯においても就労時間を増加させないかぎり，貧困率はほとんど低下しない。日本の相対的貧困に占める就業世帯の割合は高いことから（OECD 2008），給付つき税額控除により現状以上の就労促進が生じるかについては未知数であ

11）　もっとも，所得制限つきの社会保障給付を実施するには，所得捕捉上の課題や扶養・同居関係の確認等の行政上の課題もある。
12）　白石（2010）も台形型の給付つき税額控除導入の是非を議論している。

るといえる。就労促進効果も含めた貧困削減効果についての検証が今後の課題
となる。

（田中聡一郎・四方理人）

第 10 章

住宅手当の構想[1]

住宅手当導入の費用と効果

1 はじめに

　戦後，日本の住宅政策は持ち家政策と企業内福祉の社宅制度を中心に展開され，終身雇用，年功序列を前提とした日本型雇用慣行がそれを可能としてきた。戦後の住宅ストックの量・質はめざましく改善したが，近年は少子・高齢化や労働市場の変容など，社会経済状況は大きく変容し，住宅政策は転換期を迎えている。それは，社会保障政策における住宅政策も例外ではない。

　1990 年以降，日本の住宅政策は市場の機能を重視する方向に舵をきり，住宅政策の基本的な方向性を示す「住生活基本計画（全国計画）」（2006 年[2]）においても，住生活の安定の確保および向上の促進に関する施策についての横断的視点の 1 つとして，「可能な限り市場機能の活用を図ることを重視した施策を展開する」と記載された。同時に，「住宅の確保に特に配慮を要する者の居住

---

1) 本章の低所得者向け住宅制度に関する記述は，2013 年時点（本論文初出時）のものである。現在，すでに「新たな住宅セーフティネット制度」や生活困窮者自立支援法の住宅確保給付金などの新制度が導入されているが，本章ではこの効果については，分析対象ではないことをあらかじめ言及しておく。

2) 「住生活基本法」（平成 18 年法）に基づき，国民の住生活の安定の確保および向上の促進に関する基本的な計画として策定されているもので，10 年間を目安とした住宅政策の指針であり，具体的な数値目標や政策が記載されている。2006 年，2011 年，2016 年の策定を経て，「住生活基本計画（全国計画）」（計画期間：2016 〜 2025 年度）が 2016 年 3 月に閣議決定された。

の安定の確保」として「公営賃貸住宅のみならず民間賃貸住宅も含めた住宅セーフティネットの機能向上を目指す」ことが示された。しかし，低所得者向け住宅政策はいまだこの潮流から取り残されている。

政策転換の際には，事前事後の政策効果の分析・評価が不可欠であるものの，低所得者向け住宅政策の実証分析はいまだ限られている。本研究は，大規模標本に基づいた既存政策における公営住宅政策の効果の分析・評価と，民間市場の機能を取り入れた新たな住宅政策として注目されている住宅手当のシミュレーション分析を通じて，今後の低所得者向け住宅政策のあり方を検討することを目的としている。

本章の構成は以下のとおりである。第1に，公営住宅の入居基準の決定方法とその問題点を検討する。第2に，公営住宅とそれ以外の居住世帯の家賃負担等の公平性を扱った先行研究を概観し，第3に，総務省統計局「住宅・土地統計調査」（1993, 1998, 2003 年）の調査票情報を独自に集計し，公営住宅と民営借家世帯の居住水準，家賃負担について比較検討を行う。そして，第4に，先進欧米諸国で行われている，低所得者向け住宅市場に民間市場の機能を取り入れた家賃補助（住宅手当）制度を日本で導入した場合の家賃負担への影響や費用推計を行い，住宅手当の構想を述べることとする。

2 公営住宅制度の入居基準

2.1 入居基準の計算方法

日本の低所得者向け住宅政策には，低廉な家賃で自治体が直接供給する公営住宅等による現物給付と，家賃の減額を目的とする住宅給付や税制上の優遇措置などの現金給付がある。日本では，主として公営住宅と生活保護の住宅扶助がその役割を担ってきた。

公営住宅の入居対象者は，「低収入で住宅に困窮している者」とされ，公営住宅法施行令で具体的な入居基準が定められている。現在の入居基準は，1996年より使用されている「最低居住水準の住宅を住宅市場において自力で確保することが困難な収入」として，本来階層の入居基準として収入分位25%（全

国の 2 人以上世帯を収入の低い順に並べ，収入の低い方から 4 分の 1 番目に該当する収入に相当する分位），裁量階層（高齢者，障害者世帯など）として同収入分位 40%[3]とする 2 つの基準が採用されている。収入超過者は，公営住宅を 3 年以上使用して，収入分位がこの基準を超える世帯を指し，明け渡しの努力義務が生じる。さらに，公営住宅を 5 年以上使用し，最近 2 年間継続して 60% の収入分位を超えると高額所得者となり，事業者（自治体）は明け渡しが請求できるとされている。

入居希望世帯の収入基準の適否，入居後の家賃水準は，公営住宅施行令で定められた「政令月収」という指標で判断される。政令月収は，[年間総所得金額（または，年間合計総所得金額）－控除合計金額] / 12 で計算され，入居基準の判定や家賃水準が決定する仕組みになっている。

政令月収は，標準世帯（夫が給与所得者で残る世帯員は扶養家族）の想定のもと，世帯年収の合計額から各種控除を控除した残金を 12 ヵ月で除して求める。基準となる世帯年収と世帯人員数は，総務省統計局「家計調査」の 2 人以上世帯（農林漁家世帯含む）の各収入分位別の数値が用いられている。

ところが，政令月収の算定式は，同じ収入額の世帯でも控除額が多いほど有利になる仕組みになっている。たとえば，給与所得控除は給与所得が高い者ほど控除額が高くなるため，高額所得者のほうが有利な仕組みである。また，同居する親族について，1 人当たり 38 万円を控除する「親族控除」は世帯人員が多い多人数世帯に有利なうえ，16 歳から 23 歳未満の特定扶養親族に該当する世帯員がいる世帯は，控除額自体が 1 人当たり 63 万円に増額されるので，さらに控除額が増加する。また，税制の扶養控除とは異なり，妻に収入がある共働き世帯であっても，妻の「親族控除」が適用される。さらに，高齢者向けの年金所得控除は給与所得控除よりも控除額が高いうえに，老人扶養控除 10 万円の加算もつくため，同じ世帯収入でも高齢者世帯のほうが有利な仕組みとなっている。また，退職金などの一時所得や遺族年金など公租・公課収入の対象外の収入は，収入対象の算定外であるため，政令月収は厳密に各世帯の生活

---

3) 地域の自主性および自立性を高めるための改革の推進を図るための関係法律の整備に関する法律（2011 年）により，裁量階層の入居収入基準は事業主体の判断により収入分位 50% を上限に条例で定めることとされた。

図 10 - 1 「家計調査」の収入分位境界値の推移（全国 2 人以上世帯，全世帯，年平均）

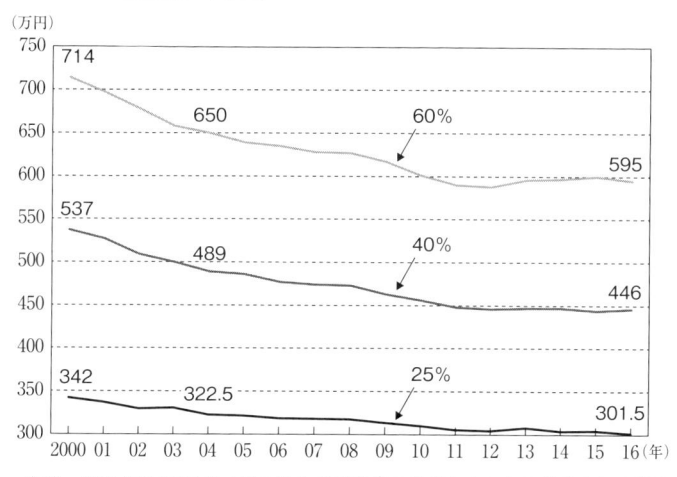

（注）　2004 年は 2009 年 4 月の政令月収改定の根拠とされたと推定される調査年である。

（出所）　総務省統計局「家計調査」（各年版）より筆者作成。

水準を反映したものではない。

　2009 年 4 月の政令月収改正は，1996 年に制定した政令月収 25％の水準であった 20 万円（年間粗収入 3 人世帯 463 万円）が，景気悪化による世帯収入減や高齢者世帯増加のために，収入分位 36％にまで上昇したことを是正するために行われた。現在は，入居収入基準の政令月収は 15.8 万円（収入分位 25％：年間粗収入 3 人世帯 400 万円），裁量階層の入居収入基準は，政令月収 21.4 万円（収入分位 40％：年間粗収入 3 人世帯 484 万円），高額所得者は政令月収 31.3 万円（収入分位 60％，年間粗収入 3 人世帯 632 万円）となっている[4]。しかし，図 10 - 1 より，「家計調査」からみる収入分位の境界値は[5]，改正後も低下傾向が続き，「政令月収」の金額が本来意図する入居基準と乖離している可能性は否めない。

---

4)　国土交通省「公営住宅法施行令の一部を改正する政令案について」（2007 年 12 月 20 日）。

5)　本来階層の入居基準である収入分位 25％は，第 1 分位と第 2 分位，第 2 分位と第 3 分位の境界値の和の 2 分の 1 を便宜的に使用した。裁量世帯の目安となる収入分位 40％には，第 4 分位と第 5 分位の境界値を，高額所得者の目安となる収入分位 60％（第 6 分位と第 7 分位の境界値）を使用している。

「政令月収」は簡便で客観的な指標であるが，世帯人員の調整方法や所得捕捉の厳格化に加え，現在よりも制度の更新頻度を高めることも必要だろう。また，内田（1999）が指摘するように，全国一律の「政令月収」基準では，所得水準の高い大都市居住者が不利に扱われるという課題も残されている。

2.2 家賃負担

公営住宅法の規定により，公営住宅の毎月の家賃は，家賃算定基礎額に次に掲げる数値を乗じた額（当該額が近傍同種の住宅の家賃の額を超える場合にあっては，近傍同種の住宅の家賃の額）を基準としている。家賃算定基礎額とは，政令月収の各収入分位階級の階級値に家賃負担率を乗じた金額である。[6]

具体的な算定式は以下のとおりである。

$$家賃 = 家賃算定基礎額(応能) \times 市町村立地係数[7] \times 規模係数[8]$$
$$\times 経過年数係数[9] \times 利便性係数[10]（以上応益係数）$$

この係数については，近傍同種家賃自体が低く算定されている可能性があること（永井 2007），築年数や立地などの係数が適切に設定されていない可能性

---

6) 家賃負担率の最低率 15.0%は，「今後の住宅政策の基本的体系についての答申」（1975 年住宅宅地審議会答申）において，「全国消費実態調査」（「全消」）の民営借家居住データから推計した収入と家賃支出の関係式から求めた住居費負担限度率の所得五分位階層の第 1 分位における標準世帯（夫婦と子ども 2 人の 4 人世帯）の負担限度が世帯収入のおおむね 15%とされたことが根拠にあり，最高値 19%は 1995 年住宅宅地審議会答申において，中間所得層の家賃支出の目安を収入のおおむね 20%程度としたことが根拠とされている（住本ほか 2012, 70-71 頁）。

7) 市町村の立地条件を反映するため，公示価格その他の土地の価格を考慮し，国土交通大臣が 0.7 ～ 1.6 の範囲内で定める数字である（住本ほか 2012, 65 頁）。

8) 当該公営住宅の床面積の合計を 65 ㎡ で除した数値で，床面積がこれより小さければ家賃も低下し，大きければ相対的に高くなる仕組みである。1996 年の設定時には 70 ㎡ であったが，公営住宅の新規供給規模が約 65 ㎡ であることから，2007 年施行令改正より 65 ㎡ となっている（住本ほか 2012, 65-66 頁）。

9) 1996 年以降に，公営住宅の老朽化の程度を示す係数として用いられている。民間賃貸住宅における経過年数と家賃との相関関係を勘案して設定されており，地域（規制市街地等，既成市街地以外の地域）および構造別（木造以外，木造）に 0.0010 ～ 1 以下の数字が用いられる（住本ほか 2012, 66 頁）。

10) 市町村立地係数が市町村内での交通条件の差などを考慮していないため，事業主体が設備や利便性の要素を勘案して，0.5 ～ 1.3 の範囲内で設定される（住本ほか 2012, 66-68 頁）。

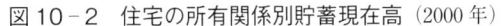

図10-2 住宅の所有関係別貯蓄現在高（2000年）

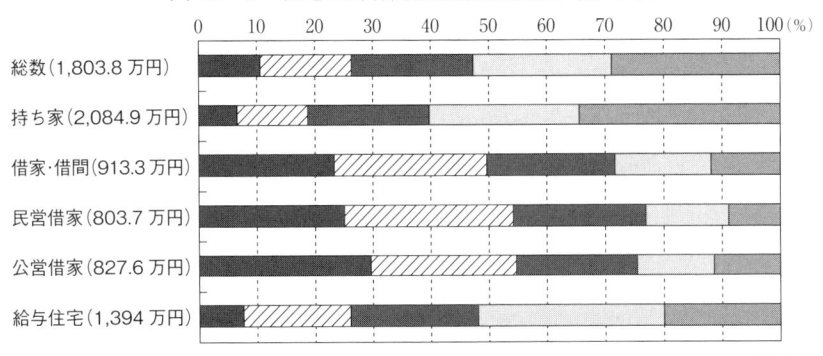

■200万円未満　◨200〜499万円　▨500〜999万円　▢1000〜1999万円　▨2000万円以上

（注）　（　）内の数字は，各住居居住者の平均貯蓄残高を示している。
（出所）　総務省統計局「平成12年貯蓄動向調査」より筆者作成。

（今井 2009）があることなど，数年に一度見直しが行われているとはいえ，係数の設定自体が，民間賃貸住宅市場と公営住宅の価値を正確に反映したものではないと指摘されている（飯泉 1996；内田 1999）。

やや古い調査であるが，総務省統計局「平成12年貯蓄動向調査」[11]による住居別の入居者の貯蓄残高を比較すると（図10-2参照），貯蓄残高200万円未満の者の割合は公営借家居住者が最も高いが，借家・借間居住者や民営借家居住者と貯蓄残高の分布に大きな差異はみられない。（　）内の平均貯蓄残高で比較すると，民営借家入居者が最も低い金額となっており，公営借家入居者のなかには，貯蓄残高が2000万円を超える層も1割超程度いる。近年は公営住宅の収入超過者が減少傾向にあることもあって，総務省統計局「家計調査」でみる両者の金融資産残高の格差はやや拡大しているが[12]，入居基準に資産要件を加えることも検討課題になるだろう。

11）　「貯蓄動向調査」は，2000年末が最後となり，貯蓄および負債については家計調査の貯蓄等調査票に引き継がれることになった。家計調査（貯蓄・負債編，e-stat）における住宅の所有別貯蓄・負債残高は，平均値のみが発表され，階級別の分布は掲載されていない。

12）　総務省統計局「家計調査年報（貯蓄・負債編）」（2010年，2人以上の世帯）で確認すると，年間収入の平均値は民営借家世帯が532万円，公営住宅世帯が415万円であるが，金融機関の貯蓄残高は金融機関・金融機関以外の合計で民営借家世帯が783万円，公営借家が556万円であるが，負債はそれぞれ102万円，40万円であった。

2.3 収入超過者，高額所得者の明け渡し問題

　入居後に収入が増加し，先に示した入居基準を大幅に上回るようになっても明け渡しをせず，依然として公営住宅に入居し続ける者の問題はかねてから指摘されていた。収入超過者や高額所得者が公営住宅に居住し続けることは，本来入居すべき低所得者の排除につながり[13]，同等の所得階層の者に比べかなり高い公共サービスを享受する公平性の問題がある。会計検査院（2003, 2010）は高額所得者に明け渡し請求すらしていない自治体の問題や，収入超過者・高額所得者のために費やされる事業費が 1970 〜 2008 年度で累計 3900 億円にものぼること（会計検査院 2010），高額所得者（1 ヵ月平均収入 51 万 9390 円）の 1 ヵ月当たりの家賃負担率が 6.5％ときわめて低く，最低収入区分で民間賃貸住宅において近傍同種家賃で暮らす世帯との家賃差額は 17 億 2790 万円（1 戸当たりの平均は約 31 万円）にも達すると指摘している（会計検査院 2003）。家賃負担を抑えるために民営の借家に居住する最低収入区分者が低水準の住居に居住している可能性は高く[14]，公営住宅制度を通じた高額所得者への過度な所得移転は，所得再分配政策としても非常に問題が多い。また空室が少なければ，公営住宅の抽選倍率はさらに上昇するため，低所得者の新規入居はきわめて難しくなる。

　国土交通省調べによれば，公営住宅入居者の収入超過者数，高額所得者は 1994 年度にピークの約 30％に達した後，減少傾向に転じ，2013 年度には約 8％にまで減少したが，解消には至っていない[15]。ただし，1996 年の法改正で[16]収入超過者に対して近傍同種の家賃を上限とする割増賃料を課した結果，1997 年から 1998 年にかけて収入超過者数は大幅に減少しており，法改正が明け渡

---

13) 国土交通省が「平成 25 年住宅・土地統計調査」を用いた推計結果では，賃貸住宅に居住する収入分位 25％以下の世帯数は 408 万世帯で，民営借家に居住する世帯の 28％にものぼる。国土交通省「住宅セーフティネットに関する現状と論点」参照（http://www.mlit.go.jp/common/001107437.pdf：最終アクセス日 2018 年 1 月 22 日）。

14) 京都市住宅審議会・公的住宅小委員会第 3 回資料（2009 年 1 月 20 日）の「平成 20 年度公募　公営住宅応募者アンケート結果」によれば，京都市の公営住宅応募者の現住居の居住面積水準は，応募者の 44％が最低居住面積水準に居住している状況にあったという。その者が応募住宅に入居できた結果，最低居住面積水準未満である者は 2.3％にまで減少，誘導居住面積水準を達成できた者は 31.8％であった。

15) 国土交通省「住宅セーフティネットに関する現状と論点」参照（http://www.mlit.go.jp/common/001107437.pdf：最終アクセス日 2018 年 1 月 22 日）。

しに有効であったことがわかる。

3 低所得と居住水準

3.1 居住水準の指標

　欧米諸国では，公共部門が介入する住宅政策の指標として，①構造の老朽度，②アメニティ（設備）の充足度，③過密居住の3点が用いられている（日本住宅総合センター 1991，75頁）。

　日本では狭小住宅の解消が遅れた名残りで，居住水準の指標は住宅規模，広さが採用されている[17]。本章では，総務省統計局「住宅・土地統計調査」（1993，1998，2003年）で採用されている「居住水準」を用いる。具体的には，健康で文化的な住生活を営む基礎として必要不可欠な面積である「最低居住水準」，豊かな生活を営むために必要と考える面積基準として，都市の郊外および都市部以外の一部地域における戸建住宅居住を想定した「一般型誘導居住水準」と，都市の中心およびその周辺における共同住宅居住を想定した「都市居住型誘導居住水準」である。

3.2 先行研究——低所得者の居住と公営住宅を中心に

　日本ではこれらの居住水準は指標であって，一部の自治体を除き[18]，イギリスの住居法や韓国の公営住宅法にみられるような面積の下限，上限規制はない。すでに多くの先行研究で，貧困世帯の居住環境の不良状況や家計に占める家賃負担の高さが指摘されており（阿部 2005；上田 2005；阪東 2006；葛西 2007，

---

16)　1996年の法改正で収入超過者に対して近傍同種の家賃を上限とする割り増し賃料を課すとともに，おおむね収入分位60%以上の高額所得者については，近傍同種の住宅の家賃を徴収することとし，かつ明け渡し請求を受けてその期限を過ぎても明け渡さない場合には，その2倍に相当する額以下の金銭を徴収できるようになっている。

17)　1973年度の「住宅・土地統計調査」で住宅難世帯の割合は8%に減少したものの，結果としてそのほとんどが「狭小過密」によるものであったため，その後住宅規模を中心とする居住水準概念が導入されていくことになった。諸外国の居住水準比較は，早川（1990），日本住宅総合センター（1991）に詳しい。

2010；平山 2009, 2011；室田 2010 など），住宅政策による規制は近隣地域への外部効果をもって支持される根拠となりうる。

　一方，公営住宅と民営の借家をめぐる問題を調査票情報による分析から明らかにした先行研究は限られている。森田・中村（2004）は入居前・入居後の居住者便益の比較を行い，公営住宅居住者のほうが民間住宅居住者よりも相対的に大きな便益を得ていると指摘している。永井（2007）は都営住宅のデータを用いて，利便性のよい物件や近隣近傍家賃に比べ相対的に安い物件ほど抽選倍率が高く，公営住宅政策が真の住宅困窮者に住宅を提供するという福祉的な要素よりは入居便益の最大化が優先されていると主張する。その結果，公営住宅の入居者・非入居者の家賃負担格差は低所得者ほど大きく，低所得者向けの住宅政策が抽選による直接供給で行われることの所得再分配上の問題点を指摘している。

　今井（2009）は，公営住宅の抽選倍率と民間住宅との家賃比較から，公営住宅の収入超過者に適用される近傍同種家賃が，立地条件の価値を十分反映していないため，建築年の古い公営住宅の家賃水準が民間賃貸住宅のそれよりも安価になっていることを明らかにしている。その結果，収入超過者が自主的に退去するインセンティブがなく，立地条件が公営住宅の応募倍率の主たる格差要因となることを示唆している。両者の研究とも公営住宅の入居者と非入居者との所得分配の公平性の観点から，障害者や高齢者などの配慮が必要な層を除き，公営住宅の直接供給から家賃補助への転換を提言しているが，分析には居住水準は考慮されていない。

18）　東京都特別区の多くで，マンルームマンションの居住面積や環境等に関する条例・規制・指導を定めている。豊島区では，狭小住戸集合住宅税（通称「ワンルームマンション税」）を創設し，集合住宅の1住戸専用面積が30 m²未満の1戸につき，50万円の税を建設主に課している。

4 居住水準と家賃負担の実証分析

4.1 使用データ

　分析には，総務省統計局「住宅・土地統計調査」(1993, 1998, 2003 年：以下「本調査」と略称)の調査票情報を使用する。本調査は，調査年の直近の国勢調査・調査区から住宅の所有，高齢者の世帯がいる割合などで層化し，標本世帯を抽出している。[19]

　本調査の特性については第 7 章を参照されたい。[20]分析対象は，居住世帯のある住宅（空き家，建築中の住宅を除く），主世帯（準世帯以外の世帯）[21]の公営の借家（「給与住宅」は含めない。「県営住宅」,「市営住宅」と称されるもの）と民営の借家居住世帯である。また，公営の借家入居世帯のなかには，若年世代の人口増を目的とした施策による入居者も含まれる可能性があるが，本調査では入居の経緯はわからない。標本数は「国勢調査」をもとにした集計用乗率で調整した結果，公営の借家は約 203 万世帯（1993 年），208 万世帯（1998 年），218 万世帯（2003 年），民営の借家が 1076 万世帯（1993 年），1205 万世帯（1998 年），1256 万世帯（2003 年）となっている。2003 年時点では，全居住世帯のうち持ち家世帯は 61% で，公営の借家世帯の割合は 4.7%，民営の借家世帯の割合は 26.8% であった。

　なお，本調査の調査期間は，2006 年より策定されている「住生活基本計画」以前であるため，第八期住宅建設五箇年計画（2001 ～ 2005 年度）の居住水準を用いる。同時期の居住水準では，それぞれ①住室等の構成および規模，②性

---

19)　詳細は，総務省統計局「住宅・土地統計調査」の「調査の概要」を参照されたい。

20)　各世帯員の年齢は，2003 年は年齢階級別，2008 年，2013 年は実年齢が世帯人員 8 人までが記載されている。収入に関する指標は階級別の世帯収入のみで，世帯員別の収入源や可処分所得は把握できない。家計を主に支える者の職種・性別・年齢は把握できるが，世帯主の属性は把握できない。

21)　「準世帯」とは，単身の下宿人・間借り人，雇主と同居している単身の住み込みの従業員や，寄宿舎・旅館など住宅以外の建物に住んでいる単身者またはそれらの人々の集まりの世帯をいう。低所得者の住宅問題としては，住宅喪失者，ネットカフェ難民や無料低額宿泊所の利用者などの問題が深刻化しているが，同調査ではこうした現状は把握できない。

能・設備，③住宅の環境および④世帯人員別住宅規模を中心にその基準が示されているが，調査項目の制約から，世帯人員別住宅規模を基準として使用する[22]。居住水準の定義は本調査で用いられた各調査年の定義と同一である。また，設備については誘導居住水準以上の判定に用いることとし，専用の台所があり，浴室，専用トイレ（2003年は水洗トイレ），洗面所がすべてあることを「設備あり」とした。なお，現在は，「住生活基本法」による「住生活基本計画（全国計画）」において，住宅の面積に関する水準が定められている。

4.2 居住水準の比較

公営と民営の借家世帯の居住水準の比較には，世帯人数を考慮した分析が必要である。図10-3は，公営の借家，民営の借家世帯を世帯人数・世帯年収別に分類し，最低居住水準未満（以下「最低未満」と省略，点線）と誘導居住水準以上（以下「誘導以上」と省略，実線）の世帯割合を示している。母数には，面積不詳の世帯を含めている。

まず，世帯人数と居住水準の関係からみていこう。単身世帯の場合は，公営の借家では最低未満の世帯はほとんどなく，大半が誘導以上の住宅に居住している。一方，民営の借家では誘導以上の世帯割合は世帯年収とともに上昇するが，公営の借家に比べるとその水準は低い。一方で，民営の借家に居住する単身世帯の特徴として，世帯年収が上昇しても最低未満の世帯割合がむしろ微増しており，図10-3には示していないが男性に多い傾向にある[23]。

ところが，世帯人数の増加とともに居住水準の状況は大きく変化する。2人世帯の場合は，公営の借家世帯の居住水準は単身世帯のそれより全体的に低下するが，最低未満の世帯割合は微増に留まる。一方，民営の借家世帯は世帯年収200万円未満で最低未満の世帯割合が増加するものの，全体的な傾向としては単身世帯よりも居住水準は向上している。

---

22) 紙幅の都合上，詳細は国土交通省住宅局住宅政策課（2011）28頁を参照されたい。最低居住水準は単身の場合18 m²，4人暮らしで50 m²である。

23) 総務省統計局「家計調査」（2010年）によれば，男性単身世帯の温泉・銭湯入浴料（宿泊費，温泉テーマパーク利用料金は除く）は女性単身世帯の1.4倍で，浴室がない住居により多くの単身男性が暮らしている可能性を示唆している。一方で，男性単身世帯は女性単身世帯よりエンゲル係数が高く，黒字率も高い。

図 10 - 3　世帯人数・世帯年収階級別の居住水準の分布（1993 ～ 2003 年）

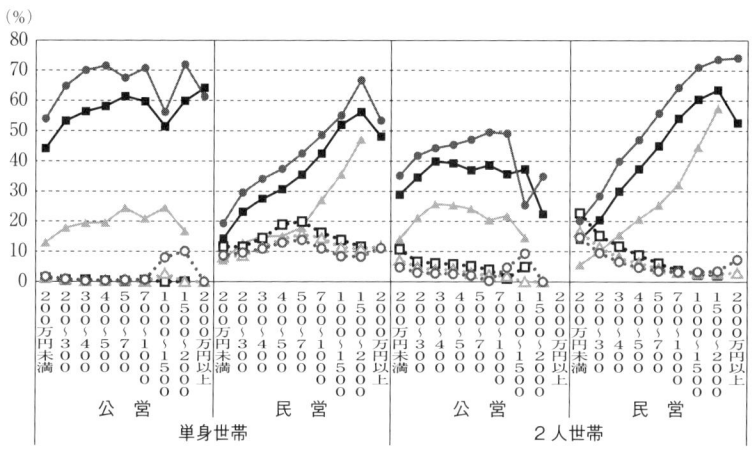

・・○・・ 最低居住水準未満(2003)　　━●━ 誘導居住水準以上・設備有(2003)　　△ 最低居住水準未満(1998)
━■━ 誘導居住水準以上・設備有(1998)　　・・□・・ 最低居住水準未満(1993)　　▲ 誘導以上・設備有(1993)

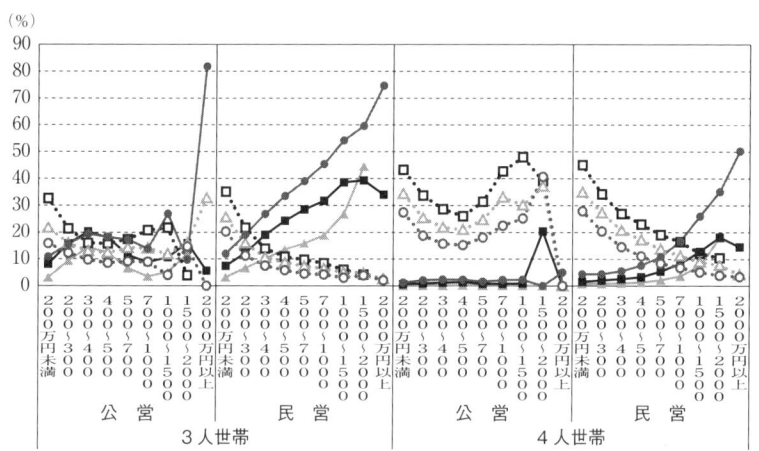

・・○・・ 最低居住水準未満(2003)　　━●━ 誘導居住水準以上・設備有(2003)　　△ 最低居住水準未満(1998)
━■━ 誘導居住水準以上・設備有(1998)　　・・□・・ 最低居住水準未満(1993)　　▲ 誘導以上・設備有(1993)

（注）　1)　1993 年の世帯年収の上限は 1500 万円以上のため，1500 ～ 2000 万円の階級に
　　　　　　記載している。
　　　　2)　標本数のない世帯収入階級は記載していない。
（出所）　「住宅・土地統計調査」調査票情報に基づく筆者の計算により作成。

世帯人数が 3 人世帯になると，公営の借家世帯の居住水準はさらに悪化し，誘導以上の世帯割合は 2 割を下回り，最低未満の世帯割合は急上昇する。この傾向は，4 人世帯になるとさらに顕著になり，公営の借家では，誘導以上を満たせる世帯は 5% にも満たない。民営の借家の場合でも，世帯人数が増加するほど，最低未満の世帯割合が増加し，誘導以上の世帯割合が減少する傾向がみられるが，公営の借家世帯と比較すると，誘導以上の世帯割合は相対的に高い。つまり，公営住宅は少人数世帯には良好な居住水準を提供できるが，多人数世帯には難しい状況にある。一方，民営の借家世帯での場合，世帯年収の上昇とともに居住水準は向上する傾向にあるが，少人数世帯では同じ世帯収入であっても，公営住宅よりも居住水準の低い世帯割合が高くなっている。

　次に，世帯収入と居住水準の関係についてみていこう。図 10 - 3 をみると，いずれの調査時点でも，世帯人員数でも，民間の借家世帯の最低所得階層（年収 200 万円未満）世帯の居住水準が最も低水準である。公営の借家世帯で比較すると，最低未満の割合は世帯収入の上昇とともに低下するものの，一定の所得水準を超えると再び上昇する U 字型の関係にある。誘導以上では単身世帯や 2 人世帯では低所得者と高所得者で達成率が低くなる逆 U 字型を描き，3 人以上の世帯では所得階層が高い世帯で達成率が高くなる。共通しているのは，公営住宅であっても，最低所得階層の居住水準が他の所得階層よりも低水準である点である。公営住宅において，高所得層が低廉な家賃負担を優先して，狭い住居に居住している可能性が推測できるが，なぜ最低所得階層の世帯の居住水準が低水準であるのかは本調査の分析結果からは不明である。家賃負担を抑えるために基準よりも狭い面積の住宅に応募する世帯の可能性も考えられるが，詳細な分析は今後の検討課題としたい。

　これらのことから，「公営住宅は民間市場で最低居住水準以上の住宅を確保できない世帯に住宅を提供する」目的は，最低所得階層や世帯人数が 4 人以上の世帯では，低廉な家賃は実現できても居住水準の確保はできない公営住宅施策の限界がみえてくる。

　図 10 - 4 に示すように，持ち家世帯と借家世帯の居住室の広さには大きな格差がある。世帯人数が増加するにつれて，居住室の畳数は増加する傾向にはあるが，その増加幅は民営の借家に比べ，公営の借家は小さい。これは，公営住

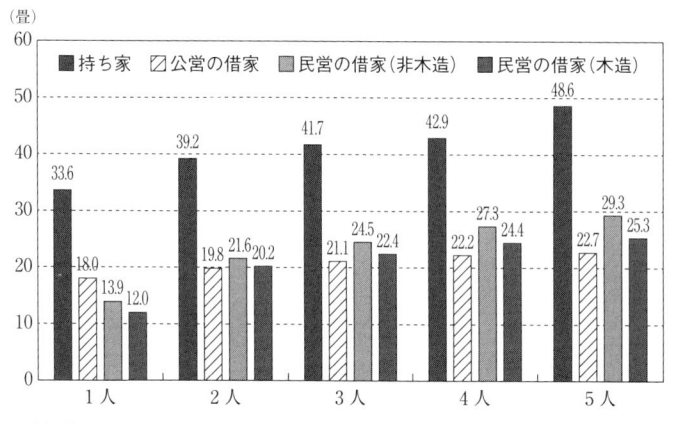

図 10-4　世帯人数，住宅の所有関係別　1 世帯当たりの居住室の
　　　　　平均畳数（2008 年）

（畳）

凡例：
- ■ 持ち家
- ▨ 公営の借家
- ▨ 民営の借家（非木造）
- ■ 民営の借家（木造）

1 人：33.6／18.0／13.9／12.0
2 人：39.2／19.8／21.6／20.2
3 人：41.7／21.1／24.5／22.4
4 人：42.9／22.2／27.3／24.4
5 人：48.6／22.7／29.3／25.3

（出所）　総務省統計局「住宅・土地統計調査」（各年版，e-stat）より筆者作成。

宅は公営住宅等整備基準（国土交通省令）で 1 戸の床面積の合計が 25 m^2 以上
と定められていることに加え，提供できる住戸のバリエーションが小さいこと
が原因と推察できる。そのため，公営住宅は単身世帯では広すぎ，3 人以上の
世帯には狭小住宅になるという課題が残る。

　公営住宅における世帯人員と住宅規模のミスマッチはすでに多くの自治体で
問題視されているが，2008 年時点でもその問題は解消できていない。新規建
設がきわめて少ない公営住宅で，入居者間での居住室の転換やファミリー向け
の広い物件を供給するのは容易なことではない。さらに，日本では坪当たりの
賃料は 1 戸当たりの面積が狭いほど高い傾向があり，民間の市場では貸し主は
ファミリー向け物件よりも単身者向け物件の建設を志向する傾向があり，民間
賃貸住宅の空き家も狭い物件に集中している（国土交通省「空家実態調査」2009
年）。

　図 10-5 は，公営の借家と民営の借家の入居者層がほぼ重なる，世帯年収
400 万円未満の世帯のうち，標本数の多い従業上の地位，世帯類型別に最低居
住水準未満の世帯割合を掲載している。先にみたように，公営の借家居住世帯
に比べ，民営の借家世帯の最低未満の世帯割合は相対的に高い。民営の借家に
ついて，世帯類型別にみると，同じ従業上の地位であっても，母子世帯と父子

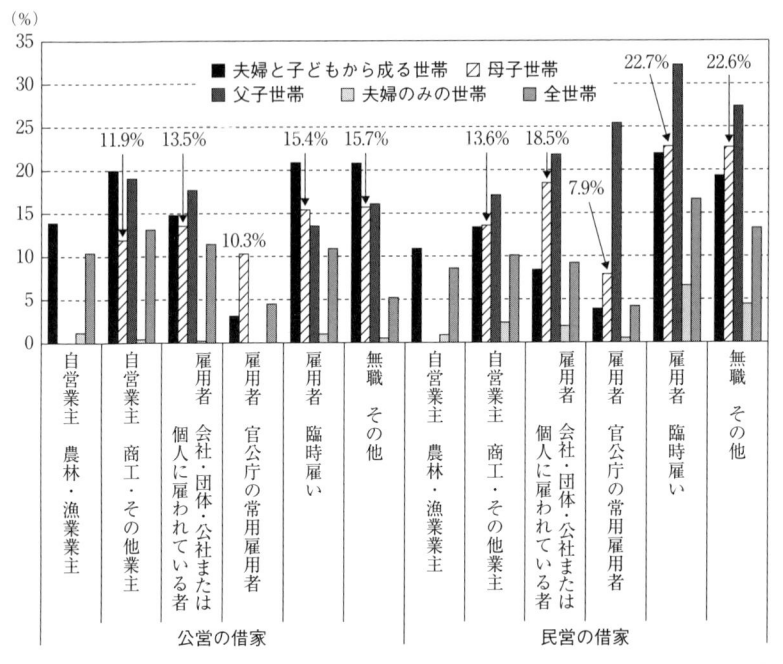

図10-5 家計を支える者の従業上の地位・世帯類型別最低居住水準未満の世帯割合（世帯年収400万円未満, 2003年）

（注） 1) 子どもとは，18歳未満を指し，全世帯とは記載された世帯類型も含めた全世帯をあらわす。
2) 母子世帯，父子世帯とも，女親あるいは男親と18歳未満の子どものみから成る世帯を指す。
3) 自営業 農林・漁業主（母子，父子世帯）と雇用者 官公庁の常用労働者（父子世帯）は，標本数がきわめて少ないため，掲載していない。

（出所） 「住宅・土地統計調査」調査票情報に基づく筆者の計算により作成。

世帯で最低未満の世帯割合が高い。また，家計を支える者の従業上の地位で比較すると，臨時雇いや無職・その他など経済的に不安定な職業に従事している世帯で最低未満の世帯割合が高いことがわかる。前者の理由としては，ひとり親世帯の入居を不可とする家主の存在やふたり親世帯に比べ大人の人数が少な[24]

---

24) 日本賃貸住宅協会「民間賃貸住宅の管理状況調査」（2006年度）によれば，管理を委託している家主の約16%が入居者を限定している。最も多いのが外国人（11.6%）で，次に単身高齢者（8.4%），高齢者のみの世帯（7.1%），障害者（3.1%），子どものいる世帯（1.9%），ひとり親世帯（1.1%）と続く。

表10-1　住宅の所有・居住水準別　1日の日照時間（1998年）

（単位：%）

		1時間未満	1〜3時間未満	3〜5時間未満	5時間以上
全住居	最低居住水準未満	7.3	18.0	28.5	46.3
	都市居住型誘導水準以上・設備有り	1.8	8.9	24.7	64.6
	一般居住型誘導水準以上・設備有り	1.5	6.8	18.1	73.5
公営の住宅	最低居住水準未満	2.1	12.3	29.3	56.3
	都市居住型誘導水準以上・設備有り	1.8	10.7	27.9	59.5
	一般居住型誘導水準以上・設備有り	0.4	3.2	16.7	79.6
民営の借家	最低居住水準未満	9.6	20.8	29.1	40.5
	都市居住型誘導水準以上・設備有り	2.2	9.6	25.2	62.9
	一般居住型誘導水準以上・設備有り	2.9	10.7	22.7	63.8

（出所）「住宅・土地統計調査」調査票情報に基づく筆者の計算により作成。

いひとり親世帯では，相対的に狭い面積でも居住可能と考え，家賃を節約して家計支出を他の消費支出に振り向けている可能性も考えられる。後者は流動性制約の可能性が高いと思われる。

4.3　日照時間

　居住の質は「広さ」だけが重要指標ではない。表10-1は，1998年[25]の住宅の所有別にみた1日の日照時間の比較である。最低居住水準未満の住宅では，1日の日照時間が1時間未満しかない住宅が全住居で7.3%，公営の借家では2.1%，民営の借家では9.6%にも達する。日照がない世帯が7〜8%もあり，1998年の公営と民営の借家世帯を比較すると，民営の借家居住世帯は全世帯平均よりも日照時間が短い世帯が多く，最低未満の世帯では1時間未満の日照時間の世帯が9.6%もある。一方，公営の借家は同じ最低未満の世帯でも，公営住宅等整備基準7条で「良好な居住環境を確保するために必要な日照（中略）等による居住環境の阻害の防止等を考慮した配置でなければならない」と規定されているため，日照時間では民営の借家に比べ，優位な立地にあることがわかる。

---

25)　この調査項目は，住環境を示す重要な指標ではあるが，2003年以降の「本調査」にはない。

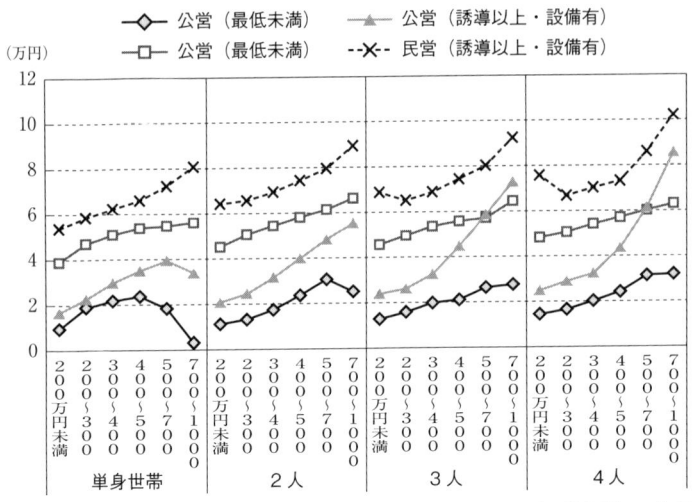

図10-6 公営の借家・民営の借家別 世帯人員・世帯年収階級別1ヵ月の平均家賃・間代 (2003 年)

(注) 公営の借家世帯の標本数には注意を要する。単身世帯 (最低未満) で年収 300 万円以上, 2 人世帯 (最低未満) の 700 万円以上で標本数が極端に少ないため, 比較には注意を要する。

(出所) 「住宅・土地統計調査」調査票情報に基づく筆者の計算により作成。

4.4 家賃負担の現状

図 10-6 は, 公営の借家と民営の借家の 1 ヵ月の家賃・間代を世帯人員, 居住水準, 世帯年収 (1000 万円以下) を等しくした条件で, 2003 年の家賃・間代 (管理費・共益費は含まない) の 1 ヵ月の平均額をあらわしている。各住居の間取りや利便性などの詳細な情報は調査項目にないため, 広さのみを考慮した分析である。

いずれの世帯人員数の世帯でも, 1 ヵ月の平均家賃・間代は, 公営の借家の最低未満世帯が最も低く, 次に公営の借家の誘導以上世帯, 民営の借家の最低未満世帯, 誘導以上世帯の順で高額になっている。つまり, 最低未満の民営の借家に居住する世帯よりも, 公営の借家に居住する誘導以上の世帯のほうが, 家賃・間代負担が低いのである。さらに図 10-6 からはわかりにくいが, この2 つの家賃差は相対的に低所得層のほうが大きい。結果として, 単身世帯や 2人世帯などの世帯人数の少ない世帯では, 公営の借家世帯は民営の借家世帯よ

りも，居住水準と家賃負担という両方の点で優遇されていることになる。

　また，公営住宅に居住する高額所得世帯への割り増し賃料策の影響からか，公営の借家（誘導以上）の家賃は世帯人員 2 人以上の世帯では，世帯年収が増えるほど，急上昇する動きをとる。それでもなお，最低居住水準未満の民営の借家の家賃水準を上回る程度にすぎず，割り増し賃料の設定方法にはなお検討の余地があることを示唆している。

　先述したように，低所得者ほど公営と民営の借家世帯の家賃差額は大きくなる傾向がある。2003 年における世帯年収 200 万円未満の世帯数は，民営の借家が公営の借家の 3.8 倍となっている。とくに公営住宅の入居が制限される単身世帯で比較すると，その差は約 7 倍にもなる。

　公営住宅制度の恩恵は居住世帯に限られており，入居基準以下であれば，抽選による選別を主とした現物給付による住宅政策は公平性の点で課題が多い。より広範な低所得者世帯を対象とする住宅支援には，①これまで以上に公営住宅を建設するか，②公営住宅における収入超過者・高額所得者の明け渡しを促進し，民営借家に居住する世帯との入れ替えを行うか，③民営の借家に居住する世帯にも家賃補助等を支給するなどが考えられる。しかし，公共事業関係費の減額や 1996 年の公営住宅法の改正による公営住宅建設の家賃収入補助（建設用地の金利負担分の補助金）廃止により，自治体による新規公営住宅建設数は減少している。1996 年の公営住宅法改正で，民間の借家を借り上げる借り上げ公営住宅制度が導入されたが，国の補助が共用部分・共同施設部分に限定されることや，借り上げ期間終了後の転居先の確保などの問題があり，借り上げ公営住宅の整備は遅れている。

　図 10 - 7 は，民営の借家における最低居住水準未満，誘導居住水準以上の住宅を設備の有無別に家賃・間代（月額）の平均額を畳数で除した結果である。通常，家賃水準は建築年を経るほど低下する。しかし，最低居住水準未満・設備有りの住宅に限定すると，新耐震基準をクリアしていない 1980 年以前に建築された住宅の家賃水準はむしろ下げ止まりしているようにもみえる。この結果だけで判断するのは早計であるが，再開発等で供給量が少なくなった「古くとも設備は有る」という住宅の希少価値が増した結果とも考えられる。とはいえ，低所得者向けの老朽化した住宅の貸し主は，「『アマチュア』的な零細家

図 10-7 民営の借家における居住水準・建築年別の家賃・間代（月額：畳 1 畳当たり）の平均額の推移

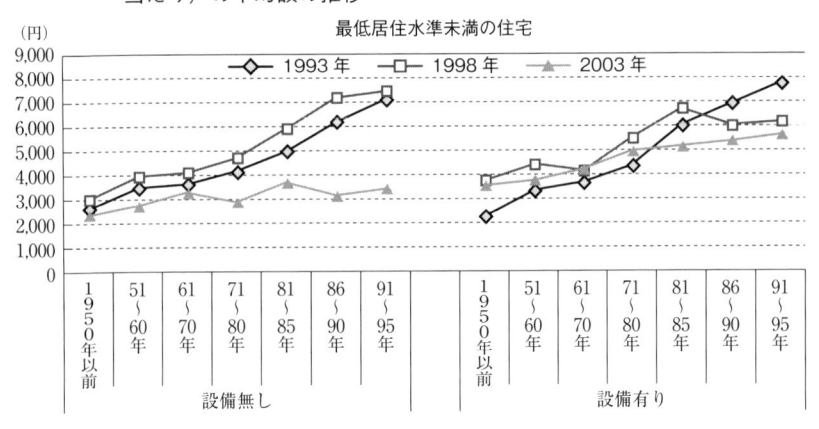

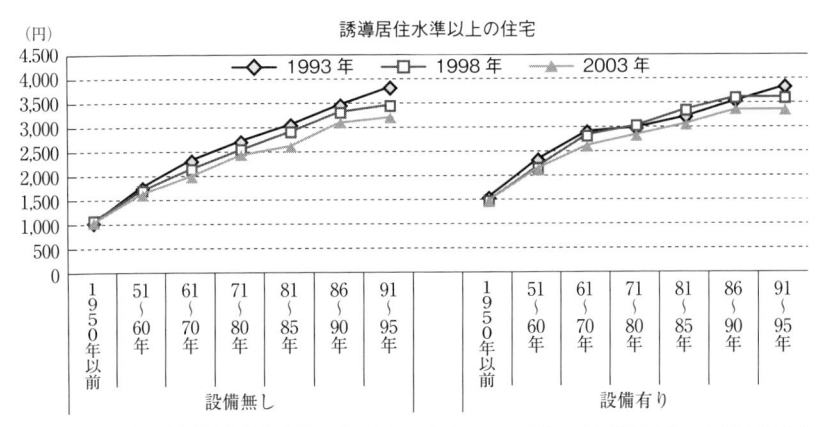

（注）　2003 年の最低居住水準未満・設備無しの住宅については，建築年が新しいものは標本数が少ないことに注意が必要である。
（出所）　「住宅・土地統計調査」調査票情報に基づく筆者の計算により作成。

主」（平山 2009，262 頁）が多く，住宅修繕の投資には限界がある。民営借家の低所得者向け住宅の供給数は，今後地域の再開発が進めば，さらに減少する可能性はきわめて高い。

5 住宅手当導入の効果

　現行の公営住宅の制度では単身者入居は高齢者や障害者などに限定されており，低所得の単身者への支援は離職による住宅喪失者に対する住宅手当などの一部の施策に限られる。しかも本分析では税・社会保険料込みの世帯年収をベースに家賃額を比較したが，税や社会保険料負担が高齢世代に比べ相対的に重い現役世代で，これらの支援策に該当しない低所得者層への国の制度としての家賃補助は存在しない。平山（2009）によれば，日本の公営住宅の家賃は投下資本の回収を前提とする原価主義を採用しているという。借家市場の需給をまったく反映していない家賃水準である公営住宅と，民営の借家との家賃ギャップが拡大し続ければ，民営借家市場がクラウディング・アウトされてしまう可能性もある。民業を圧迫しない低所得者のための住宅支援の方法として，居住形態を問わずに家賃を補助する住宅手当（家賃補助）の導入が考えられる。すでに欧州を中心とした国では，住宅手当（家賃補助）政策が低所得者向け住宅政策として採用されている（表10-2参照）。

　国土交通省・社会資本整備審議会の2005年9月の審議会答申「新たな住宅政策に対応した制度的枠組みについて」では，「民間住宅を活用した家賃補助」の導入が効率性の高い政策手段として提示されたが，生活保護との関係，財政負担，適正な運営のための事務処理体制，受給者の自助努力を促す方策のあり方など整理すべき課題が多いとされ，住宅手当（家賃補助）はまだ本格的な導入には至っていない。その具体的な制度設計にはいくつかの論点があるが，建築学や住宅学の立場からも住宅手当（家賃補助）導入に前向きな論調は多い（内田 2004；八田 2005；大竹 2005；園田 2005など）。逆に山崎（2001）は家賃補助より所得補助を重視し，住田（2003），本間（2004），浅見（2005）は，民間の住宅ストックの質的問題から家賃補助の導入には慎重な立場をとる。

　そこで，本研究では「本調査」（2003年）の標本分布から，①住宅手当受給者数の推計，②住宅手当の支給額，③所要額，を推計することにした。①の住宅手当受給対象者数は，世帯収入の階級値を世帯人員の平方根で除した世帯等

表 10 - 2　賃貸住宅に関する住宅現金給付（2010 年）

	通常の住宅給付[2]						
	決定要因					給付内容	最高給付額（平均賃金に対する比率（%））
	世帯の類型・規模	所得	住宅規模	地域	家賃		
	[1]					[2]	[3]
イギリス	○	○	—	○	○	適格住宅にのみ支給。支給額＝家賃－（純所得－世帯形態による社会扶助給付）×0.65	22.3
フランス	○	○	—	○	○	低所得世帯向けの扶助がいくつかある	14.5
ドイツ	○	○	—	○	○	一般的制度・住宅の質などによるシーリングあり	15.5
オランダ	○	○	—	—	○	最低「標準家賃」を超えた分の100%を「最低限住宅基準額」まで給付。「最低限住宅基準額」を超えた分については75%を上限まで給付	7.7
スウェーデン	○	○	—	—	○	総住宅費用はブラケットに分割される。定額給付に加え，ブラケットの 50 〜 75%が給付される。受給者の年齢によって取り扱いが異なる。	10.7

（注）　1）　「—」は情報がないか，適用できないことをあらわす。
　　　　2）　特定のグループに向けた他制度がある。スウェーデンでは年金受給者を対象とした制度がある。
（出所）　OECD "Tax and Benefit Models" および OECD（2006），pp.37-39 をもとに筆者作成。

価収入十分位の第 1 分位（下位 10%）を対象者と考える。後述するように，この階層の家賃・管理費の世帯年収に占める割合は，第 2 分位に比べ極端に大きいためである。このうち，間接的な家賃支援を受けていると思われる公営住宅居住者と給与住宅，住宅に同居している世帯は除き，公社・公団住宅，民営の借家居住者を対象者とした。また，世帯の家計を支える者の従業上の地位から，住宅手当が支給される公務員と親からの仕送りがある学生，職業不詳者も対象者から除いた。雇用者（会社・団体・公社または個人に雇われている者）は，企業からの住宅手当の支給の有無を勘案すべきであり，人事院「2011 年職種別民間給与実態調査」の住宅手当の不支給企業（企業規模計）の割合（48.3%）をとって支給対象とした。これは企業数ベースの数字であり，従業員数ベースの

表 10 - 3　職業・住宅の所有関係，世帯年収別　住宅手当該当者の確率（2003 年）

（単位：%）

世帯年収	民営の借家		公団・公社	
	200 万円未満	200 ～ 300 万円	200 万円未満	200 ～ 300 万円
自営業主（農林・漁業業主）	100.0	1.00	99.2	0.8
自営業主（商工・その他業主）	100.0	0.38	99.7	0.3
雇用者（会社・団体・公社または個人に雇われている者）	50.9	0.03	99.7	0.3
雇用者（臨時雇）	100.0	0.09	99.9	0.1
無職　その他	100.0	0.00	100.0	0.0

（出所）「住宅・土地統計調査」調査票情報に基づく筆者の計算より作成。

数字ではないが，簡易的にこれを用いた。この結果，職業と世帯年収，住宅の所有関係別に該当者がいる確率は，表 10 - 3 のとおりとなった。該当世帯数は約 228 万世帯となったが，ここから生活保護の住宅扶助受給世帯（借家・借間世帯）[26] の 46.6 万世帯については，職業分布がわからないため，無職者分として差し引くと，約 181 万世帯となる。注意しなければならないのは，公社・公団住宅世帯の 18%，民営の借家世帯の 22% が世帯年収もしくは世帯の家計を支える者の従業上の地位を回答していない点である。本推計がこれらの非回答世帯や寮や寄宿舎などに居住する準世帯を除外していることや，2003 年以降の所得格差の拡大傾向等を考慮すると，対象者数が過少推計になっている可能性は否めない。

②の住宅手当の支給額は，この該当者に均一の手当額を支給するのではなく，居住地による家賃水準の差を考慮し，本推計では生活保護の住宅扶助の級地別の支給上限額を利用した。生活保護の住宅扶助の支給上限額は 1 級地または 2 級地で月額 1 万 3000 円以内，3 級地で月額 8000 円以内である[27]。ただし，1 ヵ月の家賃・間代の実際の支出額がこれを下回るときは実際の家賃・間代の額とした。③これらの数字を利用して，12 ヵ月分の費用を推計した結果，所要額は約 1998 億円となった。先述したとおり，世帯収入等が不詳のため分析から

---

26)　厚生労働省「被保護者全国一斉調査」（2003 年）の住宅扶助受給世帯のうち，民間の借家・借間世帯数である。公営住宅居住者は含まない。

27)　住宅扶助特別基準の金額は使用していない点には留意が必要である。都市部等で特別基準による金額を採用すれば，本推計は過少推計である。

表 10 - 4　等価世帯十分位別の住宅手当支給前後の世帯年収に占める家賃・間代の割合（2003 年ベース）

	住宅の所有の関係	現在	手当支給後	手当支給後（学生除く）		住宅の所有の関係	現在
第1十分位	公営の借家	18.4	18.4	18.4	第6十分位	公営の借家	8.7
	公団・公社の借家	52.6	40.6	40.6		公団・公社の借家	15.1
	民営の借家	55.3	47.4	45.4		民営の借家	16.8
	合計	47.4	41.0	38.4		合計	14.3
第2十分位	公営の借家	10.2			第7十分位	公営の借家	8.5
	公団・公社の借家	22.2				公団・公社の借家	16.1
	民営の借家	26.9				民営の借家	17.8
	合計	21.0				合計	15.6
第3十分位	公営の借家	9.6			第8十分位	公営の借家	7.8
	公団・公社の借家	21.9				公団・公社の借家	13.9
	民営の借家	25.2				民営の借家	14.7
	合計	20.5				合計	12.8
第4十分位	公営の借家	8.9			第9十分位	公営の借家	6.7
	公団・公社の借家	18.2				公団・公社の借家	12.4
	民営の借家	20.1				民営の借家	12.3
	合計	17.2				合計	10.7
第5十分位	公営の借家	9.4			第10十分位	公営の借家	3.5
	公団・公社の借家	24.3				公団・公社の借家	10.5
	民営の借家	24.6				民営の借家	9.5
	合計	22.4				合計	7.8
					合計	公営の借家	13.2
						公団・公社の借家	23.9
						民営の借家	29.6
						合計	25.1

（出所）「住宅・土地統計調査」調査票情報に基づく筆者の計算により作成。

除外した2割の世帯がこの分析対象者と均等な標本分布であると仮定すれば，単純計算で2割程度費用は上昇し，所要額は 2400 億円となる。

　表 10 - 4 は，住宅手当支給前後の世帯年収（階級値）に占める家賃・間代の割合をあらわしている。シュワーベの法則[28]が示すように，「現在」で比較すると，公営の借家を除くと，低所得層ほど家賃負担の割合は大きくなり，第1十分位では 50％を超えている。家賃負担について政策的な目安があるわけではないが，第3期住宅建設五箇年計画（1976 ～ 1980 年）で示された家賃負担限度率（第2五分位の世帯人数4人世帯で 18％，最高でも第5五分位の単身世帯の

23.3％）や「21 世紀に向けた住宅・宅地政策の基本的体系について（答申）」
（1995 年住宅宅地審議会答申）における中堅所得者等の家賃支出の目安とされた
収入のおおむね 20％程度という数値に比べてもきわめて高い。家賃負担の割
合は，第 2 十分位になると大幅に減少する。そのため，本推計では住宅手当の
支給対象者を第 1 十分位とした。

　世帯収入に占める家賃・間代の割合を比較すると（該当者がいない分位は掲載
していない），住宅手当の支給でおおよそ 10％ポイント程度家賃負担が軽減す
ることになるが，それでもその負担割合は 4 割を超える高い水準となっている。

　室田（2010）による試算結果でも，一部の低所得世帯では家賃補助受給後の
家賃負担率は 4 割を超えている。

　ただし，この数字の解釈は慎重に行わなければならない。1 つは，本推計は
手当の対象を住宅に居住している普通世帯に限っているため，住宅喪失者など
が対象者に含まれていないこと，また職業不詳，世帯収入不詳を支給対象外と
しているため，対象者数，費用ともかなり過少推計になっている可能性が高い。
室田（2010）は家賃補助の上限額を収入の 20％に設定しているが，その金額は
住宅扶助の支給額の数倍にもなるケースもある。制度設計いかんでは，住宅手
当の所要額は本試算の数倍になる可能性は否定できない。もう 1 つは世帯年収
を階級値で計算したため，世帯年収 200 万円未満世帯では実際の所得分布とは
乖離している恐れもある。また，手当の支給によって，対象者がより高い家賃
の住宅への志向を高める可能性や社会全体の家賃水準の上昇の可能性も考慮し
ていない。[29] こうした住宅手当の支給による効果の検討は今後の課題としたい。

---

28)　低所得世帯ほど，家計支出に占める住宅費支出割合が多いという法則。谷（1968）は消費
　　支出に占める住宅費支出とエンゲル係数の相関を調査しているが，両者には正の相関があ
　　るものの，ある局面から住宅費支出割合の屈曲点があり，それ以降は住宅費支出割合が急
　　減することを見出している。世帯人数が多い世帯では，食費を切り詰めるのは限界がある
　　ため，住宅費を含めた他の支出を抑制しているのではないかと推測している。

29)　アメリカの家賃補助政策は受給までの長い待ち時間など，課題も多い（岡田 2005，海老塚
　　2011）。中川（2003）は，住環境が居住者の厚生水準に及ぼす影響を特別なバウチャーを活
　　用して実証する MTO という社会実験を紹介している。それによれば，供給側への住宅補
　　助より高い率の低所得者の参加が実現され，低所得比率・犯罪発生率，公共サービスなど
　　が良好な地域への転居などの効果があったという。また，住宅の質改善以上の価格上昇は
　　確認されず，新築，建て替え，改修の促進も限定的な効果しか確認されなかった。

6 おわりに

以上，総務省統計局「住宅・土地統計調査」を用いて，低所得者向け住宅政策の中心を占める公営住宅の居住環境と家賃負担を分析し，住宅手当の試算を行った。本章で明らかになったのは，以下の4点である。

① 公営住宅の入居水準判定に使用される「政令月収」は多人数世帯に有利な設計となっており，計算方法によっては，本来階層の収入分位25%，裁量階層の収入分位40%以上の世帯収入があっても，入居可能となる。世帯規模を調整した新たな計算方法を検討する必要がある。

② 民営と公営の借家世帯とも居住水準は世帯人数が増加するほど低下し，とくに最低所得階層の居住水準が最も低い状況にある。十分な広さを持ったファミリー向け物件は民営の借家，公営の借家とも供給数が限られており，低・中間所得層向け物件の供給増に対する国・自治体による支援が必要である。

③ 世帯人員や所得水準を調整して，民営と公営の借家世帯の家賃・間代額を比較すると，低所得者世帯間と最低居住水準未満の住宅世帯で格差が大きい。民営，公営の借家世帯とも居住水準の上昇とともに，家賃も上昇するのは共通しているが，民営の借家世帯の最低居住水準未満の家賃水準のほうが公営住宅の誘導居住水準以上・設備あり住宅のそれよりも高額であるという状況が生じている。

④ 世帯人数が少ない世帯では，公営住宅制度は居住水準が良好な低廉な家賃の住宅を供給できているが，民営の借家世帯への支援は取り残されている。公営住宅の供給増は難しく，居住形態を問わない住宅手当（家賃補助）の導入が必要である。

今後の住宅政策においては，建設年数を経た古い物件の建て替えが重要な鍵になる。木造密集地域や老朽化した空き家対策，公園などの緑地整備などの居住環境の整備には自治体の支援，一定の規制が不可欠である。また，これまでの広さを重視した居住水準ではなく，日照，静音性，バリアフリー，安全性な

ど複数の住環境指標を取り入れた新たな居住水準・統計指標の作成も今後の課
題となろう。

（丸山 桂）

終　章

最低生活保障の確立のために

1　各章の知見

本章では第1節で第1〜10章での知見をまとめたうえ，第2節でその含意を述べ，第3，4節で最低所得保障を確立していくために現行制度，政策に何が欠け，何が必要とされているのか考える。

第I部では，生活保護制度を中心とする最低生活保障の現状と政策変更の影響を主に検討した。

第1章では，1980年から2000年代半ばの保護率（生活保護受給率）の変動要因を，厚生労働省の都道府県別データに基づき検討した。その結果，1980年から1990年代前半の保護率低下は，①その他の世帯（高齢・母子世帯以外の世帯）の保護率低下が主な要因であること，②母子世帯における保護率の大幅低下による影響もあることが明らかになった。さらに③生活保護受給開始率・廃止率とも低下し，生活保護からの脱却が困難な人々の割合が増えたことが示唆された。

一方，1990年代後半から2000年代半ばまでの保護率上昇は，④生活保護受給者に占める高齢単身世帯割合の増大や，その他の世帯（高齢・母子世帯以外の世帯）での保護率上昇が主な要因であった。また⑤生活保護開始率上昇と廃止率低下は同時に起きており，いったん生活保護受給者となるとそこから脱却困難な人々が，被保護者として多く流入していたことが明らかになった。

第2章では，貯蓄，持ち家，乗用車などの資産保有条件により，仮想的な所

得基準のみに基づく保護率がどれほど変動するか，総務省「全国消費実態調査」(2004 年) に基づき検討した。その結果，①壮年 (30 〜 49 歳) 世帯主世帯，多人数世帯，3 世代ひとり親世帯，夫婦と子ども世帯では一定の純貯蓄保有を認めても仮想的保護率の増減幅は相対的に小さいこと，②乗用車を含む資産保有制限 (資力調査) により，仮想的な所得基準のみに基づく保護率と実際の保護率の地域差の大半を説明できることを示した。

　第 3 章では，2009 年 12 月のひとり親世帯就労促進費廃止・母子加算復活が，被保護母子世帯の母親の就業率を引き下げたか，厚生労働省「社会保障生計調査 (2009 年)」に基づき検討した。①推計方法により就業率の低下幅は大きく異なることを示したうえ，②就業率低下 (あるいは上昇) が望ましいかどうか (たとえば就業により家庭内での子どもへのケアの時間が少なくなる等) の価値判断にはなお慎重な留保が必要であることも指摘した。

　第 4 章では，70 歳以上の生活扶助額の 2 割に相当する老齢加算廃止が 70 歳以上の被保護高齢者の消費支出にどう影響したか厚生労働省「社会保障生計調査 (2003 〜 2006 年)」に基づき検討した。その結果，①野菜・海藻，調理食品などの食料支出が減り，②こづかい (使途不明金)，新聞，その他の交際費も減ったこと，その一方で③光熱・水道，交通・通信，冠婚葬祭費などの支出減については確認できないことを示した。

　第 5 章では，国際比較等で多用される経済協力開発機構 (OECD) の相対的貧困基準に基づく貧困率が，所得が生活保護基準未満である低所得層とどのように関連付け可能か，総務省「全国消費実態調査 (2004 年)」と厚生労働省「国民生活基礎調査 (2001，2004，2007 年)」に基づいて検討した。その結果，①容易に計算可能な OECD の相対的貧困率でも，煩雑な計算が必要な，所得が生活保護基準未満である要保護率の傾向をおおよそ把握可能なこと，②両基準に基づく低所得層の異同は世帯に働く規模の経済性 (等価尺度) の設定の相違が主な要因であること，③老齢加算廃止の影響により，生活保護基準では捉えられず，OECD の相対的貧困基準でのみ捉えられる高年齢者の貧困が増大したことを示した。

　第 6 章では，1994 〜 2009 年の相対的貧困率に家族の変動が及ぼした影響を総務省「全国消費実態調査」を用い検討した。その結果，①ひとり親世帯に属

する子どもの割合の増大と，ひとり親世帯の貧困率自体の上昇が子ども（19歳以下）の貧困率上昇の主要因であること，②親と同居する無配偶者の貧困率は低い水準にあるとはいえ，その貧困率自体が近年上昇したことが若年者（20〜34歳）における貧困率上昇の主な要因であったことを示した。一方，③壮年者（35〜44歳および45〜64歳）では，親と同居する無配偶者の貧困率はもともと高く，未婚化・非婚化の進展による，単身者ならびに親と同居する無配偶者割合の上昇が貧困率上昇の主な要因となったこと，④高齢者（65歳以上）では，単身と夫婦世帯の貧困率が大幅に低下したものの，貧困率の低い有配偶の子と同居する高齢者の割合が低下したために貧困率の低下は小幅にとどまったことが示された。

第7章では，総務省「住宅・土地統計調査（1993, 1998, 2003年）」を用い，居住水準や家賃負担を世帯類型別・所得水準別に比較検討した。その結果，①低所得世帯ほど借家，腐朽・破損した居住水準の低い住宅に住んでおり，とりわけ低所得の臨時雇いの給与住宅が低水準であること，②世帯類型別にみると，ひとり親世帯の居住水準は低く，また単独世帯は所得にかかわらず質の低い住宅に居住する傾向があること，③低所得世帯ほど世帯収入に占める家賃・間代の負担が大きく，この傾向は民営借家で顕著であることが明らかになった。

第Ⅱ部は，今後の最低生活保障のあり方に関する示唆を得るため，いくつかの試行的な検討を行った。

第8章では，筆者が設計したインターネット調査に基づき，費目間の家計のやりくりも勘案したうえで，一般市民が考える生活費（主観的最低生活費）を算出し，生活保護基準と比較検討した。その結果，①生活保護基準額は，単身世帯を除き，K調査（切り詰めるだけ切り詰めて最低限いくら必要か質問）とT調査（つつましいながらも人前で恥ずかしくない社会生活をおくるためにいくら必要か質問）の主観的最低生活費の中間にあること，②単身世帯では生活保護基準はT・K両調査を下回る低い水準となっていること，③主観的最低生活費では世帯に働く規模の経済性を大きく（＝多人数世帯に必要な生活費を相対的に小さく）見積もってしまうことを示した。

第9章では，慶應義塾大学「日本家計パネル調査」を用い，イギリスとアメリカの給付つき税額控除（低所得者に対する税軽減措置と課税されないような低所

得者に対する給付措置を組み合わせた制度）を日本に適用した場合の貧困削減効果と、日本の実際の児童手当・子ども手当・児童扶養手当による子育て世帯の貧困削減効果とを比較検討した。その結果、①いずれの制度も貧困削減効果はあるが、イギリスの制度の貧困削減効果が最も大きいこと、②子ども手当は普遍的給付（高所得層も給付対象とする制度）であるため財政規模が大きい一方、給付つき税額控除と比較すれば、その貧困削減効果は小さいこと、③ひとり親世帯にアメリカの制度を適用すると、児童扶養手当の貧困削減効果のほうが大きいため、就労時間を増大させない限り、貧困率は上昇してしまうことなどが明らかになった。

第10章では、総務省「住宅・土地統計調査（1993, 1998, 2003年）」を用い、低所得層に対する家賃補助（住宅手当）を導入した場合の影響や財政規模を検討した。その結果、①公営住宅の入居判定に用いられる所得基準は多人数世帯に有利なため、世帯規模を調整した新たな計算方法を検討する必要があること、②世帯員数が少ない場合、公営住宅制度は居住水準が良好な低廉な家賃の住宅を供給できているが、実際には公営住宅の供給増は難しいため、民営借家世帯を含む住宅手当（家賃補助）の導入が必要であること、③家賃負担が所得の50％を超える第1十分位（所得の低いほう10％）かつ公社・公団住宅、民営借家居住者を対象とし、生活保護（級地別）の住宅扶助の支給上限額まで住宅手当（＝上限額と実際の家賃との差額）を支給した場合、総額2400億円／年の財政規模が必要となるが、所得に占める家賃負担割合は10％ポイント下げられることを示した。

2　最低生活保障への含意

国際比較でみると、日本の最低生活保障は、①最低賃金の水準が相対的に低く（フルタイム就労しても低所得層から脱出が難しい）、②満額の基礎年金が生活保護基準を下回り（基礎年金だけでは最低生活保障に満たない）、③一般低所得層向けの住宅手当が存在しない（所得では最低生活保障水準を上回っても、家賃により最低生活保障水準に届かない）という特徴を持つ（序章）。つまり、生活保護

制度以外の最低生活保障機能が相対的に弱いため，生活保護制度に負荷がかかりやすい。

　また制度設計としても，日本は経済的弱者のカテゴリー（たとえば長期失業者，ひとり親世帯，高齢世帯等）ごとに個別の公的扶助（カテゴリー別扶助）を設けておらず，生活保護という単一制度ですべての経済的弱者をカバーする，「一般扶助」の形態をとる。最終的にはすべての経済的弱者を生活保護制度という単一の制度で救済するため，生活保護制度に負荷がかかりやすい（序章）。

　こうした日本の最低生活保障に対する 10 章の含意は 5 つに集約されよう。

　第 1 に，生活保護制度への負荷の増大（保護率上昇）の背景には，被保護高齢世帯の増大のみならず，その他の世帯（高齢・母子世帯以外の世帯）での保護率上昇と生活保護からの脱却が困難な人々の流入により生じており（第 1 章），それは家族間での扶養を通じた自助努力が限界にきていること（第 6 章）があると指摘できる。

　未婚化・晩婚化の進展を考えても，生活保護制度への負荷は今後ますます増大することが予想される。[1]すでに高齢単身世帯では 8 人に 1 人が被保護者[2]となっており，これはまさに家族間の扶養（自助努力）の限界を端的に示す数値といえよう。

　第 2 に，資力調査の存在は，強まりつつある生活保護制度の負荷に抗する，実質的な「障壁」となっている可能性がある。しかし，とくに自動車の保有制限は，貯蓄半月分という要件ほど厳しくないとはいえ，交通が不便な地域を中心にかなり強い資産要件となっていることが懸念される（第 2 章）。生活保護への流入率を低下させたとしても，それにより生活保護からの退出率も低下させてしまう可能性（第 1 章）にも留意が必要である。

　生活保護制度に対する負荷が強まるなか，自立助長と資産保有のバランスに

---

1)　稲垣（2013）の推計によれば，所得が生活保護基準未満の高齢者は 2060 年には 20％近く（現在の 2 倍）に達する。背景には公的年金の給付水準の低下と単身高齢者の増大がある。もちろん資力調査があるため，実際の高齢者の被保護率は 20％より少ないことが予想される。

2)　厚生労働省「生活保護の被保護者調査（2017 年 3 月分概数）」によれば，高齢単身世帯の被保護者は 78 万人で，被保護者全体の 47.5％に相当する。また国立社会保障・人口問題研究所「日本の世帯数の将来推計（2013 年 1 月推計）」によれば，2017 年の高齢単身世帯数は 633 万世帯である。つまり単純計算では，高齢単身世帯のうち，12％は生活保護受給者である。

ついては慎重な配慮が求められるといえよう。

　第3に，保護率の変動も相対的貧困率の変動も，ひとり親世帯の動向が大きな影響を与えている（第1，6章）。ひとり親世帯に対する生活保護基準の変更は就業率に影響を与えた可能性が高い（第4章）。しかし，たとえ就労してもひとり親世帯の相対的貧困率はほかの世帯と比較し，国際的にみてもきわめて高く，6割にも達する（OECD 2009, p.181）ことを勘案すれば，たんなる就労促進は貧困削減の万能薬にはなりそうにない。低所得世帯における就労促進が子どもに対するケア時間の減少など，時間の貧困（石井・浦川 2014；大石2015；浦川 2016）をもたらしていないのかも慎重に検討する必要がある。

　被保護世帯ではない，ひとり親についても，就労促進的な貧困削減のための制度設計を試みようにも，その設計如何によっては，かえって相対的貧困リスクを高める危険性すらある（第9章）。日本では，現役世代の貧困世帯に占める，就労者が1人でもいる貧困世帯の割合が，他の先進国と比べ高い（OECD 2009）。

　繰り返しになるが，たんなる就労促進は日本では貧困削減の万能薬にはなりそうにない。

　第4に，相対的基準ではない，なんらかの絶対的基準による最低限度のラインを生活保護に設けることが将来的には必要とされる。たとえば高齢者の生活保護基準引き下げ，すなわち老齢加算廃止により，生活保護基準では捉えられない，相対的貧困層は増大した（第5章）。国際比較などで用いられる相対的貧困線より，老齢加算廃止後の70歳以上の高齢者の生活保護基準が低くなってしまったということである。さらに老齢加算廃止により，食費への支出減等，老齢加算廃止の対象となった70歳以上がいる世帯の消費構造自体にも実質的な影響を与えた（第4章）。

　高齢者の最低生活保障の機能を担うべき基礎年金の給付水準については，今後本格的に適用が予定されているマクロ経済スライドにより将来的に2割から3割程低下していく[3]。これに加え，年金から天引きされる医療保険料（後期高齢者医療制度），介護保険料も今後上昇することが予想されるため，手取りでみた年金水準はさらに低下する。また高齢化の進展だけでなく，先に述べた家族間の扶養機能低下により，生活保護を受給する高齢者は今後も増大し，生活保

護制度にかかる負荷は増す。

　生活保護以外の社会保障給付の引き下げや，低所得層での賃金上昇が抑制される（賃金格差が拡大する）のであれば，さらに生活保護制度にかかる負荷は増す。日本の最低生活保障の特徴ゆえ，また標準世帯（夫婦子1人世帯）の平均的消費支出の6割程を生活保護は保障しているがゆえ，その消費水準を下回る所得階層が増えることで，生活保護の受給者が増大するからである。

　しかし受給者増大という財政的理由により，政策的に安易に生活保護基準を引き下げれば，最低生活保障機能は失われてしまう。

　まずは最低賃金制度や保険料を主要な財源とし，（生活保護と比較すれば）給付水準引き上げについて政治的合意を得やすい公的年金制度等が最低生活保障機能を担うべきであり，さらに厚生年金保険の短時間労働者への完全適用拡大による貧困削減効果（稲垣 2015, 2017）を期待すべきである。ほかにも，2017年4月に予定されていた消費税増税が先送りされたためまだ施行されていないが，2012年に成立した低年金受給者等に対する年金生活者支援給付金も，生活保護制度にかかる負荷を緩和する新制度として期待される。

　しかし，生活保護制度側でも，たんなる相対的基準ではない，なんらかの絶対的基準による最低限度のラインを設ける必要がある。生活保護基準が引き下げられれば，他制度の参照基準となっているがゆえ（序章），低所得層の実質的な消費水準も下がっていく。それを生活保護基準が「相対的に参照」してしまうと，負のサイクルが始まる恐れもある[4]。生活保護制度の最低生活保障機能は長期的に縮小し続け，やがて安全網の底が抜けてしまうことが懸念される[5]。

　主観的最低生活費の計測（第8章）は，こうした事態を防ぐための最低限度

3）　2014年の年金財政検証のEケース（労働市場への参加が進むケースのうち，最も低い，1.0％の全要素生産性上昇率を将来の経済状況の仮定としておいたケース）を想定している。また年金水準の評価を，物価上昇率で行った場合は2割，賃金上昇率で行った場合は3割と予想される。

4）　具体的には，医療・介護負担は，生活保護基準を参照している課税最低限が引き下げられれば，低所得層で増大する。医療・介護費の自己負担の対所得費比は，低所得層において高くなる傾向があるので，生活保護基準を引き下げることは，そうした費用を差し引いた実質的な可処分所得を低下させ，実質的な貧困率を上昇させることにつながる（田中ほか 2013）。

5）　とはいえ生活保護基準改定の際は，標準世帯（夫婦と子1人）の平均的消費支出の6割を，もう1つの基準として参照しているため，この水準が低下しない限り，一定の歯止めは働く。

のラインを見極めるための試みであるが，あくまで1つの試みにすぎず，今後も多くの試みが行われる必要がある。実際に最低生活費を計測し，生活保護基準と比較検討する研究が近年蓄積されているところでもある（岩永・岩田 2012）。とりわけさまざまな状況に置かれた子どもの最低生活費とは何かについて，等価尺度を含め，今後さらなる研究の発展が期待される。

第5に，低所得層向けの家賃補助（住宅手当）の必要性である（第10章）。すでに今をさかのぼること76年前（1942年）のベヴァリッジの社会保障計画でも，ナショナル・ミニマム（国家が国民に保障すべき最低限の生活水準）設定で最も苦慮したのが家賃の扱い（一圓 2014，283頁）で，古くて新しい問題といえる。

総務省「住宅・土地統計調査」によれば，2000～2015年に，給与住宅比率は30歳代で4%ポイント下落し，持ち家比率も40歳代で7%ポイント下落した。その分民営借家に居住する人々の割合が高まっている。持ち家という自助努力あるいは企業の法定外福利費（給与住宅）による住宅確保の余地は縮小している。

3　住宅手当と住宅ローン減税

それでも，住宅手当導入の代わりに，持ち家や給与住宅による住宅確保をさらに促進すべきであろうか。前者については，たしかにこれまで日本は持ち家政策を進めてきたが，後者については法定福利費（社会保険料負担）の増大により，さらなる縮小こそあれ，そもそも顕著な伸びを期待できない。

前者についても，日本の低所得層の住宅ローン返済額（対所得比割合）は先進加盟国のなかでも高いことに注意する必要がある。図終−1は住宅の保有別に第1所得五分位（所得の低いほう20%）の住宅費の過重負担者の比率を示している。住宅費の過重負担者とは，EUの定義に従い，可処分所得の40%を超える者である。

賃貸（民営借家）に居住しており，家賃が可処分所得の40%を超える第1所得五分位の割合は，日本は42%と比較対象国のなかほどに位置する。しかし，

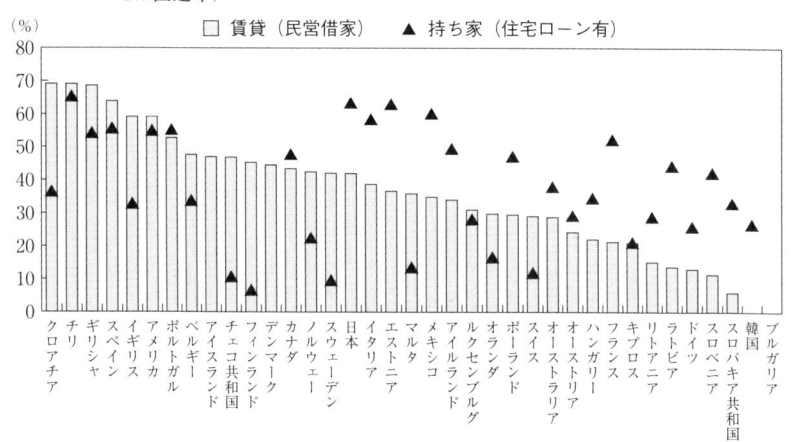

図終－1 低所得者に占める住宅費過重負担者割合（住宅保有形態別，2014 年ま
たは直近年）

凡例：□ 賃貸（民営借家）　▲ 持ち家（住宅ローン有）

横軸国名（左から）：クロアチア／チリ／ギリシャ／スペイン／イギリス／アメリカ／ポルトガル／ベルギー／アイスランド／チェコ共和国／フィンランド／デンマーク／カナダ／ノルウェー／日本／スウェーデン／イタリア／エストニア／マルタ／メキシコ／アイルランド／ルクセンブルグ／オランダ／ポーランド／スイス／オーストリア／ハンガリー／フランス／キプロス／リトアニア／ラトビア／ドイツ／スロベニア／スロバキア共和国／韓国／ブルガリア

（注）　低所得者はここでは第 1 五分位（所得の低いほう 20％）の者を指す。また住宅費過
重負担者とは，家賃（民営借家）または住宅ローン費用（持ち家）の可処分所得に対す
る比率が 40％を超える者を指す。住宅ローンの費用は，元金返済分と利払い分の合計
である。データ制約により，チリ，メキシコ，韓国，アメリカについては，可処分所得
の代わりに税・社会保険料控除前所得（粗所得）の値が用いられている。低所得層向け
の家賃補助（住宅手当）が存在する国では，実際の家賃負担は低くなる。

（出所）　OECD Affordable Housing Database（http://oe.cd/ahd, 2017 年 1 月 26 日改定版），
Figure HC1.2.3 から抜粋。所収された日本の元データは慶應義塾大学「日本家計パネル
調査」。

　日本より住宅費過重負担者が多い国のなかには，住宅手当が存在するため，そ
れを勘案した実際の家賃負担割合は低い。たとえばイギリスでは賃貸（民営借
家）の過重負担者割合は 59％であるが，住宅手当を勘案すると 34％と，日本
より低くなる。住宅手当が存在する他の国についても同様に勘案すると，日本
の低所得層の住宅費過重負担者割合は比較対象国中上位 4 分の 1 に入る。

　さらに日本で住宅ローンを抱える低所得層の住宅費過重負担者割合は 6 割を
超え，比較対象国のなかで最も高い国の 1 つでもある。

　この数値は，日本では政策的に低所得者でも住宅ローンを組むことができ，
資産形成を容易にしていると解釈することもできる。しかし，一般に所得変動
リスクに脆弱な低所得層が，低水準の民営借家を避けるため，大きな借金返済
リスクを抱えつつ，また住宅ローン以外の消費支出を削りつつ，持ち家政策に
向き合わざるをえない，という解釈も成り立つ。しかも子育て世帯には，教育

費負担がさらにかかる。公的年金水準が将来的に低下することを考えれば，一般低所得世帯であれ，壮年期における貯蓄形成や私的年金の積み立てが必要となるが，所得に比して過重な教育費と住宅ローン返済は，こうした方策を成り立たせなくする。

　日本型雇用システムを特徴づけていた年功賃金の度合いが薄れ，年齢・賃金カーブが平坦化したことも，壮年期での教育費と住宅ローン負担，そして高齢期のための資産形成を困難にしている。

　家賃補助（住宅手当）は低所得層における過重な家賃負担を軽減するばかりでなく，低所得層が居住する民営借家の居住水準は低いことから，家賃補助の給付対象から居住水準の低い借家を除外することで，低質な民営借家の淘汰も期待できる（第7章）。

　もちろん2017年4月に改正された住宅セーフティーネット法が目指した，高齢者や低所得者等の「住宅確保要配慮者」の入居を拒まない賃貸住宅の登録制度による補完も必要である。空き家対策と組み合わせるのであれば，国土交通省と組んだ財源確保も可能となり，政策選択の幅が広がることも期待できよう。ただし，空き家が発生している地域や空き家の住居水準と，住宅手当を必要とする人々の居住地域や適正な居住水準との間に一定のギャップが存在することには留意が必要であろう。

　また持ち家促進のための政策の1つとして，住宅ローン残額に応じ税を軽減する住宅ローン減税策（税額控除）を日本はとっている。こうした税額控除の恩恵は，課税最低限以上の所得がある年収3000万円までの人々，そして低所得者でも相対的に安定的収入を得ている，住宅ローンを組めた人々，など相対的に恵まれた人々にしか及ばない[6]。

　この減税で失われた税収は，2015年だけでもGDPの0.17%，約9000億円にも上る。これは，第10章で試算した住宅手当に必要な財源規模の4倍，住

---

[6]　相対的に豊かな人々をより富ませる政策により，所得格差が拡大しても，経済活動が活発になることで，蜜が滴り落ちるように相対的に貧しい人々にも恩恵が及ぶ，といういわゆるトリクルダウン仮説は，近年のOECDによる国際比較研究が明確に否定している。むしろ所得格差拡大は経済成長を鈍化させるので，適切な再分配政策こそ経済成長を促進させると結論づけている（OECD 2014）。

宅扶助等にかかる財源の 1.4 倍にも相当する[7]。たしかに住宅ローン減税は最低生活保障とは別の政策目的で設けられている。しかし厳しい財政制約に直面し、住宅費の過重負担者といった最低生活保障に根本的な問題を抱える人々が現に存在している以上、限られた財源のなか、政策の優先順位は相対的に恵まれない人々におくべきである。

　住宅関連給付として、給付期間は限定され（最長 9 ヵ月間）、求職活動等を給付要件とするが、すでに「住居確保給付金」が存在する[8]。生活困窮者自立支援制度による住宅確保給付金が支給された求職者の常用雇用率は高く（2016 年度で 7 割）、これらの人々は生活保護制度を利用していない（厚生労働省社会保障審議会生活困窮者自立支援及び生活保護部会 2017）。このように住宅手当は生活保護制度に至る前の、離職者の貧困対策としても有効と考えられる。

4　人々の認識に働きかける

　少なくとも生活保護受給経験者と生活保護受給者（現在受給者）にとっては、筆者たちが実施したインターネット調査に基づけば[9]、現金給付（公的年金）よりも現物給付（住宅手当、医療費・介護費の自己負担軽減）へのニーズが高い。

　表終 - 1 は「どのような政策が充実したら生活保護を受給する必要はなくな

---

7) OECD Affordable Housing Database（http://oe.cd/ahd、2017 年 1 月 27 日、2 月 21 日改定版）、Figure PH 2.2.1 および Figure PH 3.1.1 の数値に基づく。

8) 2015 年に給付が開始された「住宅確保給付金」は、生活困窮者自立支援制度による唯一の個人給付であり、離職等により経済的に困窮し、住居を失ったまたはそのおそれがある者に対し、所要の求職活動等を条件に給付される。前身の制度として「住宅手当」（2009 年 10 月〜）、「住宅支援給付金」（2013 年度〜）が存在する（厚生労働省社会保障審議会生活困窮者自立支援及び生活保護部会 2017）。なお、生活困窮者自立支援制度導入初年度（2015 年度）における、利用者の属性や支援状況は田中（2017）が整理している。

9) 調査対象は、ネットマイル加盟サイトの約 1000 社から、ポイント・プログラムに参加している約 400 万人のモニターである。予備調査は 2011 年 2 月上旬に実施し、10.2 万人から、生活保護①非受給経験者、②受給経験者、③現在受給者をスクリーニングしたうえで抽出率を変え、各々構成比で 24%、54%、22% となる約 2100 サンプルの分析対象者を得て 2011 年 4 月に本調査を実施した。本調査概要は、社会政策学第 123 回（2011 年秋季）大会で報告された（山田ほか 2011）。

表終-1 どのような政策が充実したら生活保護を受給する必要は
なくなると思うか（複数選択）

（単位：％）

	受給経験者	現在受給者
家賃を補助するような住宅手当の充実	44.1	38.0
子どもの進学や子どもにかかる生活費を補助するような奨学金の充実	39.7	15.6
無料の補習塾など，学校教育を補完するような教育サービスの充実	14.7	10.9
子どもがいても働けるような保育サービスの充実	34.4	14.7
教育訓練などの技能育成支援策の充実	20.1	15.8
職業紹介などの就労支援策の充実	32.3	21.8
障害や高齢になった時の年金の充実	30.2	22.4
医療サービスや介護サービス利用時負担の軽減	37.2	36.5
その他	7.4	7.5

（注） $N=1,162$（生活保護受給経験者），468（現在受給者）。
（出所） 山田ほか（2011）。

ると思うか」という設問に対する回答をまとめたものである。受給経験者と現在受給者に共通するのは，家賃を補助するような住宅手当の充実および医療サービスや介護サービス利用時負担の軽減である。一方，受給経験者が挙げた政策で多いのが，子どもの進学や子どもにかかる生活費を補助するような奨学金の充実と子どもがいても働けるような保育サービス充実，および職業紹介などの就労支援策の充実である。

　しかしこうした，ニーズの高い政策が特定化されたところで，人々の支持がなければ最低生活保障のための再分配政策として実現されない。

　興味深いことに，所得格差指標（ジニ係数）が大きい国で，「格差が大きすぎる」という人々の割合が高いという，関係にはない。しかし「格差が大きすぎる」という人々の割合が高い国で，「格差縮小は政府の責任」とする人々の割合は高い（Mira d'Ercole 2006, p.5）。つまり，客観的格差指標と格差の主観的認識とは関係がなく，そして格差の主観的認識こそが再分配政策への人々の支持に結びついている。

　貧困についても同様の傾向がみられる。貧困指標（相対的貧困率）が高い国で，貧困の要因を「社会が不公正なこと」とする人々の割合が高い，という一

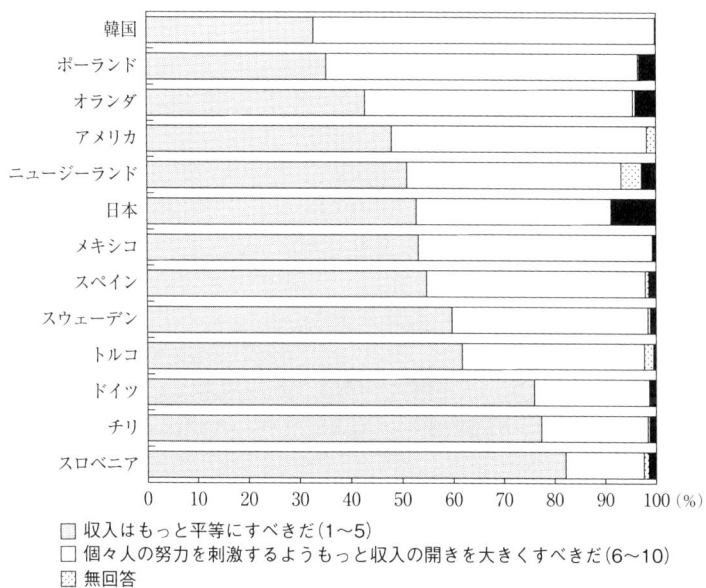

図終-2 所得平等に対する価値観

凡例:
□ 収入はもっと平等にすべきだ(1〜5)
□ 個々人の努力を刺激するようもっと収入の開きを大きくすべきだ(6〜10)
▨ 無回答
■ わからない

(注) 日本語での質問は「次にあげるいろいろな問題について，あなたはどのよう
　に考えますか。左に書かれた意見（収入はもっと平等にすべきだ）と全く同じ
　ならば『1』，右に書かれた意見（個々人の努力を刺激するようもっと収入の開
　きを大きくすべきだ）と全く同じならば『10』とお答え下さい。『2〜9』はそ
　の間にある意見の強さを示します」となっている。図では1〜5と6〜10で
　分け，1〜5の割合が低い順に示している。日本の調査対象者数は約2400人で
　ある。
(出所)「第6回 世界価値観調査（World Values Survey：2010 - 2014, Wave 6)」
　（http://www.worldvaluessurvey.org，2017年11月27日最終確認）に基づき筆
　者作成。

般に期待される関係はない。ヨーロッパ諸国と比較して相対的貧困率の高い英
語圏諸国や日本において，貧困の要因を「社会が不公正なこと」とする人々の
割合はむしろ低く，逆に「怠惰や意思の欠如」とする人々の割合が高い
（OECD 2008，p.131）。

　再分配政策を支持しない人々の割合が日本で高いことは，リーマン・ショッ
ク後に行われた近年の国際調査でも再確認できる（厚生労働省 2012，109-112
頁）。

　しかし，より注目すべきは，日本の場合，そうした再分配政策や貧困の要因

に関する質問に「わからない」あるいは「どちらともえいない」とする人々の割合も高いことである。[10] このことは第6回「世界価値観調査」でも確認できる。図終－2は「収入はもっと平等にすべきだ」という意見と「個々人の努力を刺激するようもっと収入の開きを大きくすべきだ」という意見のどちらに近いか，所得平等に関する価値観を尋ねた結果を国際比較している。この調査でも日本では「わからない」とする人は1割を占め，比較対象国中，最も高い。

「わからない」あるいは「どちらともいえない」と回答している割合の高さが，もし再分配政策に対する一般国民の「迷い」をあらわしているのだとすれば，格差・貧困に対する人々の主観的認識に働きかけ，安定的財源を確保しつつ，最低生活保障のための再分配政策への支持を増やし，そうした政策を実現する余地はまだ残されている可能性がある。[11]

実際，図終－2で「収入はもっと平等にすべきだ」という意見に近い人々の割合は日本では5割で，比較対象国のなかほどに位置する。もし「わからない」と回答している1割の人々が「収入はもっと平等にすべきだ」という意見を支持すれば，スウェーデンと同じく，同意見への支持割合は6割となる。逆に，もし「わからない」と回答している人々が「個々人の努力を刺激するようもっと収入の開きを大きくすべきだ」という意見を支持するようになれば，アメリカと同じく同意見への支持割合は5割となる。

最低賃金額と生活保護基準額が近い水準にあるのは，住宅扶助の存在が大きい（序章）。低所得世帯は就労していても貧困を脱出できない一方，生活保護受給世帯は住宅扶助を含む再分配を受けていることに対し，もし一般低所得層あるいは中間所得層以上の人々が不満を持っているとすれば（ただし実際には

---

10) たとえば厚生労働省（2012）によれば，日本では「所得の格差を縮めるのは，政府の責任である」という見解に対しては3割，「政府は，貧しい人たちに対する援助を減らすべきだ」という見解に対しては4割が「どちらともいえない」と回答している。比較対象国（オーストラリア，ドイツ，デンマーク，フランス，韓国，スウェーデン，イギリス，アメリカ）では「どちらともいえない」が1～2割ほどしかいないことを考えると突出して高い。

11) 日本において再分配政策を支持する規定要因について，すでにいくつかの興味深い研究がある。たとえば大竹・富岡（2003）によれば，所得格差拡大の認識自体は，所得平準化政策への選好を強めることにはならない一方，貧困家庭やホームレスの増加を予想している人は再分配政策を支持する傾向にある，と指摘する。また篠崎（2005）は生活環境の低下を経験，予測している者が再分配政策を支持していると報告している。

生活保護を受給している母子世帯の 47％，障害傷病者世帯の 15％，上記世帯と高齢
世帯を除くその他の世帯の 34％も就労しているのだが）[12]，住宅扶助を切り離し，一
般低所得層にも利用可能な「住宅手当」として別建ての給付に再編すること[13]
で，生活保護制度に対する厳しい見方は緩和されることが期待される。

　また別の可能性として，高齢者の最低生活保障としての性格を強める生活保
護制度に対し，これ以上，税財源で賄うことへの支持が得られないのなら，社
会保険，たとえば労働保険による給付拡充により，長期失業者等，現役世代に
対する最低生活保障の機能を，失業扶助など，現在の生活保護制度とは別建て
で担わせることも考えられよう。このような可能性を選択した場合，現在の生
活保護制度は一般扶助からカテゴリー別扶助に近い制度へ変容することになる。

（山田篤裕・駒村康平）

---

12)　厚生労働省「被保護者調査（2014 年度）」年次調査（個別調査）の「平成 25 年 7 月末日現
　　在／被保護世帯数（第 1-9 表　被保護世帯数，級地・医療扶助の有無・世帯類型・世帯業
　　態別）」に基づく。
13)　住宅扶助を別建てとする（単給可能とする）方向性での提案は，すでに多くの研究者によ
　　ってなされている（たとえば，八代 2003，125 頁；菊池 2004，430 頁；室田 2010，230
　　頁；岩田 2012，67 頁；岩永 2014，63 頁，等）。

あとがき

　本書の目的は，日本の最低生活保障制度が直面する課題を明らかにすることである。

　筆者たちは，大学院の先輩・後輩，研究所の同僚，あるいは大学院生と教員という立場を経て，これまで最低生活保障という共通テーマで，長らく共同研究あるいは個別に研究を進めてきた。本書は以下の 2010 年から 2016 年に筆者たちが公刊した論文を基に再編している。

- ・序章：書き下ろし
- ・第 1 章：四方理人・田中聡一郎（2011）「生活保護受給世帯のストック・フロー分析」『三田学会雑誌』103(4)：587-600。
- ・第 2 章：山田篤裕・四方理人・田中聡一郎・駒村康平（2011）「資産の考慮による要保護世帯率の変動——保護率の地域差と資産保有の関係」『三田学会雑誌』103(4)：573-586。
- ・第 3 章：山田篤裕・駒村康平・大津唯・渡辺久里子（2013）「被保護母子世帯の就業——ひとり親世帯就労促進費廃止と母子加算復活の影響分析」『三田学会雑誌』105(4)：79-94。
- ・第 4 章：山田篤裕・四方理人（2016）「高齢者の貧困の構造変化と老齢加算廃止による消費への影響」『社会保障研究』1(2)：399-417（後半部分）。
- ・第 5 章：山田篤裕・四方理人・田中聡一郎・駒村康平（2010）「貧困基準の重なり—— OECD 相対的貧困基準と生活保護基準の重なりと等価尺度の問題」『貧困研究』4：55-66，山田篤裕（2014）「相対貧困基準と生活保護基準で捉えた低所得層の重なり——国民生活基礎調査に基づく 3 時点比較」『三田学会雑誌』106(4)：517-535。
- ・第 6 章：山田篤裕・四方理人（2016）「高齢者の貧困の構造変化と老齢加算廃止による消費への影響」『社会保障研究』1(2)：399-417（前半部

分），四方理人「家族の変動と貧困率の変化」『個人金融』11(2)：18-27
（後半部分）。

・第7章：丸山桂・駒村康平（2013）「低所得世帯の居住水準の実証研究」
『三田学会雑誌』105(4)：95-126。

・第8章：山田篤裕・四方理人・田中聡一郎・駒村康平（2012）「主観的最
低生活費の測定」『社会政策』3(3)：127-139。

・第9章：田中聡一郎・四方理人（2010）「給付つき税額控除と子ども手当
の貧困削減効果——マイクロ・シミュレーション」『貧困研究』5：99-
109。

・第10章：丸山桂（2013）「居住水準を考慮した低所得者向け住宅政策の実
証分析」『成蹊大学経済学部論集』44(1)：77-102。

・終章：書き下ろし

　最低生活保障はすべての人々の生活に関わる。そのため，研究者・政策立案
者のみならず，なるべく多くの一般読者にも直面している課題を伝えるべく，
専門的・技術的内容については平易に書き直している部分もある。しかし各章
の主要な結論は初出時から変更していない。

　上記論文を執筆した期間やそれ以降，最低生活保障に関するさまざまな興味
深い知見が蓄積されているが，そうした新たな研究成果を各章で必ずしも十分
紹介できていない。これは主に編集上・データ再推計上の技術的制約によるも
のであり，筆者たちが新たな研究成果を軽視しているわけではないことを，お
断りさせていただきたい。

　また上記論文を執筆した期間には，社会保険と生活保護との間の第2のセー
フティーネットと呼ばれる制度も創設された。具体的には2011年に求職者支
援制度が創設され，雇用保険を受給できない求職者を対象とする，職業訓練と
訓練期間中の生活給付を内容とした緊急対策（2009年7月〜2011年9月末実施
の緊急人材育成支援事業）が恒久化された。また生活保護に至る前の段階の生
活困窮者に対する，自立相談支援事業の実施や住居確保給付金の支給などの自
立支援策の強化のため，「生活困窮者自立支援法」が2015年に施行され，さら
に2018年には生活保護法との同時改正も予定されている。

これ以外にも改正生活保護法が 2014 年に施行され，生活保護受給中に得た就労収入の一定額を仮想的に積み立て，安定就労により保護廃止に至ったときに支給する制度（就労自立給付金）が創設された。また同改正では生活保護受給者自ら健康の保持・増進に努め，収入・支出その他生計の状況を適切に把握することが受給者の責務として位置づけられた。さらに生活扶助基準，住宅扶助基準，勤労控除等も見直されている。

　このほか，2017 年 4 月には住宅セーフティネット法が改正された。そして，同月に予定されていた消費税増税が先送りされたため本書執筆時点では未施行だが，低年金受給者等に年金生活者支援給付金を支給する法律も 2012 年に成立している。

　こうした新しい政策展開が最低生活保障にどのような影響をもたらしたか，あるいはもたらすのか，データも十分蓄積されておらず，本書の射程外であり，今後の研究課題となっていることもお断りさせていただきたい。

　本書の実証分析には，政府統計，一橋大学経済研究所附属社会科学統計情報研究センター，慶應義塾大学パネル調査共同研究拠点の調査票情報（個票データ）や独自調査の結果が用いられ，その利用や調査実施に際し多くの人々のお世話になった。

　また各章を構成する論文の多くは文部科学省や日本学術振興会（JSPS）による科学研究費助成事業あるいは厚生労働省による厚生労働科学研究費補助金事業の恩恵を受けた。第 2・3・7・8・10 章は平成 22・23 年度厚生労働科学研究費補助金政策科学推進研究事業「低所得者，生活困窮者の実態把握及び支援策の在り方に対する調査研究」（主任研究者：駒村康平），第 4 章は厚生労働科学研究費補助金事業「新しい行動様式の変化等の分析・把握を目的とした縦断調査の利用方法の開発と厚生労働行政に対する提言に関する研究」（主任研究者：駒村康平），第 5 章は平成 19 年度厚生労働科学研究費補助金政策科学推進研究事業「格差と社会保障のあり方に関する研究」（主任研究者：駒村康平）および平成 21 年度厚生労働科学研究費補助金「所得・資産・消費と社会保険料・税との関係に着目した社会保障の給付と負担の在り方に関する研究」（国立社会保障・人口問題研究所），第 6 章は JSPS 科研費 JP26380372，第 9 章は JSPS 科研費 JP21830119 で助成を受けた成果を引用・活用している。

論文草稿を発表した社会政策学会，生活経済学会，慶應義塾経済学会のミニ・コンファレンスでは多くの建設的で有益なコメントを頂戴した。また第3章は大津唯氏と渡辺久里子氏（両氏とも本書執筆現在，国立社会保障・人口問題研究所所属）の協力を得た研究成果であるが，本書転載を快諾していただいた。

　筆者たちが所属する，慶應義塾大学，関西学院大学，関東学院大学，成蹊大学はすばらしい研究環境を整えてくださった。本書出版にあたり，慶應義塾経済学会からは2017年度研究書出版助成もいただいた。有斐閣の長谷川絵里氏には，筆者たちが共同執筆した『社会政策——福祉と労働の経済学』（2015年）に引き続き，本書編集でも大変お世話になった。

　以上さまざまな研究上の支援については紙幅もあり，惜しみないご協力をいただいた方々すべてのお名前を列挙できないが，著者一同心からの感謝を述べる。

　そして本書を手に取ってくださった読者に心から感謝したい。

　　2018年1月吉日

著 者 一 同

参 考 文 献

浅見泰司（2005）「公的賃貸住宅のあり方」『住宅』54(7)：3-7。

阿部彩（2005）「貧困，相対的剥奪，社会的排除——指標構築と相互関係」阿部彩（主任研究者）『日本の社会保障制度における社会的包摂（ソーシャル・インクルージョン）効果の研究（厚生労働科学研究費補助金・政策科学推進研究事業・平成16年度総括・分担研究報告書）』。

――――（2006）「貧困の現状とその要因―― 1980-2000年代の貧困率上昇の要因分析」小塩隆士・田近栄治・府川哲夫編『日本の所得分配――格差拡大と政府の役割』東京大学出版会。

――――（2008a）『子どもの貧困――日本の不公平を考える』岩波書店。

――――（2008b）「給付つき税額控除の具体的設計」森信茂樹編『給付つき税額控除――日本型児童税額控除の提言』中央経済社。

――――（2009）「アメリカ合衆国」萩原康生・松村祥子・宇佐見耕一・後藤玲子編『世界の社会福祉年鑑2009』旬報社。

――――（2010）「ワーキング・プア対策としての給付つき税額控除――人間らしい品格ある社会への提言」埋橋孝文・連合総合生活開発研究所編『参加と連帯のセーフティネット』ミネルヴァ書房。

――――（2014）『子どもの貧困Ⅱ――解決策を考える』岩波新書。

阿部彩・國枝繁樹・鈴木亘・林正義（2008）『生活保護の経済分析』東京大学出版会。

飯泉英雄（1996）「都営住宅の募集倍率を均等化する応益的家賃体系の提案」『日本建築学会計画系論文集』486：161-166。

石井加代子・浦川邦夫（2014）「生活時間を考慮した貧困分析」『三田商学研究』57(4)：97-121。

泉原美佐（2005）「住宅からみた高齢女性の貧困――『持ち家』中心の福祉社会と女性のハウジング・ヒストリー」岩田正美・西澤晃彦編『講座・福祉社会 第9巻 貧困と社会的排除――福祉社会を蝕むもの』ミネルヴァ書房。

一圓光彌（2014）「解説：ベヴァリッジ報告の今日的意義」ウィリアム・ベヴァリッジ（一圓光彌監訳）『ベヴァリッジ報告――社会保険および関連サービス』法律文化社。

伊藤豊治・水野弘之・堀内三郎（1981）「ミニ開発住宅の安全性に関する研究」『日本建築学会学術講演梗概集』1981年大会計画系分冊，879-880。

稲垣誠一（2013）「高齢者の同居家族の変容と貧困率の将来見通し――結婚離婚行動変化の影響評価」『季刊社会保障研究』48(4)：396-409。

―――――（2015）「年金改正・物価上昇が将来の高齢世帯の貧困にもたらす影響」『貧困研究』15：34-44。

―――――（2017）「厚生年金の適用拡大がもたらす貧困率改善効果」『日本年金学会誌』36：4-9。

今井哲子（2009）「公営住宅家賃に関する考察等」政策研究大学院大学まちづくりプログラム修士論文。

岩田正美（2012）「生活保護を縮小すれば，本当にそれで済むのか？」『現代思想』40（11）：54-68。

岩田正美・岩永理恵（2012）「ミニマム・インカム・スタンダード（MIS法）を用いた日本の最低生活費試算――他の手法による試算および生活保護基準との比較」『社会政策』4(1)：61-70。

岩田正美・岩永理恵・鳥山まどか・松本一郎・村上英吾（2010）「『流動社会』における生活最低限の実証的研究――若年単身者の家計と生活状況調査による検討」『貧困研究』4：67-79。

岩田正美・重川純子・岩永理恵（2012）「ミニマム・インカム・スタンダード（MIS法）を用いた最低所得基準の推計（高齢単身男女）」阿部彩（研究代表者）『貧困・格差の実態と貧困対策の効果に関する研究（厚生労働科学研究費補助金・政策科学総合研究事業・平成23年度総括研究報告書）』。

岩永理恵（2010）「保護基準とはいかなる意味をもつ基準か――生活扶助基準算定方式と標準世帯」『社会政策』2(2)：22-32。

―――――（2014）「生活保護制度における住宅扶助の歴史的検討」『大原社会問題研究所雑誌』674：51-64。

岩永理恵・岩田正美（2012）「小特集2に寄せて（〈小特集2〉イギリスのミニマム・インカム・スタンダードを用いた日本の最低生活費研究）」『社会政策』4(1)：58-60。

上枝朱美（2010）「低所得者に対する社会保障のあり方――住宅と生活満足度」『季刊社会保障研究』46(2)：139-149。

上田貴子（2005）「片親世帯と住居――平成10年『住宅・土地統計調査』個票データから」『早稲田政治經濟學雑誌』358：45-59。

内田雄造（1999）「公営住宅家賃体系の見直しと民間借家居住者への家賃補助制度の導入に関する提案」『東洋大学工学部研究報告』34：17-23。

―――――（2004）「大都市の公営住宅行政の抜本的改革を」『月刊自治研』46(538)：82-98。

宇南山卓（2011）「児童手当が家計消費に与えた影響」*RIETI Discussion Paper Series,* 11-J-021。

浦川邦夫（2006）「居住生活の質に関する格差と貧困」『経済論叢』178(3)：277-301。

─────（2016）「生活時間の貧困──世帯要因と地理的要因」『貧困研究』16：34-43。

海老塚良吉（1998）「韓国の住宅事情と住宅政策の概況」『月刊住宅着工統計』165：13-21。

─────（2011）「アメリカとイギリスの家賃補助政策」『東京経大学会誌（経済学)』269：97-123。

OECD編・日本労働組合総連合会（連合）総合政策局訳（2008）『図表でみる世界の最低生活保障── OECD 給付・賃金インディケータ』明石書店。

大石亜希子（2015）「母子世帯の『時間の貧困』──子どもの権利として『親と過ごす時間』の確保を」『週刊社会保障』69(2819)：58-63。

太田清（2006）「日本の所得格差── OECD の『対日経済審査報告』が示すもの」*Business & Economic Review*（日本総合研究所）16(10)：11-27。

大竹文雄（2005）「公営住宅政策の改善点と今後の課題──答申にあたって期待すること」『住宅』54(9)：43-44。

大竹文雄・富岡淳（2003）「誰が所得再分配政策を支持するのか？」『経済分析』（ジャーナル版）171：3-27。

岡田徹太郎（2005）「アメリカにおける住環境の保障と住宅政策」『海外社会保障研究』152：59-71。

小川浩（2000）「貧困世帯の現状──日英比較」『経済研究』51(3)：220-231。

小澤薫（2012）「老齢加算廃止によって深化する生活不安──ひとり暮らし高齢者の調査から」『日本行動計量学会大会発表論文抄録集』40：107-108。

小塩隆士・浦川邦夫（2008）「2000 年代前半の貧困化傾向と再分配政策」『季刊社会保障研究』44(3)：278-290。

会計検査院（2003）「平成 14 年度 決算検査報告」。

─────（2010）「平成 21 年度 決算検査報告」。

葛西リサ（2007）「母子世帯の居住水準と住居費の状況──大阪府及び大阪市の事例調査を中心として」『都市住宅学』59：15-20。

─────（2010）「鳥取県と大阪府，大阪市の母子世帯の住宅事情に関する研究──住宅所有関係，最低居住水準達成率，住居費負担の状況」『日本建築学会計画系論文集』75(652)：1533-1540。

金澤誠一編（2009）『「現代の貧困」とナショナル・ミニマム』高菅出版。

金本良嗣（1997）「住宅に対する補助制度」岩田規久男・八田達夫編『住宅の経済学』日本経済新聞社。

金子能宏・小島克久・山田篤裕（2005）「所得格差の国際動向──経済協力開発機構の国際比較データから」金子能宏（主任研究者）『我が国の所得・資産格差の実証分析と社会保障の給付と負担の在り方に関する研究（厚生労働科学研究費補助金・

政策科学推進研究事業・平成 16 年度報告書）』。

鎌倉治子（2010）「諸外国の給付付き税額控除の概要」『調査と情報』678：1-12。

川田菜穂子（2008）「若者の家族形成と住まいの国際比較」日本住宅会議編『若者たちに「住まい」を！——格差社会の住宅問題』岩波書店。

河中俊（1988）「住環境の観点からみた敷地コントロールに関する研究」『建築研究報告』117：1-317。

菊池馨実（2004）「公的扶助の法的基盤と改革のあり方——『自由』基底的社会保障法理論の視角から」『季刊社会保障研究』39(4)：424-436。

國枝繁樹（2008）「公的扶助の経済理論 I ——公的扶助と労働供給」阿部彩・國枝繁樹・鈴木亘・林正義『生活保護の経済分析』東京大学出版会。

経済企画庁経済研究所編（1998）『日本の所得格差——国際比較の視点から』大蔵省印刷局。

高暁路・浅見泰司（2000）「戸建住宅地におけるミクロな住環境要素の外部効果」『住宅土地経済』38：28-35。

厚生労働省（2009）「相対的貧困率の公表について」。 http://www.mhlw.go.jp/houdou/2009/10/h1020-3.html（2012 年 9 月 1 日アクセス）

——（2007）「生活扶助基準に関する検討会（第 4 回）議事録」。 http://www.mhlw.go.jp/shingi/2007/11/txt/s1120-2.txt（2008 年 8 月 1 日アクセス）

——（2007）「生活扶助基準に関する検討会報告書」。 http://www.mhlw.go.jp/shingi/2007/11/s1130-10.html（2010 年 11 月 1 日アクセス）

——（2010）「生活保護基準未満の低所得世帯数の推計について（資料 3－1）」。 http://www.mhlw.go.jp/stf/houdou/2r98520000005olm-img/2r98520000005oof.pdf（2010 年 11 月 1 日アクセス）

——（2012）『平成 24 年版 厚生労働白書——社会保障を考える』日経印刷。

厚生労働省社会・援護局（2013）「生活扶助基準の見直しに伴い他制度に生じる影響について」。 http://www.mhlw.go.jp/seisakunitsuite/bunya/hukushi_kaigo/seikatsuhogo/topics/tp130219-01.html（2017 年 6 月 1 日アクセス）

厚生労働省社会・援護局保護課（2004）「生活保護制度の在り方に関する専門委員会報告書」。http://www.mhlw.go.jp/shingi/2004/12/s1215-8a.html（2010 年 11 月 1 日アクセス）

——（2010）「生活保護基準未満の低所得世帯数の推計について（2010 年 4 月 9 日）」『賃金と社会保障』1514：41-52。

厚生労働省社会保障審議会生活困窮者自立支援及び生活保護部会（2017）「一時生活支援・居住支援等のあり方について（平成 29 年 6 月 27 日第 3 回資料 1)」。http://www.mhlw.go.jp/stf/shingi2/0000169137.html（2018 年 1 月 26 日アクセス。以下のURL でも参照可能：http://www.mhlw.go.jp/file/05-Shingikai-12601000-

Seisakutoukatsukan-Sanjikanshitsu_Shakaihoshoutantou/0000169130.pdf)

厚生労働省社会保障審議会福祉部会（2003a）「生活保護制度の在り方についての中間取りまとめ」。http://warp.da.ndl.go.jp/info:ndljp/pid/286839/www.mhlw.go.jp/shingi/2003/12/s1216-5a.html（2016 年 6 月 25 日アクセス）

————（2003b）「生活保護制度の在り方についての中間取りまとめ関係資料」。http://www.mhlw.go.jp/shingi/2003/12/s1216-5b.html（2016 年 6 月 25 日アクセス）

厚生労働省社会保障制度の低所得者対策の在り方に関する研究会（2012）「前回会合の指摘事項等（平成 24 年 7 月 31 日第 2 回資料 3）」。http://www.mhlw.go.jp/stf/shingi/2r852000002gpdz-att/2r9852000002gps3.pdf（2017 年 2 月 17 日アクセス）

厚生労働省年金局年金課（2001）「年金給付と生活保護給付」『週刊社会保障』55（2159）：56-57。

国土交通省住宅局住宅政策課編集協力（2011）『2011 年（平成 23 年）度版 住宅経済データ集——豊かで魅力ある住生活の実現に向けて』住宅産業新聞社。

国土交通省都市再生・住宅セーフティネットあり方検討会（2008）「住宅セーフティネットの現状と課題」（平成 20 年 12 月 2 日第 3 回資料 1）。http://www.mlit.go.jp/common/000028225.pdf（2018 年 2 月 17 日アクセス）

小林綏枝・大本圭野（1996）「家賃の原理と政策」早川和男・横田清編『講座現代居住 4　居住と法・政治・経済』東京大学出版会。

駒村康平（2003）「低所得世帯の推計と生活保護制度」『三田商学研究』46(3)：107-126。

————編（2010）『最低所得保障』岩波書店。

駒村康平・道中隆・丸山桂（2011）「被保護母子世帯における貧困の世代間連鎖と生活上の問題」『三田学会雑誌』103(4)：619-645。

駒村康平・山田篤裕・四方理人・田中聡一郎（2010）「社会移転が相対的貧困率に与える影響」樋口美雄・宮内環・C. R. McKenzie・慶應義塾大学パネルデータ設計・解析センター編『貧困のダイナミズム——日本の税社会保障・雇用政策と家計行動』慶應義塾大学出版会。

坂本和靖（2010）「『定額給付金』の世帯消費への影響——『消費生活に関するパネル調査』を用いて」『季刊家計経済研究』88：6-16。

桜井啓太（2014）「最低賃金と生活保護の逆転現象発生のメカニズムとその効果」『大原社会問題研究所雑誌』663：1-16。

佐藤有平（2007）「所得再分配調査と全国消費実態調査のジニ係数の違いについて」『今週の指標（内閣府）』834。http://www5.cao.go.jp/keizai3/shihyo/2007/1001/834.html（2008 年 12 月 4 日閲覧アクセス）

塩崎賢明（2006）『住宅政策の再生——豊かな居住をめざして』日本経済評論社。

四方理人（2013）「家族・就労の変化と所得格差——本人年齢別所得格差の寄与度分

解」『季刊社会保障研究』49(3)：326-338。

―――― (2015)「所得格差の研究動向――所得格差と人口高齢化を中心として」『貧困研究』14：47-63。

四方理人・駒村康平 (2011)「中年齢層男性の貧困リスク――失業者の貧困率の推計」『日本労働研究雑誌』616：46-58。

四方理人・渡辺久里子・駒村康平 (2011)「親と同居する若年者の貧困について――親世帯との分離のマイクロシミュレーション」樋口美雄・宮内環・C. R. McKenzie 編『教育・健康と貧困のダイナミズム――所得格差に与える税社会保障制度の効果』慶應義塾大学出版会。

篠崎武久 (2005)「再分配政策への支持を決定する要因――先行研究の結果と JGSS データを用いた分析結果の比較」『JGSS で見た日本人の意識と行動――日本版 General Social Surveys 研究論文集』4 (*JGSS Research Series*, No.1)：205-218。

社会保障審議会年金数理部会 (2015)『公的年金財政状況報告（平成 25 年度）』。http://www.mhlw.go.jp/stf/shingi2/0000086287.html（2016 年 6 月 25 日アクセス）

周燕飛・鈴木亘 (2007)「生活保護率の上昇と労働市場，人口構造の変化要因」*JILPT Discussion Paper Series*, 07-05。

白石浩介 (2009)「給付つき税額控除による所得保障」『一橋大学経済研究所世代間問題研究機構ディスカッションペーパー』456。

住田昌二 (2003)『マルチハウジング論――住宅政策の転回』ミネルヴァ書房。

住本靖・井浦義典・喜多功彦・松平健輔 (2012)『逐条解説 公営住宅法 改訂版』ぎょうせい。

生活保護制度の在り方に関する専門委員会 (2004)『生活保護制度の在り方に関する専門委員会報告書』(厚生労働省社会保障審議会福祉部会)。

生活保護手帳編集委員会編 (2009)『生活保護手帳（2009 年度版）』中央法規出版。

関彌三郎 (1992)『寄与度・寄与率――増加率の寄与度分解法』産業統計研究社。

曽原利満 (1977)「都道府県別にみた生活保護率の地域差について」『季刊社会保障研究』13(3)：39-67。

―――― (1985)「低所得世帯と生活保護」社会保障研究所編『福祉政策の基本問題』東京大学出版会。

園田眞理子 (2005)「権利としての公営住宅」『住宅』54(9)：47-48。

高山憲之 (2010)『年金と子ども手当』岩波書店。

高山憲之・白石浩介 (2010)「米国型 EITC の日本への導入効果」『経済研究』61(2)：97-116。

高山憲之・舟岡史雄・大竹文雄・関口昌彦・澁谷時幸 (1989)「日本の家計資産と貯蓄率」『経済分析』116：4-93。

田多英範 (2007)『現代日本社会保障論 第 2 版』光生館。

田近栄治・八塩裕之（2006）「税制を通じた所得再分配」小塩隆士・田近栄治・府川哲夫編『日本の所得分配』東京大学出版会。

――――（2008）「所得税改革――税額控除による税と社会保険料負担の一体調整」『季刊社会保障研究』44(3)：291-306。

橘木俊詔・浦川邦夫（2006）『日本の貧困研究』東京大学出版会。

田中聡一郎（2007）「ワークフェアと所得保障――ブレア政権下の負の所得税型の税額控除の変遷」埋橋孝文編『ワークフェア――排除から包摂へ？』法律文化社。

――――（2017）「生活困窮者自立支援制度はどのようにスタートしたか？――実施初年度の支援状況と課題」『社会保障研究』1(4)：748-761。

田中聡一郎・四方理人（2012）「マイクロシミュレーションによる税・社会保険料の推計」『ソシオネットワーク戦略ディスカッションペーパーシリーズ』25。

田中聡一郎・四方理人・駒村康平（2013）「高齢者の税・社会保障負担の分析――『全国消費実態調査』の個票データを用いて」『フィナンシャル・レビュー』115：117-133。

谷重雄（1968）『住宅問題入門――住宅水準へのアプローチ』日経新書。

谷本道子（1994）「住宅統計調査にみる単身居住の状態」『名古屋女子大学紀要 家政・自然編』40：47-54。

谷本道子・藤原三恵子（1990）「若年単身世帯の居住実態に関する研究（その1）単身居住の状況」『日本建築学会学術講演梗概集』1990年度F分冊。

玉田桂子（2007）「母子世帯と生活保護についての考察」『経済学研究』74(3)：31-42。

津谷典子（2009）「学歴と雇用安定性のパートナーシップ形成への影響」『人口問題研究』65(2)：45-63。

土居丈朗（2010）「子ども手当導入に伴う家計への影響分析―― JHPS を用いたマイクロ・シミュレーション」『経済研究』61(2)：137-153。

刀根令子・浅見泰司（2006）「住替え前後の住宅の改善度比較による住環境要素の選好階層構造―― 2003年住宅需要実態調査を用いた分析」『日本建築学会計画系論文集』71(608)：111-118。

内閣府（2015）『平成27年版 子供・若者白書』日経印刷。

内閣府政策統括官（2012）「定額給付金は家計調査にどのような影響を及ぼしたか――『家計調査』の個票データを用いた分析」『政策課題分析シリーズ8』。http://www5.cao.go.jp/keizai3/2011/04seisakukadai08-0.pdf（2016年6月25日アクセス）

永井攻治（2007）「公営住宅の家賃政策――都営住宅を中心として」『生活経済学研究』25：117-126。

中川雅之（2003）『都市住宅政策の経済分析――都市の差別・リスクに関する実験・実証的アプローチ』日本評論社。

中川雅之（2005）「低水準居住世帯の推移」『日本不動産学会誌』18(4)：58-64。

西文彦・菅まり（2006）「シングル・マザーの最近の状況（その1）」『統計』57(1)：73-77。

西村幸満（2010）「世帯収入による貧困測定の試み—— 1999-2005年の貧困率と世帯主の特徴との関連について」『季刊社会保障研究』46(2)：127-138。

日本住宅総合センター（1991）『居住水準の国際比較——居住水準の国際比較に関する基礎的調査』日本住宅総合センター。

————（1992）『住居費の国際比較』日本住宅総合センター。

————（2007）『居住選択における男女差の検証——性別にみた住宅需要の多面的分析』日本住宅総合センター。

萩原愛一（2010）「住宅のセーフティネットは機能しているか——住宅弱者に対する政策と課題」『レファレンス』2010年3月号：2-48。

八田達夫（2005）「新住宅答申にあたって」『住宅』54(9)：3-5。

早川和男（1990）「住居基準の国際比較」社会保障研究所編『住宅政策と社会保障』東京大学出版会。

早川和男・岡本祥浩（1993）『居住福祉の論理』東京大学出版会。

阪東美智子（2006）「生活保護被保護世帯・低所得世帯の住宅状況と居住水準——大阪市西成区の高齢費保護世帯調査を通して」『日本建築学会学術講演梗概集』2006年度F-1分冊，1111-1112。

平山洋介（2009）『住宅政策のどこが問題か——〈持家社会〉の次を展望する』光文社新書。

————（2011）『都市の条件——住まい，人生，社会持続』NTT出版。

府川哲夫（2006）「世帯の変化と所得分配—— 1987-2002年『所得再分配調査』を用いて」小塩隆士・田近栄治・府川哲夫編『日本の所得分配——格差拡大と政策の役割』東京大学出版会。

福田泰雄（2002）『現代日本の分配構造——生活貧困化の経済理論』青木書店。

藤原千沙・湯澤直美（2010）「被保護母子世帯の開始状況と廃止水準」『大原社会問題研究所雑誌』620：49-63。

藤原千沙・湯澤直美・石田浩（2010）「生活保護の受給期間——廃止世帯からみた考察」『社会政策』1(4)：87-99。

藤原三恵子・谷本道子（1990）「若年単身世帯の居住実態に関する研究（その2）単身者用マンション居住者の住要求」『日本建築学会学術講演梗概集』1990年度F分冊，535-536。

舟岡史雄（2001）「日本の所得格差についての検討」『経済研究』52(2)：117-131。

星野信也（1995）「福祉国家中流階層化に取り残された社会福祉——全国消費実態調査のデータ分析（1）」『人文学報 社会福祉』11：23-85。

本多則恵・本川明（2005）「インターネット調査は社会調査に利用できるか——実験

調査による検証結果」『労働政策研究報告書』17。

本間義人（2004）『戦後住宅政策の検証——新たな議論の展開と展望を得るために』信山社出版。

松浦克己（2002）「所得再分配調査と全国消費実態調査による分配状況の比較——両調査の特徴比較」松浦克己（研究代表者）『日本の所得格差の現状と評価に関する研究（厚生科学研究費補助金政策科学研究推進事業・平成12-13年度総合研究報告書）』。

丸尾直美（1987）「社会保障と住宅政策との関連に関する理論的・実証的研究」『季刊社会保障研究』23(2)：185-195。

宮本みち子（2012）『若者が無縁化する——仕事・福祉・コミュニティでつなぐ』ちくま新書。

室田信一（2010）「『住宅セーフティネット』の拡充——家賃補助」埋橋孝文・連合総合生活開発研究所編『参加と連帯のセーフティネット——人間らしい品格ある社会への提言』ミネルヴァ書房。

百瀬優・山田篤裕（2018）「1985年公的年金制度改正」菅沼隆・土田武史・岩永理恵・田中聡一郎編『戦後社会保障の証言——厚生官僚120時間オーラルヒストリー』有斐閣。

森田学・中村良平（2004）「公営住宅における居住者便益と消費の非効率性」『日本経済研究』50：19-37。

両角良子（2009）「被服消費に着目した地域振興券のラベリング効果の検証——児童手当へのインプリケーション」『経済学研究』58(4)：101-115。

八代尚宏（2003）『規制改革 「法と経済学」からの提言』有斐閣。

安本典夫（1996）「住居法の歴史と体系」早川和男・横田清編『講座現代居住4 居住と法・政治・経済』東京大学出版会。

山崎福寿（2001）『経済学で読み解く土地・住宅問題——都市再生はこう進めよ』東洋経済新報社。

山田篤裕（2000）「社会保障制度の安全網と高齢者の経済的地位」国立社会保障・人口問題研究所編『家族・世帯の変容と生活保障機能』東京大学出版会。

————（2010a）「高齢期の新たな貧困リスク」『季刊社会保障研究』46(2)：111-126。

————（2010b）「国際的パースペクティヴから観た最低賃金・公的扶助の目標性」『社会政策』2(2)：33-47。

————（2014）「相対貧困基準と生活保護基準で捉えた低所得層の重なり——国民生活基礎調査に基づく3時点比較」『三田学会雑誌』106(4)：517-535。

山田篤裕・駒村康平・丸山桂・四方理人（2011）「生活保護受給経験に関する調査概要」社会政策学会第123回大会報告，mimeo。

山田篤裕・四方理人・田中聡一郎・駒村康平（2010）「貧困基準の重なり—— OECD

相対的貧困基準と生活保護基準の重なりと等価尺度の問題」『貧困研究』4：55-66。

山田昌弘（1999）『パラサイト・シングルの時代』ちくま新書。

吉岡慎一（2014）「貧困及び不平等測度の要因分解と世帯構成の変化」『西南学院大学経済学論集』48(3・4)：251-274。

吉村臨兵（2016）「最低賃金の水準と位置づけの変化」法政大学大原社会問題研究所編『日本労働年鑑 2016 年版』旬報社。

連合労働条件局（2003）「マーケットバスケット方式による最低生計費の試算——連合『賃金ミニマム指標プロジェクト報告書』(03 年 10 月) その 1」『賃金と社会保障』1360：34-82。

Abadies, A., D. Drukker, J. Herr and G. Imbens（2004）"Implementing Matching Estimators for Average Treatment Effects in Stata," *The Stata Journal*, 4(3)：290-311.

Atkinson, A. B., L. Rainwater and T. Smeeding（1995）*Income Distribution in OECD Countries：Evidence from the Luxembourg Income Study*（*Social Policy Studies*, 18）, OECD.

Brewer M., A. Duncan, A. Shephard and M. J. Suárez（2006）"Did Working Families' Tax Credit Work? The Impact of in-work Support on Labour Supply in Great Britain," *Labour Economics*, 13(4)：699-720.

Eggebeen, D. J. and D. T. Lichter（1991）"Race, Family Structure, and Changing Poverty Among American Children," *American Sociological Review*, 56(6)：801-817.

Eissa, N. and J. B. Liebman（1996）"Labor Supply Response to the Earned Income Tax Credit," *The Quarterly Journal of Economics*, 111(2)：605-637.

Fisher, G. M.（2007）*An Overview of Recent Work on Standard Budgets in the United States and Other Anglophone Countries*, U. S. Department of Health & Human Services. http://aspe.hhs.gov/poverty/papers/std-budgets/（2017 年 7 月 20 日アクセス）

Förster, M.（1994）"Measurement of Low Incomes and Poverty in a Perspective of International Comparisons," *Labour Market and Social Policy Occasional Papers*, 14, OECD.

Förster, M. and M. Mira d'Ercole（2005）"Income Distribution and Poverty in OECD Countries in the Second Half of the 1990s," *OECD Social, Employment and Migration Working Papers*, 22, OECD. http://www.oecd.org/dataoecd/48/9/34483698.pdf（2017 年 7 月 20 日アクセス）

Fuchs, V. R.（1967）"Redefining Poverty and Redistributing Income," *The Public Interest*,（Summer 1967）, 89-95.

Hsieh, C. -T., S. Shimizutani and M. Hori（2010）"Did Japan's Shipping Coupon

Program Increase Spending ?" *Journal of Public Economics*, 94 (7-8) : 523-529.

Meyer, B. D. (1995) "Natural and Quasi-eExperiments in Economics," *Journal of Business & Economic Statistics*, 13 (2) : 151-161.

Meyer, B. D. and D. T. Rosenbaum (2001) "Welfare, the Earned Income Tax Credit, and the Labor Supply of Single Mothers," *The Quarterly Journal of Economics*, 116 (3) : 1063-1114.

Mira d'Ercole, M. (2006) "Income Inequality and Poverty in OECD Countries : How Does Japan Compare?" *The Japanese Journal of Social Security Policy*, 5 (1) : 1-15.

Murozumi, M. and M. Shikata (2008) "The Structure of Income in Elderly Households and Relative Poverty Rates in Japan from the Viewpoint of International Comparisons," *Luxembourg Income Study Working Paper Series*, 483.

OECD (2004) *Ageing and Employment Policies : Japan*, OECD.

———— (2008) *Growing Unequal? : Income Distribution and Poverty in OECD Countries*, OECD. (小島克久・金子能宏訳〔2010〕『格差は拡大しているか——OECD 加盟国における所得分布と貧困』明石書店)

———— (2009) *Employment Outlook 2009 : Tackling the Jobs Crisis*, OECD.

———— (2014) *Focus on Inequality and Growth-December 2014*. https://www.oecd. org/social/Focus-Inequality-and-Growth-2014.pdf (2018 年 1 月 26 日アクセス)

———— (2015) *In It Together-Why Less Inequality Benefits All: Overview of Inequality Trends, Key Findings and Policy Directions*, OECD.

———— (2015) *Pensions at a Glance 2015 : OECD and G20 Indicators*, OECD.

Ravallion, M. (2012) "Poor, or Just Feeling Poor? On the Using Subjective Data in Measuring Poverty," *Policy Research Working Paper*, 5968.

Sánchez-Mangas, R. and V. Sánchez-Marcos (2008) "Balancing Family and Work : The Effect of Cash Benefits for Working Mothers,"*Labour Economics*, 15 (6) : 1127-1142.

Stephens Jr., M. and T. Unayama (2011), "The Consumption Response to Seasonal Income : Evidence from Japanese Public Pension Benefits," *American Economic Journal : Applied Economics*, 3 (4) : 86-118.

Suzuki, W. and Y. Zhou Yanfei (2007) "Welfare Use in Japan : Trends and Determinants", *Journal of Income Distribution*, 16 (3-4) : 88-109.

Szulc, A. (2009) "A Matching Estimator of Household Equivalence Scale," *Economics Letter*, 103 (2) : 81-83.

Veit-Wilson, J. (1994) *Dignity not Poverty : A Minimum Income Standard for the UK*, Institute for Public Policy Research.

Yamada, A. (2008) "Income Distribution of People of Retirement Age in Japan," *Journal of Income Distribution*, 16 (3-4) : 31-54.

索　引

最低生活保障の実証分析
——生活保護制度の課題と将来構想
An Empirical Analysis on Securing a Minimum Standard of Living in Japan

2018 年 7 月 10 日　初版第 1 刷発行

著　者	山田篤裕（やまだあつひろ） 駒村康平（こまむらこうへい） 四方理人（しかたまさと） 田中聡一郎（たなかそういちろう） 丸山桂（まるやまかつら）
発行者	江草貞治
発行所	株式会社　有斐閣

郵便番号 101-0051
東京都千代田区神田神保町 2-17
電話　(03)3264-1315〔編集〕
　　　(03)3265-6811〔営業〕
http://www.yuhikaku.co.jp/

印　刷　萩原印刷株式会社
製　本　牧製本印刷株式会社